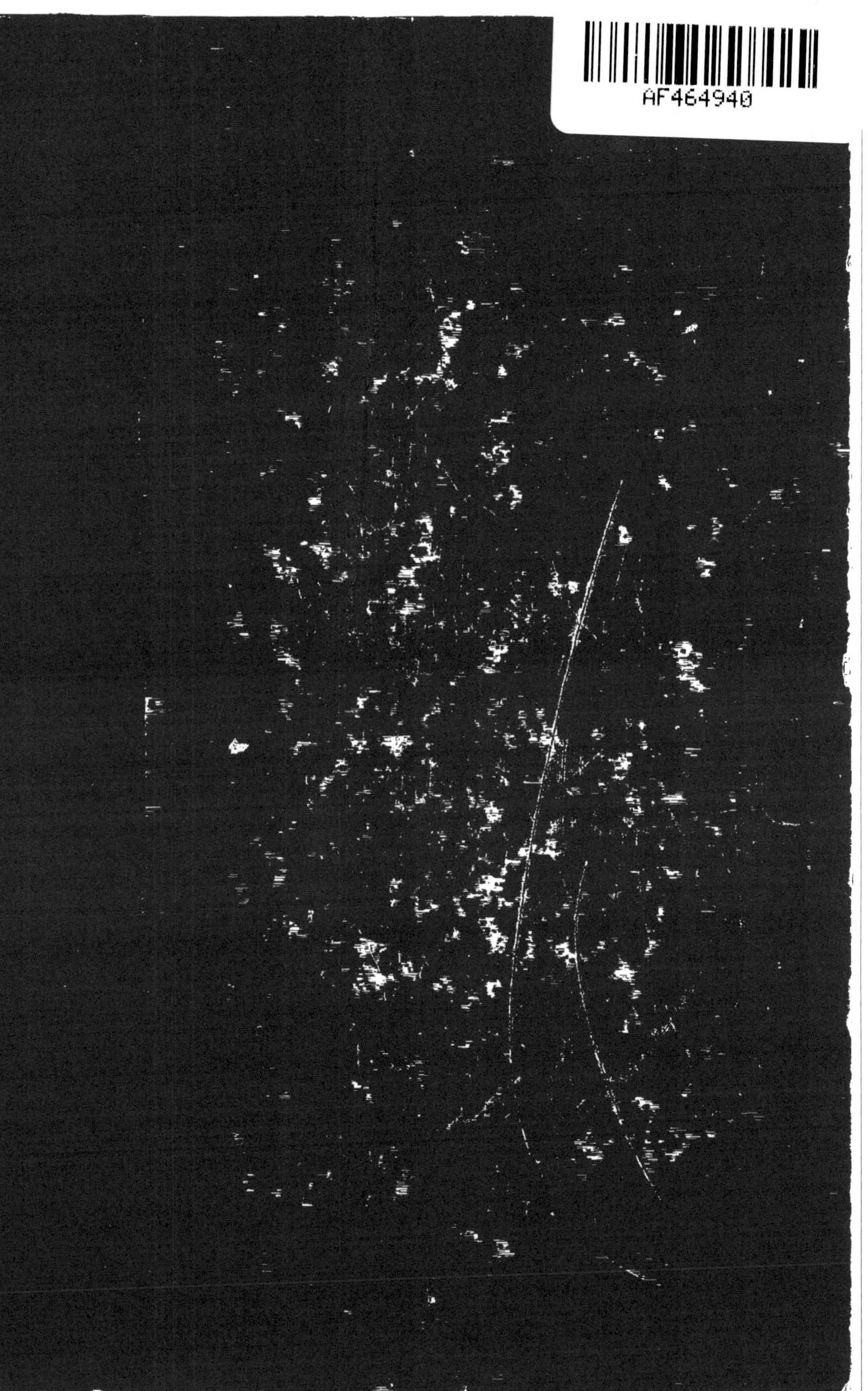

COLONEL RIMBERT

LES GLOIRES DU DRAPEAU

DE MARENGO A LA PAIX DE TILSITT

Ouvrage orné de 36 illustrations par Damblans

LIBRAIRIE CH. TALLANDIER

197, BOULEVARD SAINT-GERMAIN, PARIS

Maison à Lille, 11-13, rue Faidherbe

LES

GLOIRES DU DRAPEAU

COLONEL RIMBERT

LES
GLOIRES DU DRAPEAU

DE MARENGO A LA PAIX DE TILSITT

Ouvrage orné de 36 illustrations par Damblans

PARIS
LIBRAIRIE CH. TALLANDIER
197, BOULEVARD SAINT-GERMAIN, 197

Maison à Lille, 11-13, rue Faidherbe

AU LECTEUR

Mon grand-père, qui fut un soldat comme moi, avait coutume de dire en parlant de la Marseillaise, *dont les mâles accents l'avaient plus d'une fois réchauffé sur les champs de bataille : C'est un air qui a des moustaches.*

Mon petit-fils, un conscrit qui revient du Dahomey, m'en a dit autant du titre de ce livre.

Eh bien! oui, c'est un titre qui a des moustaches, et je l'ai choisi à cause de cela, puisque je n'ai à parler que d'héroïsme et de bravoure, et qu'il s'agit des gloires de notre drapeau.

Ces gloires, je n'entends point les relever toutes, vingt volumes n'y suffiraient pas. Car ce n'est pas par l'intrigue que la France, qui est la plus ancienne des nations de l'Europe, a fait flotter les couleurs de son drapeau sur presque toutes les capitales de cette partie du monde ; c'est par le génie de ses capitaines, c'est par la bravoure de ses soldats.

Mais je laisse à l'histoire les glorieuses épopées du passé, elles se lisent du reste aux frontons de nos monuments, aux coins des rues, sur les places publiques, où elles sont consacrées par des statues.

Je ne veux m'occuper que de notre siècle dont je raconterai, pour faire la part de tous, les grandes batailles, les sièges mémorables, les retraites savantes, les combats aventureux, les escarmouches et les surprises sanglantes, non pas précisément au point de vue de l'histoire générale qui a été faite tant de fois et qui est pourtant toujours à faire, mais surtout au point de vue des détails, m'efforçant de mettre en lumière la gloire des héros inconnus que l'histoire dédaigne parce qu'ils sont obscurs, mais que la postérité devrait pourtant connaître, s'ils ont travaillé à la gloire de la Patrie, en versant leur sang pour elle.

Sans marchander l'admiration aux chefs, que leur situation, leur grade, leur génie quelquefois, ont mis en évidence, mais pour qui les trompettes de la Renommée ont déjà sonné des fanfares retentissantes, et que les Beaux-Arts ont fait entrer dans la gloire par la reproduction des hauts faits qui les ont immortalisés, je parlerai surtout de ceux dont les monuments ne parlent pas; de ceux que les traditions populaires et la reconnaissance nationale ne connaissent pas, courages anonymes qui gagnent les batailles, soldats sans noms qui combattent en héros, et courent au-devant de la mort, sans rêver une gloire que leur obscurité ne peut leur donner, sans espérer d'autre récompense que celle qu'ils trouvent dans le sentiment du devoir accompli.

De ceux-là, nombreux jadis, nombreux encore, et qui seront nombreux toujours, quoi qu'on dise, tant qu'il y aura une patrie qu'ils seront capables d'aimer, bien qu'ils se sachent chair à canon, voués d'avance et sans compensation aux hasards des combats ; de ceux-là on n'en connaîtra jamais assez, car il aurait fallu qu'ils fussent vingt fois braves pour trouver à se mettre en évidence.

Mais je les suivrai tant que je pourrai et, tant que je pourrai, je mettrai un nom sur leurs tombes anonymes, semées sur les champs de batailles, comme pour dire le prix de nos victoires.

Dame! il n'y aura pas que des joies dans ces récits militaires, il y aura aussi des tristesses. Je ne dirai pas que les victoires, car il y a souvent beaucoup de gloire pour les vaincus, et dans un cas comme dans l'autre nous aurons toujours à citer beaucoup de morts.

Mais, comme disaient nos ancêtres, ces fiers Gaulois qui n'avaient peur que d'une chose, c'est que le ciel ne leur tombe sur la tête : Les femmes pleurent les morts, les hommes les vengent.

LES

GLOIRES DU DRAPEAU

DE MARENGO A LA PAIX DE TILSITT

I

MARENGO

Notre situation en Italie. — Plan de Bonaparte. — L'armée de réserve. — Passage du mont Saint-Bernard. — Le fort de Bard. — Prise d'Ivrée. — Combat de la Chiusella. — Combat de Turbigo. — Bonaparte à Milan. — Prise de Plaisance. — Combat de Montebello. — Bataille de Marengo. — Mort de Desaix. — La victoire.

Le dix-neuvième siècle est né au bruit du canon. La France, gouvernée alors par Bonaparte avec le titre de premier consul, était en guerre avec l'Autriche et l'Angleterre, et les combats ne manquèrent pas avant le mois de juin, mais je commencerai par la campagne de Marengo pour commencer par quelque chose d'illustre.

La bataille de Marengo n'est pas par elle-même une grande bataille, puisque c'est à peine si, comptant les deux armées, 60,000 hommes y furent engagés, mais elle est grande par ses résultats et surtout admirable par ses préparations.

Le général Bonaparte l'a gagnée sur le papier avant de la gagner sur le terrain, où il éprouva, d'ailleurs, des contretemps, mais sachant qu'on n'improvise pas la victoire, bien que cela lui soit arrivé plus d'une fois, il avait tout prévu et bien prévu, et ne pouvant disposer de beaucoup de monde ni de beaucoup de temps, il avait fait l'impossible pour que sa petite armée ne manquât de rien.

Impossible paraît peut-être un mot mal employé, surtout en parlant de ce capitaine de génie, qui avait prétendu ou prétendit plus tard — dans une de ces hâbleries sublimes dont il avait le secret pour exalter le courage de ses hommes — qu'il fallait le rayer du dictionnaire militaire, mais on verra plus loin qu'il n'est pas exagéré.

D'ici là, il nous faut jeter un coup d'œil sur la situation politique, car pour comprendre une bataille, il faut encore savoir pourquoi et surtout dans quelles circonstances elle se donne.

Si Bonaparte avait organisé et même pacifié le pays en moins de trois mois, l'étranger n'avait pas désarmé, et, malgré la lettre diplomatique et les propositions de paix que le premier consul avait adressées à toutes les nations ennemies, la coalition voulait d'autant moins désarmer qu'elle se croyait sûre de vaincre et comptait sous peu franchir nos frontières. L'Angleterre ne concourait effectivement que par ses flottes, qui croisaient dans la Méditerranée et devaient appuyer toutes les opérations de l'armée autrichienne en Italie, où nous ne possédions presque plus rien de nos conquêtes si glorieuses, grâce à l'incurie du Directoire et aux fautes commises sur place par le général Schérer.

Mais elle fournit de l'argent, qui permit à l'Autriche d'enrôler dans la coalition le duc de Wurtemberg, l'électeur de Bavière et l'électeur de Mayence, et promit de transporter à Toulon (après les premiers succès de la coalition, naturellement) un corps de 20,000 hommes, tant Anglais qu'émigrés réunis alors à Mahon, auquel se joindraient quelques troupes russes et anglaises.

Cette promesse resta sans effet, puisque le plan des Impériaux ne réussit pas.

Ils avaient deux armées : l'une en Souabe sous les ordres du baron de Kray, et forte de 150,000 hommes, y compris 12,000 Bavarois, 6,000 Wurtembergeois et autant de Mayençais ; l'autre en Lombardie comptant 120,000 hommes sous les ordres du baron de Mélas.

L'armée de Kray qui, une fois les places fortes garnies, ne disposait plus que de 120,000 hommes, mais avec une nombreuse artillerie et une cavalerie superbe, s'étendait de façon à avoir sur son flanc gauche la Suisse, et l'Alsace sur son flanc droit ; son objectif était surtout de garder tous les points du Rhin par où l'armée française aurait pu déboucher en Allemagne, mais elle ne devait point essayer de pénétrer sur le sol français.

C'est l'armée d'Italie qui devait envahir notre pays par la Provence ; elle devait commencer par bloquer Gênes, seule place qui nous restât, l'enlever le plus vite possible, franchir ensuite l'Apennin et le Var et se présenter devant Toulon, en même temps que les Anglais y amèneraient les 20,000 hommes de Mahon, lesquels seraient vite grossis des émigrés

Passage du mont Saint-Bernard.

du Midi que devait commander le général Willot, proscrit après la journée de Fructidor.

D'après ce plan, il était évident, pour l'empereur d'Autriche et ses conseils, que Bonaparte affaiblirait l'armée du Rhin pour renforcer celle du Var, et alors le baron de Kray marcherait de l'avant à son tour et entrerait en France par Bâle.

Telle était la situation au commencement de l'année, et tel était le plan qui empêcha l'empereur d'Autriche d'accepter la proposition de paix de la France; les hostilités allaient donc recommencer.

Bonaparte, satisfait d'avoir mis par sa modération l'opinion publique de son côté, accepta la guerre et s'y prépara; on peut même dire qu'il s'y était déjà préparé.

Il donna le commandement des deux petites armées de Suisse et du Rhin à Moreau, qui naturellement n'en fit qu'une, et Masséna fut envoyé à l'armée d'Italie, qu'il trouva dans le dénûment le plus complet. Il n'avait d'ailleurs que 32,000 hommes à opposer aux 120,000 Autrichiens de Mélas. Il fut écrasé.

La moitié de son armée fut rejetée sur le Var, où Suchet la rallia; il s'enferma avec le reste dans Gênes, dont le siège mémorable est, après la bataille de Zurich, le plus beau titre de sa gloire militaire.

Il y retint l'armée autrichienne pendant plus de deux mois (jusqu'au 4 juin), lui tuant dans ses sorties plus de monde qu'il n'en avait lui-même.

Cette résistance permit à Bonaparte, qui espérait qu'elle pourrait se prolonger un peu plus, de concevoir le double projet de déboucher par le Rhin supérieur derrière le maréchal de Kray, et par les Alpes derrière Mélas, de façon que leurs deux armées, déjà fort isolées, puisqu'elles étaient séparées par la Suisse, ne pussent plus communiquer l'une avec l'autre. Ce qu'elles ne pouvaient faire d'ailleurs qu'en rétrogradant considérablement en arrière, la première par la Bavière, l'autre par la Lombardie.

L'execution d'une partie de ce projet fut confiée à Moreau, dont Bonaparte porta l'armée à 120 et même à 130,000 hommes; l'autre, il se la réserva à lui-même et se mit de suite à créer une troisième armée, avec laquelle il voulait franchir les Alpes.

Moreau devait faire sur les bords du Rhin, de Strasbourg à Bâle et de Bâle à Constance, de faux essais de passage; puis, ayant trompé l'ennemi sur sa marche, se porter rapidement derrière le Rhin, le remonter jusqu'à Schaffhouse, où, traversant le fleuve sur quatre points à la fois, il se porterait sur le flanc de l'armée autrichienne, la pousserait en désordre sur le haut Danube, puis essaierait de la gagner de vitesse et de la couper de la route de Vienne. S'il n'y pouvait réussir, il devait au moins l'acculer sur Ulm ou sur Ratisbonne, en tous cas l'éloigner des Alpes, de façon qu'elle ne pût envoyer aucun secours à l'armée de Mélas.

Après quoi il détacherait les vingt mille hommes de son aile droite vers la Suisse, d'où elle rejoindrait Bonaparte pour le seconder dans la périlleuse opération qu'il allait tenter.

Moreau ne put guère accomplir que la moitié du programme, néanmoins il passa le Rhin, battit les Autrichiens trois jours de suite à partir du 3 mai, à Stokach, à Engen et à Mœskirch et réussit à les rejeter dans le camp retranché d'Ulm, où il les tint étroitement enfermés.

Ce minimum suffisait encore à l'exécution du plan de Bonaparte, qui ne perdait pas une heure et qui, sous prétexte de former une armée de réserve à Dijon, y envoya à grand bruit quelques recrues dont il ne comptait point se servir, pendant qu'il dirigeait sur Genève et Lausanne toutes les troupes disponibles, dans la Vendée qui venait d'être pacifiée, à Marseille, à Toulon, à Paris, qui voyageaient par petits corps isolés et recevaient en route, à certaines étapes approvisionnées d'avance, munitions, chevaux, armes et jusqu'à des vêtements.

Rien ne fut donné au hasard. Bonaparte ne pouvait rassembler ainsi plus de quarante mille hommes, mais ils ne manqueraient de rien.

L'artillerie ne devait compter que 60 pièces, mais elles étaient prêtes déjà. Les généraux Marmont et Gassendi les avaient organisées dans les dépôts d'Auxonne, de Besançon et de Briançon, pendant que l'infanterie et les quelques divisions de cavalerie qu'on avait tirées un peu de partout traversaient la France en suivant des chemins différents, sans perdre une étape, mais sans avoir l'air de se presser.

Ces mouvements de troupes furent évidemment connus des nombreux espions que l'ennemi entretenait en France, mais comme elles ne voyageaient que par petits paquets et se dirigeaient toutes vers l'est, ils crurent que c'étaient quelques détachements qu'on envoyait en renfort à l'armée d'Allemagne.

Du reste, l'armée de réserve, forte de 60,000 hommes sur le papier, se formait officiellement à Dijon, et la presse, qui ne publiait alors que les nouvelles militaires qu'il intéressait au gouvernement de faire savoir, donnait sur les formations nouvelles, encadrées par les anciens volontaires de la Révolution, convoqués à grand fracas, des détails qui attirèrent à Dijon tous les *observateurs* étrangers.

Ils n'y virent que des invalides instruisant quelques bataillons de conscrits et écrivirent partout que la prétendue armée de réserve était une ruse de guerre, une fanfaronnade destinée à effrayer les généraux autrichiens et à ralentir leurs progrès. La presse étrangère se hâta de dévoiler cette ruse, et les journaux anglais en firent des caricatures qui amusèrent beaucoup John Bull.

C'est ce que voulait Bonaparte, qui avait ainsi ses aises pour poursuivre ses préparatifs, mais qui les déguisa cependant toujours. C'est ainsi que lorsqu'il fit fabriquer deux millions de rations en biscuit pour nourrir l'armée au milieu des Alpes, il en envoya 200,000 très ostensiblement à Toulon, pour faire croire qu'il s'agissait seulement de ravitailler la marine.

Pour tout il opéra de même. Le secret de l'opération, confié seulement à Berthier et à deux ou trois généraux de génie et d'artillerie, fut gardé jusqu'au dernier moment, et la France, d'ailleurs beaucoup moins avide de nouvelles qu'aujourd'hui, ne savait trop que penser de cette fameuse armée de réserve que l'on plaisantait à l'étranger.

Elle existait pourtant. Dès les premiers jours de mai elle était réunie sur les bords du lac Léman, et Bonaparte, inquiet cependant des défenseurs de Gênes auxquels il fit envoyer de Marseille des blés qui n'arrivèrent que trop rarement, grâce au mauvais temps et au blocus des Anglais, voyait, en constatant que Mélas s'enfonçait de plus en plus dans la Ligurie, se réaliser le plan qu'il avait conçu et qu'il suivait des Tuileries sur des cartes.

Un jour que, couché sur une de ces grandes cartes qu'il faisait dresser à son usage, il y posait des signes de couleurs différentes qui représentaient les corps français et autrichiens, il dit à son secrétaire, Bourrienne, qui l'a raconté depuis dans ses Mémoires :

« Ce pauvre M. de Mélas passera par Turin, se repliera vers Alexandrie. Je passerai le Pô, je le joindrai sur la route de Plaisance, dans les plaines de la Scrivia et je le battrai là, là... » Et en disant cela il posait un de ces signes sur San Giuliano.

Ce fut en effet toute la campagne, mais il faillit bien n'en être pas ainsi et la bataille de Marengo, qui fut si glorieuse pour nos armes, aurait été un désastre si l'exécution du plan n'avait été à la hauteur de la conception.

Passage du mont Saint-Bernard.

Pour n'être pas précisément un fait de guerre, le passage du mont Saint-Bernard n'en est pas moins une opération militaire des plus considérables et surtout des plus audacieuses.

Nul autre que Bonaparte n'eût osé l'entreprendre, à cette époque où la route qui relie aujourd'hui Martigny avec Aoste n'existait pas et où il n'y avait aux flancs de la montagne que des sentiers accessibles aux mulets.

Le colonel Macon lança la demi-brigade dans le lit de la rivière. (Page 16.)

Les Alpes avaient bien été franchies en cet endroit, en 773 par Charlemagne et en 1106 par Frédéric Barberousse, mais leurs armées, d'ailleurs peu nombreuses, ne trainaient avec elles ni artillerie ni les effrayantes quantités de munitions que nécessite l'emploi des armes à feu.

Bonaparte avait quarante mille hommes à passer de l'autre côté des Alpes, et avec eux sept mille chevaux et soixante pièces de canon (ce qui, avec les munitions, représentait déjà trois cents attelages), sans compter le matériel de toute sorte, sans compter les vivres, car outre le biscuit pour les hommes, il fallait emporter le fourrage et l'avoine pour les chevaux, qui n'allaient rien trouver pour se nourrir au moins pendant trois jours.

Mais le général, en véritable chef d'armée, avait tout préparé, même deux hôpitaux, à Saint-Pierre et à Saint-Remy, de chaque côté du col, et pour être sûr que tout irait bien, il dirigea lui-même l'expédition de Martigny, où il avait fait rassembler des approvisionnements immenses, venus jusqu'à Villeneuve par le lac de Genève, et divisés là en nombreuses petites caisses, pour pouvoir être transportées à dos de mulets.

Inutile de dire que toutes les bêtes de somme des environs, ainsi que tous les paysans, largement payés, avaient été réquisitionnés au pied de la montagne pour effectuer les transports.

Bonaparte avait quitté Paris le 6 mai, il s'était montré officiellement au camp de Dijon, où il avait passé en revue les bataillons de la prétendue armée de réserve, puis, aussi vite que le permettait la poste, il s'était dirigé sur Genève et de là sur Lausanne, accompagné seulement de son aide de camp Duroc et de son secrétaire Bourrienne.

A Lausanne, il inspecta toutes ses troupes, dont les compagnies avaient déjà, par ses ordres, subi une revue de détail, de façon que chaque fantassin, chaque cavalier, pût recevoir immédiatement les chaussures, les vêtements et les armes qui lui manquaient; des magasins avaient été préparés en conséquence là et à Villeneuve, où étaient déjà les têtes de colonnes.

Le 13, partant de Villeneuve, il fit une seconde revue de toutes ses troupes échelonnées jusqu'au pied de la montagne, car le passage en Italie devait commencer le lendemain.

Ce passage, de Villeneuve, point extrême du lac Léman jusqu'à Ivrée, où l'on débouchait dans les plaines du Piémont, comprenait 180 kilomètres (on disait alors 45 lieues) : de Villeneuve à Martigny, et de Martigny à Saint-Pierre, au pied de la montagne, il y avait une route carrossable, mais de Saint-Pierre jusqu'à Saint-Remy, village situé de l'autre côté de la montagne, il y avait quarante kilomètres à faire par des sentiers de deux ou trois pieds de large, souvent couverts de neige, presque toujours bordés de précipices.

Une fois à Saint-Remy, on retrouvait une route qui, avant d'arriver à Ivrée, passait à Aoste, Châtillon et Bard. Ces deux premiers villages ne présentaient point d'obstacle ; on connaissait bien l'existence du fort de Bard, mais on le croyait de peu d'importance, tandis qu'au contraire il barrait absolument la route et pouvait arrêter un corps d'armée.

Bref, il y avait à faire 45 lieues en emportant tout avec soi, dont dix pendant lesquelles il fallait hisser sur des traîneaux à roulettes, fabriqués tout exprès à Auxonne, les voitures, les canons, les caissons, démontés au pied de la montagne par une compagnie d'ouvriers installée à Saint-Pierre et qui devaient être remontés, sitôt le passage effectué, par d'autres ouvriers qui, franchissant le col avec l'avant-garde, s'installeraient avec des forges portatives au village de Saint-Remy.

Mais ce passage était plein de difficultés, gros de dangers. Le général de génie Marescot, qui avait été chargé de l'étudier, avait donné l'opération comme extrêmement difficile.

— Difficile, soit, répondit Bonaparte, mais est-elle possible ?

— Je le crois, mais à condition d'efforts extraordinaires.

— Eh bien, partons, répondit simplement le premier consul, qui savait bien que ses soldats, animés par l'espoir d'une victoire, ne se laisseraient pas arrêter par des difficultés de marche ou de terrain.

On partit !

Ce fut Lannes qui ouvrit la marche le 14 mai, à minuit, avec six des meilleurs régiments, magnifique avant-garde bien faite pour inspirer confiance au reste de l'armée, et commandée par un homme sur lequel Bonaparte comptait comme sur lui-même.

On se mettait en route la nuit, non seulement pour économiser la fatigue aux hommes qui étaient très chargés, portant quatre jours de vivres et autant de munitions que possible, mais aussi pour éviter les avalanches plus fréquentes pendant le jour.

Après avoir marché huit heures, nos soldats arrivèrent au couvent de Saint-Bernard, où une surprise les attendait. Bonaparte, qui pensait à tout, avait envoyé d'avance assez d'argent aux religieux pour qu'ils pussent servir un goûter sommaire, mais réconfortant, à tous les Français qui passeraient.

Entre la route et l'hospice, des tables chargées de vivres étaient dressées. Chaque soldat en passant s'arrêtait un moment, buvait un verre de vin, recevait un morceau de pain et un morceau de fromage et continuait plus gaiement sa route, laissant la place à un autre.

De là, du reste, il n'y avait plus qu'à descendre : deux petites heures de marche, et pour l'infanterie c'était un jeu ; mais pour la cavalerie ce n'était pas si facile, car l'homme était obligé de marcher devant son cheval pour le retenir et le guider par les étroits sentiers, et un faux pas de l'animal pouvait le précipiter dans un abîme ; il y eut cependant peu d'accidents de ce genre.

Avant midi, l'avant-garde était à Saint-Remy. Lannes l'établit sur les pentes de la montagne et prit ses dispositions pour recevoir toutes les autres divisions, qui allaient passer l'une après l'autre et jour par jour. Berthier, qui était venu avec lui, installa les compagnies d'ouvriers et se prépara à recevoir le matériel que le premier consul allait lui envoyer.

En quelques jours tout fut fait, mais il y eut pour les canons des difficultés inouïes... Démontés de sur les affûts dont les pièces numérotées partaient à dos de mulets, on les hissait sans trop de mal à la montée sur leurs traîneaux à roulettes qui furent d'ailleurs abandonnés pour les pièces de 12, mais à la descente il fallait les retenir, et les traîneaux à roulettes augmentaient encore la difficulté.

Sur les conseils des montagnards, on creusa des troncs de sapin dans lesquels on plaça les pièces, et cent hommes furent employés pour retenir à la descente chacun de ces traîneaux.

Cela alla bien le premier jour, mais il faut croire que la besogne fut terrible, car le lendemain on ne trouva plus un seul paysan... et pourtant on leur donnait à chacun dix francs, pour descendre une pièce de l'hospice à Saint-Remy.

Il fallut demander aux soldats des divisions de traîner eux-mêmes leurs canons, et pour leur montrer que ce n'était pas par économie qu'on leur imposait ce surcroît de travail, on leur offrit la même somme d'argent que l'on avait donnée la veille aux paysans.

Mais ces braves gens, aussi désintéressés que courageux, refusèrent tous, prétendant que pour une troupe c'était un devoir d'honneur que de sauver ses canons.

Ils les sauvèrent jusqu'au dernier et l'on en vit même, surtout dans les divisions Monnier et Chambarlhac, qui, n'ayant pas pu opérer la montée et la descente dans la même journée, bivouaquèrent dans la neige des sommets pour ne pas abandonner leurs pièces.

Avec de pareils hommes on pouvait tout entreprendre, et Bonaparte le savait bien.

Quand tout fut passé, quand il n'y eut plus de matériel du côté de Martigny, Bonaparte franchit à son tour le mont Saint-Bernard, non pas sur un cheval fougueux, comme l'a représenté David dans son magnifique tableau si plein de poésie, mais prosaïquement sur un mulet, plus souvent encore à pied, en compagnie de Duroc et de Bourrienne et n'ayant derrière lui que sa garde consulaire, superbe bataillon de grenadiers qui fut le noyau de la garde impériale.

« Le premier consul, a dit Bourrienne, monta le Saint-Bernard avec ce calme, ce sang-froid et cet air d'indifférence qui ne le quittaient jamais lorsqu'il sentait la nécessité de donner l'exemple et de payer de sa personne. Il interrogeait son guide sur les deux vallées ; il entrait dans tous les détails, demandait quels étaient les moyens de vivre des habitants, leurs relations, si les accidents étaient aussi fréquents qu'on le disait. Le guide lui racontait qu'une longue habitude et une succession séculaire de faits avait appris aux habitants à si bien prévoir le beau ou le mauvais temps et l'approche de la tourmente, qu'ils se trompaient rarement.

« Bonaparte avait sa redingote grise ; il marchait la cravache à la main, l'air un peu triste de ce qu'il ne voyait venir personne de la vallée d'Aoste lui donner la nouvelle de la prise du fort de Bard. Arrivé à l'hospice, le premier consul fut reçu dans une salle basse ; il visita la chapelle et ses trois petites bibliothèques, et eut le temps de lire quelques pages dans un vieux bouquin dont je ne me rappelle pas le nom. Notre déjeuner-dîner fut très frugal.

« Lorsque nous fûmes à l'extrémité du plateau, beaucoup d'entre nous s'assirent sur la neige et se laissèrent glisser. Ceux qui passaient les premiers rendaient service à ceux qui les suivaient, parce qu'ils foulaient la neige et traçaient le chemin. Cette rapide descente nous faisait beaucoup rire, nous n'étions arrêtés que par la boue qui remplaçait la neige fondue, à environ cinq ou six cents toises. »

La majesté de l'histoire n'a jamais permis de représenter Bonaparte descendant le Saint-Bernard en traîneau sur le fond de sa culotte ! elle a eu tort; l'histoire doit s'écrire en prose ; les héros sont des hommes, éprouvant les mêmes besoins de se distraire que les autres hommes, autrement ils ne seraient pas des héros.

Si la nature les avait taillés dans le bronze, ils n'auraient aucun mérite à être grands.

Le Fort de Bard.

Ce fort, armé de 22 canons, et barrant complètement la vallée de la Dora Baltéa, fut, comme je l'ai dit, une difficulté, mais après l'avoir attaquée de front, sans succès d'ailleurs parce qu'on se pressa trop, on la tourna... par une autre difficulté.

Singulière façon d'appliquer le système homéopathique à l'art de la guerre, mais il n'y eut pas moyen de faire autrement, parce qu'on était pressé.

Lannes était parti le 18 mai d'Etroubles avec l'avant-garde, non plus formée cette fois de six régiments de grenadiers, mais composée de deux divisions complètes, commandées par les généraux Watrin et Loison ; il avait marché directement sur Aoste, qu'il avait enlevé sans brûler une amorce, les Autrichiens ayant évacué la place à son approche.

Devant Châtillon il trouva, outre les Croates qui s'étaient repliés d'Aoste, un corps de deux ou trois mille hommes qui fit mine de défendre le passage ; il lança contre eux les grenadiers de la 32e demi-brigade qui, avec un escadron du 12e régiment de hussards, les mirent en fuite et leur firent plus de trois cents prisonniers.

Mais après Châtillon la vallée se resserrait peu à peu, jusqu'à ne devenir qu'un défilé placé sous le feu du château de Bard, bâti sur un rocher qui dominait le village.

Entre les parois des montagnes il n'y avait place que pour le lit de la rivière et la route, bordée de maisons sur une certaine longueur.

Sans s'arrêter, les sapeurs de la tête de colonne abattirent les ponts-levis masquant l'entrée de Bard et défoncèrent les portes, mais les quatre compagnies de grenadiers qui les suivaient sous les ordres du général Watrin n'eurent pas plutôt pénétré dans le village, que le commandant du fort fit pleuvoir dessus une nuée de projectiles.

Après avoir tenté inutilement l'assaut du château, elles se replièrent à l'abri du feu et comme Berthier, chef d'état-major de l'armée, n'était pas loin, Lannes l'envoya chercher pour aviser avec lui.

Pour ne pas exposer inutilement leurs hommes, ils décidèrent de tourner l'obstacle par un sentier qu'on tracerait au besoin dans une hauteur voisine : il s'en trouva un tout frayé dans la montagne d'Albaredo, mais il était horriblement difficile; presque impraticable pour la cavalerie, il l'était complètement pour l'artillerie ; il fallait pourtant en faire passer, car l'avant-garde ne pouvait descendre dans les plaines du Piémont sans avoir quelques canons pour appuyer ses opérations, et elle n'avait pas le temps d'assiéger le château de Bard.

On essaya de le prendre de force. Marmont, commandant général de l'artillerie, Marescot, chef de l'artillerie, envoyés par Bonaparte, très inquiet, mais résolu à ne pas se laisser arrêter par une bicoque, après avoir franchi le mont Saint-Bernard, firent monter à force de bras sur les hauteurs voisines qui dominaient le fort, deux pièces de quatre et deux pièces de huit, qui firent un feu très nourri mais insuffisant, leurs projectiles n'étant d'aucun effet contre les murailles.

Bonaparte, prévenu de cet insuccès, accourut à son tour et fit tenter un nouvel assaut avec le concours de la faible artillerie en position ; dans la nuit du 23 au 24 mai, trois colonnes de chacune 200 grenadiers s'élancèrent impétueusement sur le fort de Bard, mais leur courage ne fut pas récompensé par le succès, et elles furent repoussées avec des pertes cruelles.

Alors Bonaparte décida que l'infanterie et la cavalerie défileraient par le sentier d'Albaredo qui avait été considérablement amélioré par 1,500 travailleurs, et que l'artillerie suivrait la route par un moyen qu'il indiquerait.

Et pour ne pas laisser un obstacle sur ses derrières, il ordonna à la division Chabran, qui avait franchi les Alpes par le passage du petit Saint-Bernard, de commencer le siège en règle du fort de Bard.

Dès le lendemain matin, l'opération commença. A l'exemple de l'avant-garde déjà passée, toute l'armée défila homme à homme à la file indienne, les cavaliers tenant leurs chevaux à la bride, par le sentier de la montagne d'Albaredo, à l'abri des canons du fort de Bard, mais sous les yeux du commandant, qui écrivit au maréchal de Mélas qu'il était témoin du passage de toute une armée française, dont il ne pouvait arrêter ni l'infanterie ni la cavalerie, mais promettant sur sa tête de ne pas laisser passer un canon.

Ils passèrent cependant tous, et en suivant la route que les canons du fort battaient pourtant en enfilade, mais ce fut par surprise; on avait couvert la route de paille et de fumier, les pièces et les caissons dételés avaient été garnis d'étoupes et de foin tordu, pour empêcher le moindre bruit; et les artilleurs les traînèrent à bras jusqu'au delà de l'obstacle, non pas toutefois sans rien risquer, car si les six premières pièces passèrent sans essuyer un coup de canon, à la faveur de la nuit, il n'en fut pas de même des autres: les Autrichiens, prévenus sans doute de l'opération audacieuse qui se faisait à leurs pieds, tirèrent au hasard, quand ils n'eurent plus de pots à feu à lancer pour éclairer la route, et mirent hors de combat un certain nombre d'artilleurs.

Pertes douloureuses, sans doute, mais toute l'armée de Bonaparte était passée.

Quelques jours après, le château de Bard, contre-battu par des pièces de douze, qu'on était arrivé à mettre en batterie sur les hauteurs voisines, capitula.

Prise d'Ivrée.

Cependant Lannes, qui n'avait pas attendu son artillerie pour se porter en avant, était arrivé le 22 mai devant la ville d'Ivrée.

C'était une place assez forte, comprenant une enceinte bastionnée, et une citadelle détachée de la ville, mais qui n'avait pas été réparée depuis les guerres du règne de Louis XIV, et que, précaution tardive, les Autrichiens ne faisaient que commencer à mettre en état de défense.

Lannes ne savait rien de cela et ne s'en inquiétait guère. Il y avait là une ville à enlever et ses dispositions furent prises immédiatement.

Le général Watrin, à la tête de sa division, assaillit la citadelle, tandis que Lannes lui-même avec la division Loison se porta sur la place; l'une et l'autre furent emportées à l'escalade.

La garnison autrichienne aurait pu mieux se défendre. Il est vrai que parmi les six mille hommes qui la composaient, il y avait la moitié de cavaliers qui se sauvèrent à la première alerte; l'infanterie se replia en meilleur ordre, mais Lannes la fit poursuivre la baïonnette aux reins en dehors de la vallée, et occupa les positions qui lui avaient été prescrites par le premier consul, pendant que derrière lui on achevait d'armer et d'approvisionner la place d'Ivrée, où l'on avait trouvé des canons et des vivres, de façon à s'en faire un point d'appui si l'on était obligé de battre en retraite.

Combat de la Chiusella.

Le 26 mai, toujours en avant, Lannes se mit en marche pour quitter la vallée d'Aoste et gagner les plaines du Piémont, mais le général autrichien Haddick l'attendait au débouché de cette vallée avec quatre ou cinq mille hommes d'infanterie, de l'artillerie et une nombreuse et superbe cavalerie, grossie des trois mille hommes échappés d'Ivrée.

Il s'était abrité derrière une petite rivière, tributaire de la Dora Baltéa, appelée la Chiusella, et se croyait si sûr d'arrêter les Français, qu'il ne fit même pas couper le pont qui servait à traverser cette rivière.

Lannes lança sur ce pont ses premiers bataillons qui furent accueillis par de terribles décharges d'artillerie, qui les décimèrent, mais ne les empêchèrent pas d'avancer.

Le colonel Macon, dont la bravoure communicative enlevait la demi-brigade qu'il commandait, la déploya par bataillons et la lança dans le lit de la rivière, qu'elle traversa sous le feu de l'ennemi en amont et en aval du pont ; elle apparut bientôt sur l'autre rive, où elle se massa pour repousser l'attaque de la cavalerie autrichienne qui s'ébranlait déjà pour la charger.

Une brigade de grosse cavalerie s'élança comme une avalanche sur le régiment français qui l'attendait la baïonnette croisée, mais le général Palfy, qui la commandait, ayant été tué, ses cavaliers se troublèrent et furent dispersés et même chargés par les soldats du colonel Macon, renforcés par le reste de la division Loison qui avait passé sur le pont devenu libre.

Le général Haddick, mettant à profit le désordre causé par ce magnifique élan de nos soldats, qu'on appelait déjà la *furia francese*, lance le reste de sa cavalerie, qui charge escadron par escadron sur ce champ de bataille où tout le monde courait, et la mêlée devient terrible.

La 6e demi-brigade légère, portée très en avant, est obligée de s'arrêter, mais elle ne se replie pas, car elle se sent appuyée par la 22e qui, en colonne serrée, faisait un feu si nourri sur les escadrons autrichiens, qu'ils furent obligés de reculer.

S'étant procuré quelques barques, il traversa le Tessin. (Page 20.)

Le général Haddick les rassemble alors et pousse à la fois trois mille cavaliers sur l'infanterie française. Mais la 22e a été renforcée par la 40e, et ces deux demi-brigades, disposées en carré, soutiennent bravement le choc de toute cette cavalerie qui vient se briser sur leurs baïonnettes.

Trois fois, les escadrons ennemis, dont l'effectif diminuait assez sensiblement, revinrent à la charge. Trois fois, ils furent repoussés par cette solide infanterie, qui finit par leur imposer la retraite.

La rage dans le cœur de n'avoir pu arrêter l'avant-garde française, mais trop affaibli pour pouvoir lui disputer encore le passage, Haddick abandonna la place et se retira derrière l'Orco, laissant après lui beaucoup de morts et de blessés et encore plus de prisonniers.

Lannes, continuant sa marche en avant, occupa Chivasso, sur le Pô, ce qui inquiéta tellement les Autrichiens, qu'ils évacuèrent Turin. Mais, comme dans leur précipitation ils chargèrent de nombreux bateaux qui allaient descendre le fleuve, de vivres et de munitions, ces bateaux tombèrent au pouvoir du général français et leurs charges augmentèrent sensiblement les approvisionnements de notre armée.

Deux semaines ne s'étaient pas écoulées depuis son entrée en campagne, et la première partie du plan de Bonaparte, la plus difficile peut-être, avait complètement réussi.

Il était en Italie sur les derrières de Mélas, et il n'avait plus que quelques marches à faire pour le couper de l'Autriche, avec 35,000 hommes d'infanterie, 5,000 cavaliers et une artillerie peu nombreuse, il est vrai, puisqu'elle ne disposait que de 60 pièces de canon, mais sur laquelle il pouvait compter.

C'était une bien petite armée pour la grande entreprise qu'il avait faite, mais ce n'étaient pas là non plus toutes ses forces.

Il disposait encore de la division commandée par le général Chabran, forte de cinq à six mille hommes, peu solides à la vérité, puisque, en dehors de la 70e demi-brigade, elle ne se composait que des dépôts des régiments alors en Égypte, où il n'y avait guère que des conscrits.

Cette division, qui avait franchi les Alpes par le petit Saint-Bernard, était en ce moment occupée à assiéger le fort de Bard, mais la capitulation de ce fort, qui était imminente, la rendrait bientôt disponible.

Une autre division moins nombreuse, mais plus aguerrie, sous les ordres du général de Bethencourt, allait arriver de son côté par le Simplon.

Bonaparte comptait sur les 16,000 hommes que Moreau lui envoyait de l'armée d'Allemagne et qu'il savait partis sous les ordres du général Moncey et déjà engagés dans les défilés du Saint-Gothard.

Enfin, il pouvait, au besoin, utiliser les 4,000 hommes de l'armée de Ligurie avec lesquels le général Thurreau défendait les passages du mont Cenis, et il lui donna d'ailleurs l'ordre de descendre dans la vallée et d'essayer de pénétrer sur Turin.

C'était un total de 65,000 hommes, dont cinquante au moins pouvaient être mis en ligne.

Le baron de Mélas n'en avait guère plus, en tant que disponibles. L'armée de Ligurie, bien qu'il l'eût coupée en deux, avait considérablement réduit sa belle armée de 120,000 hommes, si largement pourvue d'artillerie et de cavalerie. Masséna dans Gênes, et Suchet derrière le pont du Var lui avaient mis 25,000 hommes hors de combat, et lui en immobilisaient moitié plus.

Il y en avait 30,000 devant Gênes sous les ordres du général Ott, 20,000 devant le pont du Var avec le général Elsnitz; le reste de ses forces comprenait :

10,000 hommes commandés par le général Kaim qui, chargé de garder les débouchés de Suze et de Pignerol, s'était déjà laissé enlever Suze par Thurreau et se retirait sur Turin;

9,000 hommes environ sous le général Haddick, que Lannes avait déjà deux fois bousculés devant lui;

10,000 hommes sous le général Wukassowich, pour observer les vallées du Simplon et du Saint-Gothard, par où allaient déboucher Bethencourt et Moncey;

Enfin 10,000 hommes avec lesquels il était parti de Nice pour venir à Coni, où il arrivait le 22 mai.

A cette époque, il croyait que les troupes françaises descendues par le Saint-Bernard n'étaient que des rassemblements de conscrits, destinés à faire une démonstration sur ses derrières pour lui faire abandonner le siège de Gênes; mais, quand un de ses officiers l'eut assuré qu'il avait vu le général Bonaparte à Chivasso, il comprit que c'était beaucoup plus sérieux et prit des dispositions pour parer à la gravité de sa situation.

Après de longues hésitations, et croyant que le général français, dont l'armée ne pouvait pas être très nombreuse, voulait passer le Pô pour entrer à Turin et donner la main au général Thurreau qui arrivait par le mont Cenis, il se décida à concentrer une trentaine de mille hommes sur la rive droite du fleuve, pour en disputer le passage aux Français.

En conséquence, il se porta à Turin avec les 10,000 hommes qu'il avait, appela près de lui le général Haddick et le général Kaim, fit venir un nouveau détachement de l'armée du Var, et se prépara à une bataille... que Bonaparte ne voulait pas livrer.

Si Bonaparte était venu à Chivasso, c'était pour féliciter l'infanterie de Lannes de sa belle tenue devant la cavalerie autrichienne, c'était surtout pour tromper Mélas sur ses projets.

Dans ce but, il avait mis toute son armée en marche sur la rive gauche du Pô, fait rassembler tous les bateaux qu'on avait pris à Chivasso, comme si l'on voulait jeter un pont, puis, quand il sut que le général autrichien concentrait ses forces en avant de Turin, il ordonna un changement de direction général.

Lannes, qui paraissait devoir remonter le cours du fleuve, le descendit précipitamment, marchant par Crescentino et Trino, et ayant pour objectif Pavie, dont il s'empara d'ailleurs le 1er juin, et où il trouva les immenses approvisionnements de l'armée impériale en vivres et munitions de toute sorte.

Murat avec 1,500 chevaux culbuta la cavalerie ennemie qui voulait s'opposer à son passage, s'empara de Verceil et se dirigea sur Buffalora.

Toute l'armée suivit ce mouvement dont le but était Milan, et elle marcha bien, car le 31 mai elle arrivait sur les bords du Tessin.

Combat de Turbigo.

Le Tessin est un fleuve large et profond qu'on ne peut passer que sur un pont; il y avait bien dans le voisinage le pont de Turbigo, mais il était défendu par le général Wukassowich, dont on apercevait la nombreuse cavalerie sur l'autre rive.

Cette cavalerie était d'ailleurs très mal placée, car derrière le Tessin et à peu de distance se trouve un large canal appelé le Naviglio Grande, qui traverse toute la contrée jusqu'à Milan, en coulant pendant une assez longue distance parallèlement au fleuve, dont il n'est qu'une dérivation.

Et c'est entre ces deux cours d'eau que le général autrichien avait mis sa cavalerie en bataille, sur une langue de terre très étroite, où, gênée dans ses mouvements, elle ne pouvait charger avec fruit.

L'adjudant général Girard, qui était en tête de la colonne, vit la faute et résolut d'en profiter. S'étant procuré quelques barques que les paysans des environs avaient cachées près de Galiate, il se jeta dedans avec ce qu'elles pouvaient contenir de soldats, traversa le Tessin pendant que l'artillerie mitraillait la cavalerie autrichienne, et, une fois à terre, se jeta sur les avant-postes ennemis.

Successivement renforcé par les voyages précipités que firent les barques, amenant chaque fois de nouveaux soldats prêts à tout, il repoussa la cavalerie qui ne pouvait pas se mouvoir sur un terrain si mal choisi et qui s'en alla passer le Naviglio Grande sur le pont de Turbigo.

Girard la poursuivit, passa le pont comme elle, mais fut arrêté au delà par la brigade Laudon, dirigée par Wukassowich lui-même.

Quatre ou cinq mille Autrichiens contre quelques centaines de Français, c'était trop : Girard le sentit bien. Mais il fallait garder le pont dont la perte eût rejeté la colonne au delà du canal et peut-être même du Tessin ; en quelques mots il fit comprendre cette nécessité à ses soldats, dont le courage était à la hauteur de la situation et qui firent des prodiges.

Pendant deux heures ces braves gens tinrent contre toute une brigade qui, fort heureusement pour eux, n'avait pas de place pour se déployer et ils donnèrent le temps au général Mounier, qui avait réussi à passer un peu en aval, d'arriver à leur secours.

Il les dégagea haut la main et chassa de Turbigo les Autrichiens décimés.

Ce combat d'avant-garde, où il avait été si malheureux, découragea le général Wukassowich, qui, ayant appris le lendemain que la division Boudet avait passé le Tessin à Buffalora, rappela la brigade Dedovich, qui était en avant au pied des montagnes, et se replia vivement sur Milan, qu'il évacua non moins vite, après avoir laissé une garnison de 2,800 hommes dans le château.

Il était temps, du reste, car le jour même (2 juin) Bonaparte entrait triomphalement à Milan, où il était reçu comme un libérateur par la population, qui souffrait depuis un an du joug des Autrichiens.

Quelques auteurs ont reproché à Bonaparte, comme une faute, cette marche sur Milan au moment où il n'aurait dû songer qu'à débloquer Gênes; d'autres l'ont louée comme une habileté. Ce n'était ni l'une ni l'autre; c'était une nécessité, étant donné le plan qu'il s'était tracé, et qui était d'ailleurs une superbe conception.

Si Bonaparte avait refusé le combat que lui présentait Mélas en avant de Turin, c'est qu'après ce combat, il lui aurait fallu en livrer encore un autre contre l'armée qui bloquait Gênes; tandis qu'il voulait en finir par une bataille décisive et redevenir d'un seul coup maître de toute l'Italie. Pour cela, il ne fallait pas seulement battre l'armée de M. de Mélas tout entière, mais encore la mettre dans l'impossibilité de s'échapper après la bataille, c'est-à-dire lui couper le chemin de la retraite.

S'il se dirigeait sur Milan, ce n'était pas seulement pour déconcerter l'ennemi : c'était pour se montrer dans la Lombardie qui l'attendait comme un libérateur; c'était surtout, étant maître du pays, pour le fermer aux Autrichiens et les empêcher de retourner chez eux.

S'il y resta si longtemps, — car on lui reprocha aussi de s'y être attardé pendant que les défenseurs de Gênes en étaient aux extrémités, — c'est qu'il n'était pas suffisamment en forces pour exécuter son plan, et qu'il attendait les 16,000 hommes que lui amenait Moncey par le Saint-Gothard et qui ne pouvaient guère être arrivés avant le 6 juin. Pendant ce temps, Gênes pouvait tomber au pouvoir de l'ennemi, c'est vrai; mais au lendemain de la victoire sur laquelle Bonaparte comptait, elle serait délivrée, comme le reste de l'Italie.

Il s'en fallut de bien peu que Gênes ne fût délivrée plus tôt; car Mélas, comprenant enfin le véritable plan du général français, se hâta de concentrer ses forces, non plus pour essayer de repousser l'ennemi par une bataille, mais pour se frayer un passage à travers ses troupes, forcément disséminées.

En conséquence, il envoya au général Ott l'ordre d'abandonner immédiatement le siège de Gênes et de se diriger sur Pavie ; c'était déjà un peu tard, puisque Lannes occupait Pavie, mais Ott s'attarda encore de quelques jours, voyant bien que la place était sur ses fins ; effectivement, Masséna capitula le 4 juin ; très froissé de n'avoir pas été secouru à temps, mais assuré cependant du succès final, car en discutant avec les généraux autrichiens il leur déclara qu'avant quinze jours il serait de retour dans Gênes ; il exigea d'ailleurs tous les honneurs de la guerre, la promesse que les quatre mille malades qu'il laissait dans la ville sous les ordres du général Miollis seraient soignés par les Autrichiens et rendus libres sitôt leur guérison.

Ott était trop pressé de partir pour ne pas accepter toutes les conditions du vaincu ; il l'autorisa même à faire passer au milieu de l'armée autrichienne deux officiers d'état-major qu'il envoyait au premier consul.

Averti de la catastrophe dès le 6 juin par ces deux officiers, le commandant Graziani et le lieutenant de Marbot, Bonaparte n'avait plus si grand besoin de se hâter de rencontrer l'armée de Mélas avant sa concentration, qui se faisait sur deux points : Alexandrie pour les troupes du Piémont, Plaisance pour celles de Gênes.

Mais il était d'autant plus pressé de se rendre maître de la ligne du Pô, depuis Pavie jusqu'à Plaisance et Crémone.

Prise de Plaisance.

Lannes occupait Pavie avec la division Watrin. Duhesme était à Crémone, mais Plaisance, située sur l'autre rive du Pô, appartenait aux Autrichiens qui y avaient toutes leurs administrations, et il fallait s'en emparer avant que leurs troupes, qui étaient en route pour s'y rendre, n'aient eu le temps d'y arriver.

Lannes reçut l'ordre de passer le fleuve à Belgiojoso, un peu au-dessous de sa réunion avec le Tessin, et Murat, qui commandait provisoirement les divisions Boudet et Monnier, en face de Plaisance même.

Le général Watrin ayant rassemblé quelques barques entre Belgiojoso et San Cipriano, se jeta dans la première et traversa le Pô, avec un détachement assez faible, qui ne fut pas plutôt sur la rive droite qu'il était aux prises avec des troupes autrichiennes se rendant de Valence et d'Alexandrie à Plaisance.

Il dut faire et demander à ses hommes des efforts héroïques pour n'être pas rejeté dans le fleuve par ces forces très supérieures, mais comme les allées et venues des barques lui amenaient constamment de petits renforts, il finit, à force d'obstination, par rester maître du terrain.

Le reste de la division passa plus tranquillement et se mit en position un peu au delà, pour garder la route d'Alexandrie.

En face Plaisance, l'avant-garde de la division Monnier, qui se dirigeait vers le pont sans savoir qu'il était défendu par de l'artillerie, y fut accueillie par une pluie de mitraille qui la mit en désordre ; après avoir essayé vainement d'enlever de front la position, elle se retira sur le gros. Mais il était tard et il fallut remettre l'opération au lendemain.

Le général Boudet, accouru pour réparer cet échec, constata que la tête du pont était abandonnée et que le pont lui-même était coupé. Seulement, comme il restait encore une grande partie des barques qui avaient servi à le construire, Murat en prit possession, les fit conduire en aval, à Nocetto, où elles servirent à passer la brigade Musnier.

Cette brigade s'élance sur Plaisance et s'en empare après un combat assez vif avec le général O'Reilly, qui avait surtout avec lui de la cavalerie et qui rétrograda avec pour aller empêcher le parc d'artillerie, parti déjà d'Alexandrie, de venir se faire prendre à Plaisance.

La division Watrin, dont il ne heurta que les avant-postes, ne put l'empêcher de passer et il sauva le parc d'artillerie, qui s'enferma à Tortone.

Il était vraiment temps d'occuper Plaisance, car le jour même (7 juin) il y arriva de divers côtés des régiments autrichiens qui, croyant entrer dans une ville occupée par leurs troupes, furent affreusement battus par les nôtres et se replièrent en désordre, en laissant beaucoup de prisonniers.

Des quatre colonnes qui devaient se concentrer à Plaisance, trois étaient à peu près en déroute. La quatrième, la plus considérable du reste, celle du général Ott qui accourait de Gênes, était encore à deux jours de marche ; elle ne fut battue que le surlendemain à Montebello.

Maître du Pô, de Pavie à Plaisance, c'est-à-dire de la ligne de retraite la plus indiquée des Autrichiens, Bonaparte ne commandait pas encore la situation comme il le voulait, car Mélas pouvait essayer de passer par ailleurs, soit par Turin, Casale ou Valence et, se portant sur nos derrières, nous jouer à peu près le tour qu'on lui avait fait en descendant des Alpes par le Saint-Bernard.

Il pouvait encore, en faisant un grand détour par Tortone, Novi et la Bocchetta, et en sacrifiant une partie de son artillerie et ses bagages, essayer de franchir le Pô aux environs de Crémone ou de Parme, d'où il pourrait gagner ensuite Mantoue et les États autrichiens.

Pour parer à ces éventualités, Bonaparte décida d'occuper fortement la position de la Stradella, qui barrait absolument la ligne de retraite la plus probable et d'où il pouvait en peu de temps se porter sur les points, occupés aussi, d'où il pourrait s'opposer à la marche de l'ennemi, s'il tentait de s'échapper ou du côté du Tessin ou du côté de Crémone.

En conséquence, il cantonna dans la vallée de la Stradella, non loin de la division Watrin qui se trouvait déjà à Belgiojoso, sous les ordres de Lannes, les divisions Chambarlhac et Gardanne, commandées en chef par Victor, et les divisions Boudet et Monnier, toujours sous la direction provisoire de Murat, soit à peu près 30,000 hommes, les meilleurs de son armée.

Le reste était ainsi distribué :

A Verceil, la division Chabran qui avait laissé garnison au fort de Bard et à Ivrée, avec ordre, si l'ennemi s'approchait en masses, de se replier sur la division Lapoype (arrivée par le Saint-Gothard) qui occupait les bords du Tessin aux environs de Pavie ;

La division Gilly (venue aussi par le Saint-Gothard) à Milan, où sa présence était d'autant plus nécessaire que les Autrichiens avaient laissé dans la citadelle une forte garnison. La division Lorges (qui faisait aussi partie des forces amenées d'Allemagne par Moncey) à Lodi, pour contenir de l'autre côté de l'Adda le corps du général Wukassowich, séparé de l'armée autrichienne, qu'il ne devait plus rejoindre.

Enfin la brigade Bethencourt aux environs d'Arona pour garder, en cas de malheur, à la retraite des Français, la route du Saint-Gothard, et la division Loison, sous les ordres de Duhesme, à Crémone avec mission de défendre cette ville et celle de Plaisance.

La disposition de son armée paraît ici contraire au système ordinaire du général Bonaparte, qui concentrait toujours ses forces à la veille d'une bataille et excellait dans l'art de réunir à point nommé tous ses lieutenants autour de lui.

Mais, ici, il ne se trouvait pas dans les circonstances ordinaires, c'est-à-dire quand les deux adversaires marchent l'un contre l'autre et font assaut de vitesse et d'habileté pour choisir le champ de bataille. M. de Mélas ne voulait pas se battre, il cherchait surtout à fuir, et Bonaparte, qui voulait le battre, avait la prétention de l'empêcher de fuir, et c'est pour cela qu'il dispersa ses forces sur le Pô, sur le Tessin, sur l'Adda, pour lui barrer toutes les routes.

Si dispersées qu'elles fussent d'ailleurs, elles étaient en communications faciles et constantes, et placées de façon à se secourir réciproquement avec la plus grande promptitude, d'autant que dans ce temps-là où tout le monde était impatient de combattre, les commandants de corps n'attendaient pas des ordres pour s'ébranler, ils marchaient au canon, toujours.

C'était un principe ; la guerre scientifique que l'on fait aujourd'hui

C'est là qu'on se battit le plus résolument. (Page 27.)

avec des millions d'hommes, les chemins de fer, les télégraphes et les vélocipèdes, ne l'admet probablement pas, mais c'est avec ce principe-là qu'on gagnait les batailles au commencement de notre siècle, ainsi qu'on le verra pour Marengo.

Combat de Montebello.

Retenu à Milan, qu'il ne pouvait quitter avant le 8 juin, Bonaparte envoya à Murat, à Victor et à Lannes les instructions suivantes : « Concentrez-vous à la Stradella ; le 8 ou le 9 au plus tard vous aurez sur les bras 15 ou 18,000 Autrichiens venant de Gênes. Portez-vous à leur rencontre, écrasez-les ; ce seront autant d'ennemis de moins à combattre le jour de la bataille décisive qui nous attend avec l'armée entière de M. de Mélas. »

Il ne paraît pas que les lieutenants de Bonaparte avaient tenu grand compte de cette prescription, car Lannes se trouva d'abord tout seul avec la division Watrin pour repousser le général Ott, qui avait en effet 18,000 hommes sous ses ordres, y compris les colonnes des généraux O'Reilly et Gottesheim qu'il avait trouvées en retraite et qu'il avait ralliées, pour tenter avec elles un vigoureux effort sur Plaisance.

Lannes, qui ne disposait que de 7,000 hommes, aurait pu se contenter de rester dans le défilé où il offrait moins de prise à l'ennemi, mais il fut beau joueur, se porta à la rencontre d'Ott et se déploya dans la plaine, son centre sur la chaussée non loin des villages de Casteggio et de Montebello, sa gauche sur les pentes de l'Apennin, et sa droite dans les prairies du Pô.

C'était hardi, mais il ne voulait pas se contenter de se défendre, il voulait livrer bataille, et il savait si bien entraîner ses soldats qu'il comptait sur leur courage comme sur le sien même.

D'ailleurs il était bien secondé : le brave général Watrin se porta en avant sur Casteggio et força O'Reilly à replier ses avant-postes sur Rivetta, où les Autrichiens étaient en force, précédés d'une nombreuse artillerie bien établie sur la route en avant du village et battant le terrain en tous sens.

Il fallait faire taire cette artillerie meurtrière qui décimait nos rangs : deux bataillons de la 6e légère essayèrent de l'enlever en la tournant par la droite, pendant que le troisième bataillon de la même demi-brigade et toute la 40e prenaient par la gauche pour occuper les hauteurs qui dominent Casteggio, et que le reste de la division Watrin se portait résolument sur ce village, où le centre de l'armée ennemie était abrité.

La lutte fut longue et terrible, et les Français étaient sur le point de s'emparer des positions attaquées, lorsque le général Gottesheim, accourant avec toute son infanterie au secours d'O'Reilly, se précipita sur les bataillons qui avaient gravi les hauteurs et les força de rétrograder.

Lannes, ayant engagé toutes ses troupes, ne pouvait secourir que très partiellement celles qui faiblissaient; mais il dépensa si habilement son peu de monde, exalta si bien le courage de ses soldats par son exemple, qu'ils résistèrent à cette nouvelle attaque et tinrent bon sous une pluie de fer.

Ils allaient succomber pourtant, lorsque la division Chambarlhac, envoyée par le général Victor, apparut sur le champ de bataille; la 43e demi-brigade, enlevée par le général Rivaud, gravit les hauteurs de Casteggio, et, ralliant les bataillons qui avaient été contraints de les abandonner, s'y établit avec eux et s'y maintint au prix d'héroïques efforts.

Pendant ce temps, la 24e, se développant à droite dans la plaine, essayait de tourner la gauche de l'ennemi pour éteindre le feu de son artillerie, et la 96e renforçait au centre le général Watrin, qui recommença l'attaque du bourg.

C'est là qu'on se battit le plus résolument et le plus longtemps, car Watrin prit et reperdit plusieurs fois ce village, dont les rues étaient rouges de sang; mais Lannes, qui trouvait moyen d'être partout à la fois, pour exciter tout son monde, donna l'impulsion décisive.

Rivaud, maître des hauteurs, refoula devant lui les soldats de Gottesheim et descendit après eux sur les derrières de Casteggio; la 24e demi-brigade réussit à tourner les batteries autrichiennes et même le village, d'où l'ennemi se retira, chaudement poursuivi par Watrin, si chaudement même qu'il se mit en déroute sur Montebello, abandonnant plus de 4,000 prisonniers et laissant sur le champ de bataille 3,000 hommes, tant morts que blessés.

Il était huit heures du soir; on se battait depuis onze heures du matin, et nos troupes, dont les pertes étaient cruelles, étaient exténuées d'un combat pareil qui ne leur avait pas laissé le temps de manger; mais lorsque, tout étant fini, Bonaparte arriva dans la plaine encore sanglante et leur adressa les félicitations et les remerciements qu'ils méritaient, on ne se serait pas douté des fatigues de nos soldats, tant ils étaient enchantés de leur succès et fiers d'avoir fait largement leur devoir.

Leur joie, pourtant exubérante, n'égalait pas celle de Lannes, qui avait montré ce qu'on pouvait attendre de lui dans cette bataille mémorable, dont il porta plus tard le nom avec le titre de duc.

Quant au général autrichien Ott, il rentra consterné dans Alexandrie, où il ramenait à peine 10,000 hommes, démoralisés par la déroute; et le feld-maréchal Mélas commença à comprendre qu'il ne s'en irait pas facilement de cette Italie qu'il avait mis dix-huit mois à reconquérir et qu'il allait perdre en un jour, s'il ne sortait pas vainqueur du combat que Bonaparte allait lui livrer.

Bonaparte n'était pas pressé, il savait que la victoire de Montebello relevait le moral de son armée autant qu'elle rabaissait celui de l'armée de Mélas; seulement, comme il pouvait croire que le général autrichien avait hâte d'en finir, il s'établit de façon à lui disputer plus facilement la route de Plaisance; et comme Lannes s'était trop avancé, il fit reculer ses divisions jusqu'au point qui porte plus particulièrement le nom de Stradella, parce que c'est le plus étroit de la vallée et par conséquent le plus facile à défendre.

Pendant deux jours les troupes se reposèrent de leurs combats et de leurs marches rapides et Marmont s'occupa d'améliorer l'organisation de l'artillerie, qui jusqu'alors ne permettait pas de mettre plus de 40 pièces en batterie.

Le soir du 11 juin, Desaix revenant d'Égypte, où, après s'être montré grand général, il avait mérité par sa sage administration le nom de *sultan juste* que lui donnaient les indigènes, Desaix arrivait au quartier général, se mettre à la disposition du premier consul, qu'il aimait comme un frère aîné, bien qu'il eût un an de plus que lui, et dont le génie l'enthousiasmait. Bonaparte faisait d'ailleurs beaucoup de cas de ses talents militaires et avait pour lui plus d'amitié qu'il n'en montra jamais pour personne.

Il lui donna le commandement suprême des deux divisions Monnier et Boudet que dirigeait provisoirement Murat, qui fut appelé au commandement supérieur de la cavalerie, ce qui convenait beaucoup mieux à ses aptitudes plus spéciales.

Le 12 juin, Bonaparte, qui commençait à s'ennuyer d'attendre les têtes de colonnes de l'armée autrichienne et ne comprenait pas que le baron de Mélas perdît des heures précieuses dans la situation critique où il se trouvait, se prit à craindre qu'il ne lui eût échappé, soit par la route de Turin, soit par celle de Novi. Dans l'après-midi, comme son inquiétude croissait, il quitta sa position et s'avança avec toute son armée jusqu'à la hauteur de Tortone, dont il ordonna l'investissement et établit son quartier général à Voghera.

Le lendemain matin il passa la Scrivia et déboucha dans l'immense plaine qui s'étend entre cette rivière et la Bormida, et qu'il connaissait bien, car c'est précisément là que, dans son plan des Tuileries, il espérait battre M. de Mélas.

C'était du reste un admirable champ de bataille, traversé par la route qui passe dans les deux villages de San Giuliano et de Marengo, distants de 3 kilomètres; et le général autrichien, s'il avait voulu marcher sur Plaisance, n'en aurait pu choisir un plus favorable pour le déploiement de sa nombreuse cavalerie et la mise en batterie de ses deux cents canons.

Ne l'y voyant pas, Bonaparte se persuada qu'il lui avait échappé, et il ne lui vint pas un instant à l'idée qu'il pût être encore à Alexandrie, car c'était dans la circonstance une faute trop grossière pour qu'il ait cru Mélas capable de la commettre : aussi n'envoya-t-il point de cavalerie légère aux renseignements de ce côté ; d'autant qu'une reconnaissance, mal faite d'ailleurs, lui permettait de croire que l'ennemi n'avait pas jeté de pont sur la Bormida.

Dévoré d'inquiétude, il expédia des aides de camp de tous côtés pour savoir si Moncey qui était sur le Tessin et Duhesme sur le Pô n'avaient pas de nouvelles du baron de Mélas; il envoya Desaix avec la division Boudet, dans la direction de Novi, pour s'opposer à son passage s'il voulait descendre vers Gênes; puis après avoir enjoint à Victor d'occuper Marengo avec ses deux divisions, et à Lannes de camper en échelons dans la plaine avec la division Watrin, il partit pour son quartier général de Voghera, où il avait donné rendez-vous à tous les officiers d'état-major partis aux renseignements.

Mais la Scrivia ayant considérablement grossi depuis le matin, il ne put la franchir et s'arrêta à Torre di Garofalo, où était la garde consulaire et la division Monnier qu'il gardait comme réserve.

Cet accident fut d'ailleurs un bonheur, car sans lui la bataille de Marengo eût été irrémédiablement perdue.

Bataille de Marengo.

Cependant le maréchal Mélas était toujours à Alexandrie, où il avait perdu trois jours à délibérer, avant de prendre une décision, et bien que son armée fût très démoralisée et que les chefs fussent presque aussi découragés que les troupes, il prit la seule qui restait à un soldat plein d'honneur : celle de se frayer un passage à travers l'ennemi, et de s'acheminer par la route de Plaisance.

Réduite par les pertes qu'elle avait faites et par les garnisons qu'elle avait laissées à Coni, à Turin, à Tortone, à Gênes, à Acqui, à Gavi, à Alexandrie et même à Milan, son armée ne comptait plus guère que 40,000 hommes, mais elle avait 200 canons et une cavalerie magnifique, dont une partie fut laissée en arrière d'Alexandrie avec un assez fort détachement, pour surveiller la route d'Acqui, par où Suchet, qui n'avait plus personne devant lui au pont du Var et qui avait rallié les débris de l'armée de Gênes, aurait fort bien pu arriver.

Le 14 juin, au point du jour, les Autrichiens commencèrent à passer la Bormida sur deux ponts, couverts d'ailleurs par la même tête, ce qui augmenta la lenteur du défilé, et se formèrent en bataille en trois groupes : sur la droite, cinq à six mille hommes commandés par O'Reilly, à gauche dix mille hommes, moitié cavalerie et moitié infanterie, commandés par le général Ott, en s'appuyant sur le village de Castel-Ceriolo, et au centre le gros de l'armée avec Mélas lui-même, et divisé en deux corps sous les ordres des généraux Haddick et Kaim.

L'armée française, c'est-à-dire les trois divisions qui la composaient alors et n'avaient point de commandant supérieur puisque Bonaparte était absent, était disposée en échelons par divisions; la division Gardanne qui était en avant, près de la petite ville de Pietra-Buona, formait l'échelon de gauche ; la division Chambarlhac, qui était à Marengo, formait le second échelon, et la division Watrin, beaucoup plus en arrière, l'échelon de droite.

Entre les deux armées, en avant de Marengo, coulait un ruisseau peu large mais profond et fangeux, qu'on appelle le Fontanone, qui joua un grand rôle dans cette journée, où il se livra en réalité trois batailles.

La première fut commencée par la marche en avant d'O'Reilly sur la division Gardanne qui, peu nombreuse puisqu'elle ne comprenait que deux demi-brigades, la 101e et la 44e, dut se replier devant des forces doubles, appuyées par une très nombreuse artillerie.

Gardanne se retira dans le village de Marengo; O'Reilly n'osa l'y suivre, attendant que la colonne du général Haddick fût en état de le soutenir.

Cela demanda quelque temps, dont Victor profita pour faire prendre position à ses deux divisions réunies, et pour envoyer prévenir le premier consul de la façon dont il était attaqué.

Le général Victor laissa dans le village de Marengo, sous les ordres de Gardanne, les 101e et 44e demi-brigades qui venaient de s'y réfugier, plaça sur la gauche le général Chambarlhac avec la 43e, la 96e et la 24e légère et, un peu en arrière, sa cavalerie sous les ordres du général Kellermann, fils du vainqueur de Valmy, et comprenant les 20e et 2e régiments de grosse cavalerie, le 8e de dragons et un escadron du 12e de chasseurs (les autres escadrons de ce régiment étant sur la haute Bormida à observer les mouvements de l'ennemi).

Protégé par une batterie de 25 pièces de canon dont le feu très nourri foudroyait les Français, le général Haddick, à la tête de la division Bellegarde, s'avance sur le Fontanone et s'engage dans son lit pour le franchir.

Le général Olivier Rivaud, sortant du village de Marengo avec la 44e et la 101e demi-brigade, prend le ruisseau en enfilade et fusille presque à bout portant les Autrichiens qui veulent prendre pied. Un combat terrible s'engage et, malgré son infériorité numérique et les canons qui éclaircissent ses rangs, Rivaud tient ferme, repousse la colonne du général Haddick, prend à son tour l'offensive et rejette tous les Autrichiens de l'autre côté du ruisseau; ils n'y restèrent pas longtemps du reste : leur général ayant été blessé mortellement d'un coup de feu, ils se retirèrent très vite et fort en désordre.

Mélas lança alors sur le même point le corps du général Kaim et envoya au général de cavalerie Pilati l'ordre d'exécuter une charge sur la gauche des Français.

Les divisions Gardanne et Chambarlhac réunies se rangèrent en demi-cercle pour s'opposer aux colonnes de Kaim qu'elles empêchèrent de franchir le Fontanone, pendant que la division Watrin entrait en ligne entre Marengo et Castel-Ceriolo ; elles n'avaient pour l'instant à redouter que la cavalerie de Pilati, mais Kellermann, qui observait ses mouvements, les en préserva par une manœuvre très habile.

Les dragons autrichiens, qui avaient ordre de charger notre gauche, défilèrent un par un dans le lit du Fontanone, afin de mieux se dissimuler, et se reformèrent en bataille à l'abri d'un petit bois.

Kellermann les envoya charger par le 8e dragons qui leur causa bien quelque dommage, mais qui, comme il en avait reçu l'ordre, se laissa ramener par la deuxième ligne.

Tout d'un coup il se sépare en deux et s'éloigne par la gauche et par la droite pour démasquer notre grosse cavalerie qui charge à fond.

Les dragons autrichiens, croyant s'échapper par la vitesse, tournent bride, mais vivement poursuivis, ils viennent bousculer leurs camarades qui sortaient à peine du ruisseau et s'y précipitent avec eux : les uns furent pris, d'autres se noyèrent, mais très peu réussirent à se sauver.

La deuxième attaque des Autrichiens n'avait pas mieux réussi que la première, mais ils allaient recommencer, car ils ne se battaient pas seulement pour la gloire, mais pour la liberté ; et c'étaient de vaillants soldats qui avaient connu plus d'une fois la victoire dans la campagne précédente et trouvaient très dur d'y renoncer.

Le général Ott, qui ne faisait guère que d'entrer en ligne, traversa Castel-Ceriolo et menaça de déborder Lannes qui commandait la division Watrin, et pendant que celui-ci se portait un peu plus à droite pour ne pas se laisser tourner, les trois colonnes d'O'Reilly, d'Haddick et de Kaim réunies s'avancèrent sur Marengo, appuyées par une artillerie formidable.

Les grenadiers de Lattermann entrent les premiers dans le Fontanone et, malgré le feu violent que la division Chambarlhac ouvre sur eux, un bataillon de ces grenadiers se maintient sur l'autre bord du ruisseau et couvre les pontonniers, qui construisent à la hâte un pont de chevalets.

Le brave général Rivaud, sortant alors de Marengo avec la 44e, accourt sur les grenadiers pour les précipiter dans le Fontanone, mais les batteries autrichiennes, qui jusqu'alors avaient surtout tiré sur les troupes de la division Chambarlhac, parce que rien ne les abritait de leur mitraille, concentrèrent leur feu sur la 44e et la firent reculer sous une pluie de fer, qui tua un grand nombre d'hommes et blessa le général.

Les grenadiers de Lattermann, marchant après, entrèrent dans Marengo. Rigaud, avec ce qui lui restait de la 44e, les en fit ressortir, mais ne put les rejeter au Fontanone, la mitraille arrêtant ses hommes sitôt qu'ils étaient à découvert ; une seconde blessure l'obligea à se laisser emporter loin du combat et les grenadiers autrichiens conservèrent la position qu'ils avaient conquise et que d'autres bataillons vinrent occuper avec eux.

La division Chambarlhac qui formait la gauche, mais qui était écrasée par les projectiles qu'elle recevait à découvert, plia à son tour, et la 96e demi-brigade fut repoussée par le général O'Reilly, qui manœuvrait de façon à la déborder.

Lannes, se rapprochant avec la division Watrin, rétablit un instant le combat, mais au moment où il allait culbuter dans le Fontanone le corps du général Kaim qu'il avait devant lui, il fut débordé par la nombreuse cavalerie du général Ott.

La brigade de cavalerie Champeaux, placée en arrière de la division Watrin, parvint à dégager l'infanterie par une belle charge, dans laquelle le général Champeaux trouva une mort glorieuse, mais stérile, car l'ennemi revint en forces et de nouvelles charges, où s'épuisèrent les cavaliers de Lannes, ne les repoussèrent pas.

Il n'était que dix heures du matin et la bataille, qui avait été très sanglante, était perdue. Les divisions Victor et Lannes ne pouvant plus renouveler les efforts surhumains qu'elles avaient faits pour lutter à un contre trois, allaient être obligées de battre en retraite dans une vaste plaine toute nue, où rien ne pouvait les protéger contre une artillerie formidable et une cavalerie très nombreuse, quand Bonaparte arriva sur le champ de bataille, furieux de s'être laissé surprendre par l'ennemi qu'il guettait depuis trois jours, et plus encore honteux de l'impatience qui l'avait empêché de réaliser son plan, si laborieusement et si justement combiné, mais bénissant le débordement de la Scrivia qui l'avait empêché d'aller coucher à Voghera, ce qui lui permettait d'arriver encore à temps.

Il amenait avec lui la garde consulaire, composée de deux bataillons de grenadiers et de trois escadrons de cavalerie, avec lesquels était Murat, et était suivi, à peu de distance, de la division Monnier qu'il avait rappelée en hâte de Castel-Nuovo di Scrivia.

C'est tout ce qu'il avait de disponible avec deux régiments de cavalerie, le 12e de hussards et le 21e de chasseurs, sur lesquels on ne pouvait compter que comme réserve en cas de retraite, puisqu'ils gardaient la route de Salé, sous les ordres du général Jean Rivaud.

Mais, de Torre di Garofalo, Bonaparte avait envoyé, par quatre ou cinq aides de camp prenant différentes routes, dire à Desaix, parti dans la direction de Novi, de revenir immédiatement, et il était sûr qu'il arriverait; la question était de pouvoir l'attendre, et la situation était très critique.

Lannes, qui occupait la droite, était débordé par la cavalerie et même

Mort de Desaix (Page 38)

par l'infanterie du général Ott; mais il se maintenait encore à proximité du village de Marengo, occupé par les trois mille grenadiers de Lattermann qui n'avait pu en chasser complètement Gardanne, qui lui disputait le terrain pied à pied, maison par maison, jardin par jardin.

De l'autre côté du village, la division Chambarlhac, coupée de la division Gardanne et accablée de projectiles, précipitait sur San Giuliano sa retraite, qui menaçait de tourner en déroute.

5

La vue des bonnets à poil de la garde consulaire rendit courage à ces braves régiments.

Ce n'est pas eux, pourtant, que Bonaparte secourut d'abord, mais la droite qui n'était que menacée; et il pensa avec raison que s'il parvenait à la fixer solidement sur Castel-Ceriolo, il s'en ferait un point d'appui et, pivotant alors autour de son aile droite consolidée, il pourrait, sinon ramener au combat son aile gauche repoussée en arrière, du moins la protéger contre les poursuites de l'ennemi.

Pour exécuter le plus rapidement possible ce plan conçu en une minute, il porte l'infanterie de la garde consulaire à la droite de Lannes, entre Poggi et Villa-Nuova, et lui ordonne d'arrêter la cavalerie autrichienne, jusqu'à ce que la division Monnier puisse entrer en ligne.

Ces deux bataillons, n'ayant avec eux qu'une faible section d'artillerie légère, se forment en carré et reçoivent charge sur charge des dragons des Lobkowitz, qui s'acharnent bien inutilement après eux, car le général Ott aurait très bien pu laisser ce carré isolé et continuer sa marche en avant; mais il voulait réduire ces troupes fraîches et les mettre en désordre, parce qu'il pensait bien que leur arrivée relevait le moral des autres. Il y perdit beaucoup de cavaliers, sans causer de grandes pertes à cette phalange intrépide qui tint là comme un roc, ou, pour employer l'expression de Berthier, auteur de la relation officielle, comme une redoute de granit, contre laquelle tous les efforts devaient être impuissants.

Au bout d'une demi-heure, deux demi-brigades de la division Monnier, la 70e de ligne et la 19e légère, arrivent sous les ordres du général Carra-Saint-Cyr, prennent la droite de Lannes et se dirigent vers le village de Castel-Ceriolo, qu'elles parviennent à occuper après avoir plus d'une fois arrêté la cavalerie autrichienne, qui venait échouer sur les carrés bordés de baïonnettes, qu'elles formaient aussi vite qu'elles savaient se porter en avant, en colonnes d'attaque.

La 72e demi-brigade arrivant alors, Bonaparte se met à sa tête et la porte sur la gauche de Lannes pour soutenir sa division chancelante, pendant que le général Dupont, chef d'état-major, court rallier, vers San Giuliano, les bataillons épars de la division Victor, poursuivis par la cavalerie d'O'Reilly et insuffisamment protégés par la cavalerie de réserve de Murat, qui ne comptait d'ailleurs que 360 chevaux.

Le combat recommence avec furie, et l'infatigable Lannes communiquant son ardeur à ses troupes, la 6e demi-brigade légère et la 22e de ligne, conduites par Watrin, s'élancent à la baïonnette contre les soldats du général Kaim et les poussent dans le Fontanone, tandis que la 40e et la 28e, enlevées par Lannes lui-même, essayent de se rendre maîtresses de ce ruisseau.

Mais le baron de Mélas veille, et, pendant que le général Ott détache le général Vogelsang avec cinq bataillons de la seconde ligne pour reprendre Castel-Ceriolo, il réunit ses masses sur Marengo, met en batterie 80 bouches à feu en avant de ce village et descend dans la plaine sous leur protection.

Gardanne ne peut résister à cette avalanche; la division Chambarlhac, qui revenait et qui recommence à être mitraillée à découvert, rebrousse chemin, et toute la gauche française se dirige sur San Giuliano, mais en faisant bonne contenance.

Si la droite pouvait tenir, rien ne serait perdu, car Bonaparte aurait fait de Castel-Ceriolo le pivot d'une nouvelle ligne de bataille; malheureusement, Carra-Saint-Cyr est obligé d'abandonner le village et ne peut conserver de point d'appui que dans les vignes situées en arrière, mais à peu de distance cependant.

Ce point d'appui permet d'ailleurs à la garde consulaire, toujours inébranlable, et aux quatre demi-brigades de Lannes de résister aux masses de Mélas.

Les grenadiers de la garde, que la cavalerie n'a pas pu entamer, sont attaqués maintenant avec du canon. On veut battre leur ligne en brèche comme une muraille; mais c'est une muraille vivante qui répare ses brèches d'elle-même : il suffit aux grenadiers de serrer les rangs.

A la pluie de mitraille que l'on dirige dessus, succède une charge furieuse de toute la brigade Frimont; ces braves gens reculent, mais sans rompre et en disputant le terrain pas à pas.

Ainsi fait Lannes, qui soutient le choc de presque toute l'armée autrichienne et met près de deux heures à faire trois kilomètres, en rétrogradant sur San Giuliano. Pourtant, son artillerie était démontée, et il faisait sauter ses caissons pour ne pas les laisser prendre à l'ennemi.

A ce moment, le vieux Mélas, qui était exténué de fatigue et ne pouvait plus tenir à cheval, rentre dans Alexandrie, d'où il envoie partout des courriers annonçant sa victoire.

C'était peut-être un peu se presser; mais, à moins d'un événement tout à fait imprévu, à moins d'un miracle, bien que la bataille ne fût pas terminée, le résultat n'en pouvait être changé.

Bonaparte, qui attendait cet événement imprévu et qui était prêt à faire ce miracle, se rongeait les poings d'inquiétude. Descendu de cheval et assis sur le talus d'un fossé, il tenait d'une main la bride de sa monture et de l'autre battait fiévreusement la terre avec sa cravache, quand un de ses aides de camp vint lui annoncer que de San Giuliano on apercevait les têtes de colonnes de Desaix.

Ce fut une transfiguration! D'un bond il remonta à cheval pour se porter au-devant, après avoir arrêté ses mouvements de retraite; mais il aperçut Desaix qui avait devancé sa division et le cherchait pour se mettre à sa disposition.

Desaix n'avait pas littéralement marché au canon; mais, se trouvant à Rivalta quand il avait entendu les premiers coups, il avait pensé que l'ennemi qu'on l'envoyait chercher à Novi était à Marengo. Et il avait arrêté sa colonne pour attendre le retour de son aide de camp Savary, qu'il dépêcha à Novi avec quelques escadrons de cavalerie, ou des ordres que ne manquerait pas de lui envoyer Bonaparte.

Savary étant revenu sans avoir rien rencontré du côté de Novi, la division rebroussa chemin et rencontra successivement les aides de camp de Bonaparte; elle marcha toute la journée, comme elle avait marché la veille. Mais c'est surtout dans ce temps-là que l'on disait couramment : « La victoire est dans les jambes des soldats. » Ce qui est toujours vrai, malgré les chemins de fer.

Avec Desaix, tous les lieutenants du premier consul accoururent autour de lui pour lui demander de nouveaux ordres, en vue de la retraite qui paraissait s'imposer à la plupart.

Ce n'était pas l'avis de Bonaparte; mais, avant de parler, il voulut connaître l'opinion de Desaix. Celui-ci jeta un coup d'œil sur le champ de bataille, dont les Autrichiens étaient si bien les maîtres qu'ils se disposaient déjà en colonnes de marche, pour profiter de leur victoire et gagner la route de Plaisance.

— Certainement, fit-il après ce court examen, la bataille est perdue; mais il n'est que trois heures : nous avons le temps d'en gagner une autre.

— A la bonne heure! s'écria Bonaparte en l'embrassant.

Et tout de suite, le plan de cette seconde bataille fut fait, et les ordres donnés pour en former la ligne en avant de San Giuliano, se dirigeant obliquement sur Castel-Ceriolo.

La division Monnier et la garde consulaire furent mises en position diagonalement, en arrière et sur la gauche du village de Villa-Nuova, ce qui ne les déplaçait pas beaucoup;

La division Watrin, commandée par Lannes, diagonalement en arrière et sur la gauche des grenadiers de la garde, c'est-à-dire où elle s'était arrêtée dans sa retraite;

La division Boudet, que venait d'amener Desaix, un peu à droite de la grande route de San Giuliano, sur la gauche et en arrière de Lannes. Cette division, qui n'avait pas encore combattu, mais qui n'en était pas moins fatiguée de sa marche forcée, se composait de trois demi-brigades : la 30e, déployée en ligne, et la 59e et la 9e légères, en colonnes serrées sur les ailes.

Quant à la division Victor, qui était la plus éprouvée, elle se trouvait en arrière et à gauche de la division Boudet, non loin du village de San Giuliano, à gauche de la grande route de Tortone.

La cavalerie, dont l'effectif avait été bien diminué par les charges du matin, était en seconde ligne, en colonne, et prête à déboucher entre les intervalles des corps.

L'artillerie, réduite à 12 pièces, était avec la division Boudet.

Les Autrichiens ne semblaient point se douter de ce qui se passait. Mélas, en quittant le champ de bataille, avait remis le commandement au général de Zach, son chef d'état-major, qui, laissant O'Reilly, sur sa gauche, continuer sa marche par Frugarolo, où il prit position, et le général Ott, du côté de Villa-Nuova, s'occupa surtout de disposer le gros de l'armée en colonnes de marche, car, si elle s'était battue pour la route de Plaisance, elle devait se hâter de profiter de ce que la route était libre.

Il se porta en avant lui-même, avec deux régiments d'infanterie, les grenadiers de Lattermann et six escadrons de cavalerie: à mille pas en arrière, neuf bataillons et douze escadrons le suivaient sous les ordres de Kaim, et il avait comme réserve les six bataillons de grenadiers du général Weidenfeld, qui n'avaient encore pris aucune part au combat.

Toute cette colonne marchait en bon ordre sur la route, mais avec un peu trop de confiance; car, depuis le général jusqu'au dernier soldat, tout le monde croyait la bataille gagnée.

C'était vrai pour la première, mais la seconde n'était pas encore commencée.

Bonaparte, qui savait tout obtenir de ses soldats, parce qu'il ne leur demandait jamais que des choses glorieuses, parcourt au galop son front de bataille et parle à tous ses régiments : « Mes amis, leur dit-il, rayonnant de confiance, c'est assez reculer. Le moment est venu de s'élancer en avant. Et souvenez-vous que j'ai l'habitude de coucher sur le champ de bataille. »

Des acclamations saluèrent partout ces paroles. Le général pouvait compter sur ses hommes.

Vers cinq heures, la colonne dirigée par le général de Zach dépassait Casina-Grossa et n'était plus qu'à quelque cent mètres de la division Boudet, qui barrait la route de San Giuliano, dissimulée par un pli de terrain.

Tout à coup, la 30e demi-brigade, qui était en ligne, démasque une batterie, où Marmont avait réuni tout ce qui restait de l'artillerie française : douze pièces, disent les uns; dix-neuf, disent les autres. Cette batterie fait pleuvoir la mitraille sur les têtes de colonnes autrichiennes, qui sont d'autant plus surprises qu'elles n'avaient rien vu et qu'elles croyaient les Français définitivement en retraite.

Desaix, pour augmenter leur désordre, fait déployer la 9e demi-brigade légère et se met à sa tête pour charger, après avoir envoyé son aide de camp Savary demander au premier consul de faire appuyer son mouvement par la cavalerie.

Ces braves gens s'élancent au pas de course à travers les vignes, et, arrivés sur la hauteur de la colline, se dénoncent par un feu de salve, à bout portant. Les Autrichiens ripostent, et une de leurs premières balles atteint le général en pleine poitrine.

On a prétendu que Desaix, en tombant, avait dit aux officiers qui s'empressaient autour de lui : « Allez dire au premier consul que je meurs avec le regret de n'avoir pas assez fait pour la postérité. » Mais ce n'est pas possible; ce n'est pas assez simple pour être vrai.

Si celui qui a inventé ces « paroles historiques » s'est imaginé avoir ainsi grandi le héros auquel il les prêtait, il ne savait pas ce que c'est que la gloire.

Un général qui travaille pour la postérité, c'est-à-dire dans le seul but de faire parler de lui, n'est pas un héros; c'est un personnage de théâtre, c'est un charlatan.

Tel n'était pas le cas de Desaix, qui était un homme de devoir et qui, toujours prêt à donner sa vie pour son pays, sans s'inquiéter de savoir si le pays lui en serait reconnaissant, la donnait en ce jour parce qu'il le fallait, parce qu'il devait payer de sa personne pour enlever ses troupes déjà fatiguées d'une longue marche, pour remonter le moral des autres qui se battaient déjà depuis huit heures.

Il s'élança sans marchander, et pourtant il avait le pressentiment de sa fin prochaine, puisque la veille il disait à ses aides de camp : « Voilà longtemps que je ne me bats plus en Europe; les boulets ne me connaissent plus : il m'arrivera quelque chose. » Mais qu'importait! Desaix était brave, Desaix était Français! Noblesse oblige!

La seule chose qu'il ait dite quand il se sentit frappé à mort est celle-ci : « Cachez ma mort; cela pourrait ébranler les troupes. »

Ces paroles authentiques, qui ont été adressées au chef de brigade Lebrun, aide de camp de Bonaparte, ne sont peut-être pas celles d'un héros comme les comprennent les fabricants de légendes; mais ce sont celles d'un général soucieux de la victoire, pour laquelle il venait de donner sa vie.

La mort de Desaix ne fut pas cachée et elle ne pouvait pas l'être, car tous les soldats l'avaient vu tomber, mais elle n'ébranla pas leur courage, au contraire. Et, comme en d'autres temps l'avaient fait les soldats de Turenne, ils demandèrent à grands cris vengeance, et se la donnèrent eux-mêmes.

La 9e légère, qui ce jour-là gagna le titre d'*incomparable* qui fut inscrit à son drapeau, se rallie en colonne et attaque avec une telle furie que les deux premiers régiments autrichiens, ne pouvant lui résister, se replient en désordre sur le gros.

Les grenadiers de Lattermann, qui se trouvent alors en tête de ligne, soutiennent vigoureusement le choc de la 9e légère, appuyée sur la gauche par le général Boudet avec les 30e et 59e demi-brigades, et auraient peut-être donné le temps à la colonne du général Kaim d'arriver en ligne, si Kellermann, sans attendre les ordres du premier consul, ne s'était avisé de les charger.

A la tête de ce qui restait de sa brigade et de celle de Champeaux, il passe au galop entre la division Lannes et celle de Boudet, détache quelques-uns de ses escadrons en potence pour s'opposer à un gros de cavalerie autrichienne qui arrivait devant lui, s'étend le plus qu'il peut avec le reste, et fond comme un ouragan sur le flanc de la colonne de grenadiers, qu'il coupe en deux et met dans un désordre effroyable.

Le premier tronçon, pris entre ses cavaliers qui sabrent sans relâche et les soldats de la 9e légère qui se multiplient, met bas les armes; l'autre essaye de se rallier, comptant sur l'appui de la cavalerie de Lichtenstein qui flanquait la colonne. Mais Kellermann pousse dessus les escadrons qu'il avait laissés en réserve, les attaque lui-même à la tête de deux ou trois autres et les met en déroute.

Pressés de toutes parts, les grenadiers de Lattermann sont faits prisonniers au nombre de près de deux mille, et avec eux le général de Zach, qui dès le début avait été obligé de remettre son épée à un cavalier du 2e régiment, qui l'avait pris à bras-le-corps.

La première colonne ennemie était à peu près anéantie. Le centre, commandé par le général Kaim, était en train de se déployer en face de la division Watrin, quand les dragons de Lichtenstein, en se repliant dessus pour échapper à Kellermann, y causèrent un certain désordre.

Lannes en profita pour se porter de l'avant et attaquer ce centre qui, renforcé du corps du général Haddick, était encore le gros de l'armée autrichienne, pendant que Carra-Saint-Cyr et la garde consulaire se portent sur Castel-Ceriolo, qu'ils enlèvent facilement, et que les divisions Boudet, Gardanne et Chambarlhac marchent aussi de l'avant, refoulant devant elles les Autrichiens.

Sur toute la ligne française on avait repris l'offensive, et nos soldats marchaient avec cet enthousiasme qui est l'avant-coureur de la victoire. Ils ne mirent que trois quarts d'heure à reconquérir la plaine qu'ils avaient défendue pendant quatre heures le matin.

Les rangs ennemis étaient d'ailleurs frappés de démoralisation. La cavalerie du général Ott, qui comptait plus de deux mille chevaux, est prise de panique et traverse le champ de bataille au galop, se précipitant vers les ponts de la Bormida, déjà encombrés de fuyards. N'ayant plus avec lui que la division Vogelsang, dont le chef était hors de combat, le général Ott, qui s'était avancé au delà de Castel-Ceriolo, jusqu'à la Ghilina, songe à rétrograder et ne le peut plus qu'en disputant le passage au général Monnier qui, ne tenant pas à prolonger l'affaire de ce côté, lui laissa libre la route de la retraite et ne combattit son infanterie que juste assez pour convertir cette retraite en déroute.

On ne se battait plus qu'au centre, où les Autrichiens redoublaient d'efforts pour donner le temps à O'Reilly, qui s'était porté jusqu'à Casina-Grossa, de revenir en arrière.

Lannes, secondé par la division Boudet, les oblige à se retirer dans Marengo, d'où il ne peut les déloger tout de suite, grâce à l'entrée en ligne des grenadiers de Weidenfeld, qui n'avaient pas encore tiré un coup de fusil et qui, secondés d'ailleurs par la cavalerie, dont les charges arrêtent momentanément l'élan des troupes françaises, firent l'impossible pour attendre O'Reilly qui arrivait.

Il arriva juste pour se faire battre par les soldats de Victor, pendant que ceux de Lannes et de Boudet, enlevant le village de Marengo, culbutent les divisions Kaim et Haddick qui franchissent plus que rapidement le Fontanone, et que Kellermann, secondé par les escadrons de la garde consulaire, conduits par Bessières et le jeune Eugène de Beauharnais, oblige les restes de la cavalerie autrichienne à quitter définitivement le champ de bataille et à courir aux ponts de la Bormida, augmenter le désordre, qui y était pourtant à son comble, et le désespoir de Mélas qui, revenu d'Alexandrie au bruit de la canonnade, y arrivait précisément pour assister à ce désastre de son armée que, trois heures plus tôt, il avait laissée victorieuse.

Il n'alla pas plus loin. Il donna des ordres pour que les grenadiers de Weidenfeld et quelques autres bataillons de seconde ligne, qui n'étaient pas encore en débandade, se réunissent devant Pietra-Buona et y tinssent le plus longtemps possible, pour protéger la retraite qu'il allait essayer de régulariser.

Il était déjà trop tard : infanterie, cavalerie, artillerie, bagages se précipitaient pêle-mêle sur les deux ponts, qui furent bientôt insuffisants. Quelques cavaliers ayant réussi à traverser la Bormida à gué, un conducteur de pièce essaya d'en faire autant et gagna l'autre rive. Toute l'artillerie alors se jeta dans la rivière, mais beaucoup de voitures y restèrent.

Ils n'en étaient plus à compter, du reste; la moitié de leur matériel était tombée entre nos mains avec treize canons, douze drapeaux et 7,000 prisonniers, parmi lesquels le général de Zach, chef d'état-major de l'armée.

Enfin, vers dix heures du soir, alors qu'on ne se battait plus depuis

Napoléon à Marengo.

longtemps sur aucun autre point, le général Gardanne ayant repris la position de Pietra-Buona qu'il occupait le matin, les derniers Autrichiens passèrent la Bormida dans la nuit et regagnèrent Alexandrie, d'où, le lendemain matin, Mélas découragé envoyait des parlementaires à Bonaparte.

Ainsi finit cette bataille mémorable, qui fut particulièrement sanglante; ce qui indique au premier abord que chacun y fit de son mieux. Elle coûta aux Autrichiens 3,000 hommes tués et plus de 4,000 blessés; à nous, 2,000 morts et 3,000 blessés; c'est-à-dire, d'un côté comme de l'autre, à peu près le cinquième de l'effectif engagé, — proportions effrayantes qui n'avaient peut-être pas été atteintes depuis les temps héroïques, où l'on ne se battait que corps à corps.

Les Autrichiens avaient six généraux hors de combat : un tué, Haddick, et cinq blessés : Lattermann, Vogelsand, Bellegarde, Lamarsaille et Gottesheim.

Nous, nous en avions quatre de blessés : Rivaud, Mainony, Malher et Champeaux (ce dernier mortellement); mais nous en avions perdu un sur le champ de bataille, et celui-là, qui avait à peine trente-deux ans, c'est-à-dire tout un avenir de gloire, celui-là s'appelait Desaix.

Et pour Bonaparte, cœur pourtant bien sec, sa perte fut assez cruelle pour diminuer la joie de cette victoire, qui faisait sa fortune en le rendant le maître de la France, que la bataille de Marengo venait de sauver d'une nouvelle invasion.

« Quand nous fûmes seuls, a raconté Bourrienne, je dis au premier consul :

» — Général, voilà une belle victoire. Vous savez ce que vous me disiez l'autre jour du plaisir que vous auriez à revoir Paris après un grand coup porté en Italie? Vous devez être satisfait.

» — Oui, Bourrienne, je suis satisfait; mais Desaix!... Ah! que la journée eût été belle si ce soir j'avais pu l'embrasser sur le champ de bataille!

» Je vis Bonaparte sur le point de verser des larmes, tant était vraie et profonde la douleur que lui causait la mort de Desaix. C'est certainement l'homme qu'il a le plus aimé, le plus estimé, le plus regretté. »

Desaix était certainement regretté de toute l'armée; mais on s'était battu avec tant d'acharnement qu'il n'était venu à l'idée de personne de quitter le combat pour emporter son corps, et son aide de camp Savary fut obligé de le chercher, le soir, au milieu des cadavres.

Cet acharnement à la bataille a été tel et si général qu'on ne peut citer que très peu de ces hauts faits particuliers, dont l'ensemble compose ordinairement les victoires.

Le caporal Brulon, de la 28e demi-brigade de ligne, a été mis à l'ordre du jour pour avoir, avec dix soldats seulement, fait mettre bas les armes à deux compagnies d'infanterie ennemie.

Le lieutenant d'artillerie Conrad, pour avoir, ayant eu la jambe emportée par un boulet, renvoyé les artilleurs qui s'empressaient autour de lui en leur disant : « Retournez à vos pièces et pointez un peu plus bas. »

Mais le courage et le sang-froid étaient des choses si peu rares alors qu'on y faisait à peine attention, et qu'il ne faut considérer ces deux faits que comme des échantillons.

Maintenant, est-il possible de refuser au général Bonaparte la gloire de la bataille de Marengo? Certains l'ont cru, d'autres l'ont fait sans le croire. Moi, je suis absolument de l'avis de Thiers, qui a dit ceci dans son *Histoire du Consulat* :

« Quelques détracteurs ont prétendu attribuer au général Kellermann le gain de la bataille de Marengo et tous les résultats que cette mémorable bataille entraina dans la suite. Pourquoi donc, s'il faut dépouiller de cette gloire le général Bonaparte, ne pas l'attribuer à cette noble victime de la plus heureuse inspiration, à ce Desaix qui, devinant avant de les avoir reçus les ordres de son chef, vint lui apporter la victoire et sa vie?

» Pourquoi ne pas l'attribuer aussi à cet intrépide défenseur de Gênes qui, en retenant les Autrichiens sur l'Apennin, donna au général Bonaparte le temps de descendre les Alpes, et les livra presque à moitié détruits?

» A ce dire, les généraux Kellermann, Desaix, Masséna seraient tous les véritables vainqueurs de Marengo, tous, excepté le général Bonaparte.

» Mais, en ce monde, le cri des peuples toujours décerne la gloire, et le cri des peuples a proclamé vainqueur de Marengo celui qui, découvrant avec le coup d'œil du génie le parti qu'on pouvait tirer des hautes Alpes pour déboucher sur les derrières des Autrichiens, avait trompé, trois mois de suite, leur vigilance; avait créé une armée qui n'existait pas, rendu cette création incroyable pour toute l'Europe, traversé le Saint-Bernard sans route frayée, paru à l'improviste au milieu de l'Italie confondue d'étonnement, enveloppé avec un art merveilleux son adversaire infortuné, et lui avait livré une bataille décisive, perdue le matin, regagnée le soir, et certainement regagnée le lendemain si elle ne l'avait pas été le jour même; car, outre les 6,000 hommes de Desaix, 10,000 accourus du Tessin, 10,000 postés sur le bas Pô, présentaient le moyen infaillible de détruire l'armée ennemie.

» Qu'on suppose, en effet, les Autrichiens vainqueurs le 14 juin, s'engageant dans les défilés de la Stradella, trouvant à Plaisance les généraux Duhesme et Loison avec 10,000 hommes pour leur disputer le passage du Pô, et ayant en queue le général Bonaparte, renforcé des généraux Desaix et Moncey; qu'auraient fait les Autrichiens dans ce coupe-gorge, arrêtés par un fleuve bien défendu et poursuivis par une armée supérieure en nombre? Ils auraient succombé plus désastreusement encore que dans les champs de la Bormida. Le vrai vainqueur de Marengo est donc celui qui maîtrisa la fortune par ses combinaisons profondes, admirables, sans égales dans l'histoire des grands capitaines.

» Du reste, il fut bien servi par ses lieutenants, et il n'est besoin de sacrifier aucune gloire pour édifier la sienne. Masséna, par une défense héroïque de Gênes, Desaix par la plus heureuse détermination, Lannes par une incomparable fermeté dans la plaine de Marengo, Kellermann par une belle charge de cavalerie, concoururent à son triomphe. »

Et comme, en somme, ce triomphe est celui de la France, ils n'ont rien à y perdre.

C'est tout ce que j'ajouterai à ces lignes qui résument si admirablement la campagne que je viens de raconter.

I

HOHENLINDEN

Passage du Rhin. — Combat de Stokach. — Bataille d'Engen. — Bataille de Moeskirch. — Combat de Biberach. — Le camp retranché d'Ulm. — Passage du Danube. — Bataille d'Hochstædt. — Combat de Neuburg. — Mort de La Tour-d'Auvergne. — Les exploits du premier grenadier de France. — Armistice de Parsdorf. — Combat d'Ampfing. — Bataille de Hohenlinden.

Hohenlinden, qui termina victorieusement la campagne de 1800 en Allemagne, est la plus grande bataille livrée par Moreau et, aussi, le plus beau titre de gloire de cet homme de guerre qui, s'il ne fut pas ce qu'on appelle un grand capitaine, parce que son intelligence était lourde et son caractère irrésolu, fut du moins un excellent général, qui savait suppléer par son aplomb au manque d'ampleur de ses combinaisons, et réparer, par la sagesse de ses manœuvres, les fautes provenant de ses irrésolutions et de son absence de vigueur dans le commandement.

S'il n'a pas fait tout ce qu'il pouvait faire en Allemagne, avec des soldats dévoués et intrépides, mais pour lesquels il manquait un peu de prestige, avec des lieutenants pleins de mérites, mais qu'il ne savait pas grouper autour de lui et abandonnait trop à leurs rivalités, il a du moins secondé très vaillamment les opérations de Bonaparte et rendu possible la victoire de Marengo, en immobilisant l'armée de Kray, et en envoyant en Italie 16,000 hommes de sa réserve.

J'ai déjà parlé des trois combats qu'il livra trois jours de suite à l'armée autrichienne; mais je vais les reprendre avec quelques détails, afin de raconter toute la campagne de Moreau.

Son armée se composait, comme je l'ai déjà dit, de 130,000 hommes, mais 23,000 étaient immobilisés pour la défense des places de Strasbourg, Landau, Mayence et des têtes de pont de Kehl, Cassel, Brisach et Bâle; de plus, six ou sept mille, sous les ordres du général Moncey, gardaient les vallées du Saint-Gothard et du Simplon.

Moreau divisa ses forces effectives : 82,000 hommes d'infanterie, 13,000 cavaliers et 5,000 artilleurs avec 116 canons, en quatre corps d'armée indépendants, ayant chacun leur cavalerie et leur artillerie, système excellent quand on est bien maître de ses commandants de corps, mais dont Moreau connut bientôt les graves inconvénients, parce qu'il ne savait pas imposer sa volonté à ses collaborateurs.

Le premier de ces corps, sous les ordres du général Sainte-Suzanne, occupait Strasbourg et Kehl et formait la gauche de l'armée : il était fort de 20,000 hommes et comprenait les divisions Legrand et Souham; sa réserve de cavalerie était commandée par le général Colaud.

Le deuxième corps formant le centre, sous les ordres du général Gouvion-Saint-Cyr, était cantonné autour de Vieux-Brisach ; il comprenait trois divisions commandées par Ney, Tharreau et Baraguey-d'Hilliers et une réserve de cavalerie aux ordres de Sahuc, en tout 25,000 hommes.

La réserve, dont Moreau gardait le commandement particulier, bien qu'il eût pris pour second le général Laborie, faisant par le fait double emploi avec le général Dessoles, chef de l'état-major général, occupait le territoire de Bâle : elle était forte de 30,000 hommes et comprenait les divisions Richepanse, Delmas, Bastoul et Leclerc, et la division de cavalerie d'Hautpoul.

Enfin, le quatrième corps, aux ordres de Lecourbe, s'étendait depuis Schaffhouse jusqu'au lac de Constance; il comprenait les trois divisions Montrichard, Lorges et Vandamme et la division de cavalerie de réserve de Nansouty, ensemble 25,000 hommes.

En face de cette armée disséminée le long du Rhin, depuis Strasbourg jusqu'à Constance, l'armée autrichienne, non moins disséminée, était plus nombreuse surtout en cavalerie (26,000 chevaux), et en artillerie (300 bouches à feu); mais l'infanterie, dont l'effectif était à peu près le même, était de beaucoup inférieure à la nôtre.

M. de Kray, général en chef, avait aussi, et tout naturellement, divers corps; sa droite, commandée par le général de Sztarray, surveillait le Rhin entre Mayence et Rastadt et donnait la main aux troupes mayençaises du baron d'Albini.

Plus haut, le débouché de Strasbourg était gardé, en avant de la Kinzig, par le général de Kienmayer.

Plus haut encore, le major Giulay, avec une brigade qui occupait le Val-d'Enfer, surveillait le Vieux-Brisach et éclairait conjointement avec l'archiduc Ferdinand, qui observait la route de Bâle, le centre de l'armée autrichienne, fort de 40,000 hommes et réuni à Donaueschingen et à Villingen, à cheval sur les routes qui conduisent du Rhin au Danube.

Plus haut encore, le prince Joseph de Lorraine était à Stokach avec 12,000 hommes, pour couvrir les magasins de l'armée établis dans cette localité et donner la main au prince de Reuss, qui commandait l'aile gauche, forte de 30,000 hommes et occupant le Rheinthal depuis les Grisons jusqu'au lac de Constance.

Sous cette surveillance, Moreau entreprit le passage du Rhin, non pas comme le lui avait prescrit d'abord Bonaparte, mais en suivant le plan proposé par lui et que son chef d'état-major Dessoles s'était chargé de lui faire accepter.

— « Votre plan, avait dit au premier consul le général Dessoles, venu tout exprès à Paris, votre plan est plus grandiose, plus décisif, probablement même plus sûr, mais il n'est pas adapté au génie de celui qui doit l'exécuter. Vous avez une manière de faire la guerre qui est supérieure à toutes; Moreau a la sienne, qui est inférieure sans doute à la vôtre, mais excellente néanmoins. Laissez-le agir; il agira bien, lentement peut-être, mais sûrement; et il vous procurera autant de résultats qu'il vous en faut pour vos combinaisons générales. Si, au contraire, vous lui imposez vos idées, vous le troublerez, vous le blesserez même et vous n'obtiendrez rien de lui, pour avoir voulu trop obtenir. »

Ces paroles, citées par Thiers, qui les tenait du général Dessoles lui-même, convainquirent le premier consul, qui laissa Moreau libre de faire comme il voudrait, pourvu qu'il immobilisât l'armée de Kray et qu'il envoyât à temps son aile droite à l'armée d'Italie.

Moreau fit bien, du reste, et par des marches et des contremarches, troubla si souvent le maréchal de Kray, qu'il franchit le Rhin à peu près comme il voulut.

Le 25 avril, le corps de Sainte-Suzanne passa le Rhin à Strasbourg, où Moreau eut soin de se montrer de sa personne, pour faire croire que cette colonne allait s'engager résolument, par la vallée de la Kinzig, dans les défilés de la forêt Noire; les Autrichiens arrêtèrent l'avant-garde à Offenbourg, où il y eut un combat assez vif dans lequel Dubois-Crancé, colonel d'un régiment de cavalerie légère, fut blessé mortellement; mais ils lâchèrent bientôt prise après avoir perdu 1,500 hommes.

Le même jour, Gouvion-Saint-Cyr traversait le fleuve à Vieux-Brisach et s'emparait de Fribourg, pendant que la réserve débouchait par le pont de Bâle et envoyait la division Richepanse vers Schliengen et Kauden pour se relier plus facilement au corps de Gouvion-Saint-Cyr, qui devait remonter le Rhin le surlendemain, mais qui n'en avait pas l'air, car il s'établissait en avant comme s'il voulait s'engager dans le Val-d'Enfer;

il y resta toute la journée du 26 et celle du 27, de même que Sainte-Suzanne resta entre Offenbourg et Renchen.

Mais, dans la nuit du 27, Sainte-Suzanne repassa sur la rive gauche du Rhin et se dirigea à marches forcées sur Brisach et Fribourg pour y remplacer Gouvion-Saint-Cyr, qui, à marches forcées également, tournait le Val-d'Enfer par la droite, ralliant la division Richepanse pendant que les autres divisions du corps de réserve remontaient le cours du Rhin et forçaient le passage de l'Alb à Albruck, dont le pont, couvert par les retranchements, fit mine d'arrêter l'avant-garde.

L'adjudant général Cohorn, qui la commandait, se met à la tête d'un bataillon de la 14e demi-brigade légère, suivi de deux bataillons de la 50e et appuyé par le 4e régiment de hussards; il enlève les retranchements et, pour ne pas donner à l'ennemi le temps de détruire le pont, il saute sur les épaules d'un grenadier, traverse ainsi la rivière et, suivi de tout son monde, aborde à l'autre rive, tombe sur les Autrichiens et fait prisonniers tous ceux qui n'ont pas le temps de se sauver.

Ces mouvements, qui avaient pour objet d'aider le corps du général Lecourbe à passer le Rhin à Reulingen, où il lui fallait construire un pont, réussirent parfaitement à tromper le maréchal de Kray, qui, pour réunir des forces capables d'arrêter les Français par la Kinzig et le Val-d'Enfer, où il les attendait, fut obligé de dégarnir considérablement sa gauche.

C'est ce que voulait Moreau; et Lecourbe, qui n'attendait que le voisinage de son corps d'armée, passa le Rhin le 1er mai, sur un pont qui fut établi en une heure et demie et dont la construction fut protégée par deux bataillons qui avaient traversé le fleuve sur vingt-cinq bateaux, et que commandait le général Molitor; une batterie de 34 pièces était d'ailleurs établie sur les hauteurs qui dominent la rive gauche pour balayer au besoin la rive droite; mais la précaution fut inutile et M. de Kray ne reconnut son erreur que lorsque trois corps de l'armée de Moreau eurent fait leur jonction; alors il rappela précipitamment ses troupes envoyées dans l'autre direction et qui traversèrent le Val-d'Enfer, suivies de près par le corps d'armée de Sainte-Suzanne, qui s'y était engagé le 30 avril.

Combat de Stokach.

Dans la soirée du 1er mai cette jonction était faite, et presque sans combat, car le fort de Hohentwiel s'était rendu à la première sommation, et la seule résistance sérieuse que l'on rencontra fut au village de Busingen, enlevé vigoureusement par la brigade Goulu.

Ils s'emparèrent seulement de leurs fusils. (Page 64.)

L'armée de Moreau, moins le corps de Sainte-Suzanne, mais forte encore de 80,000 hommes, occupait une ligne qui, partant du lac de Constance, s'étendait jusqu'à Bondorf, en passant par Radolfzell, Schaffhouse et Stuhlingen. Cette ligne était bien un peu étendue, et Moreau l'étendit encore davantage dès le lendemain, ce qui eût été très dangereux si l'ennemi avait été concentré; mais il l'était encore moins que nous, et avec ce système Moreau put attaquer à la fois Stokach et Engen.

Cette double attaque était bien combinée, car sa réussite donnait la réalisation de la première partie du plan convenu avec Bonaparte, qui consistait à détacher l'armée autrichienne de la Suisse et, par extension, des Alpes; mais elle fut mal entreprise. On envoya trop de monde contre Stokach, où la victoire fut des plus faciles, et pas assez à Engen, où elle fut chèrement disputée, d'autant que la rencontre fut inattendue, ce qui arrive assez souvent en campagne, même avec un général en chef plus prévoyant que ne l'avait été Moreau dans la circonstance.

Le 2 mai, il ordonna la marche en avant. Lecourbe, avec ses 25,000 hommes, devait se porter sur Stokach, où les Autrichiens avaient des magasins considérables; lui, avec la réserve, marchait vers Engen, et Gouvion-Saint-Cyr devait s'étendre de façon à pouvoir se lier d'un côté avec la réserve et de l'autre avec le corps de Sainte-Suzanne quand il sortirait du Val-d'Enfer; l'armée s'avançait ainsi en bataille sur un front de quinze lieues, sans se douter qu'elle allait combattre dans ces conditions, car Moreau n'attendait pas sitôt l'ennemi, ne sachant pas que pour protéger Stokach menacé, M. de Kray allait diriger son centre de ce côté.

Stokach, situation stratégique importante pour lui, puisqu'elle lui donnait la communication avec le corps du prince de Reuss, se trouvait en effet insuffisamment défendue: il n'y avait là que 12,000 hommes commandés par le prince de Lorraine-Vaudemont.

Avec son corps d'armée, Lecourbe n'en aurait fait qu'une bouchée; mais les nécessités d'un front de bataille si étendu l'obligèrent à se dégarnir tout de suite.

Dès le 3 mai au matin, avant de marcher sur Stokach, il envoya sur sa gauche la division Lorges pour garder ses communications avec Moreau, puis il marcha de l'avant par la route de Schaffhouse avec la division Montrichard et la cavalerie de Nansouty, pendant que la division Vandamme prenait à droite, du côté du lac de Constance, et se divisait en deux brigades, l'une commandée par le général Leval, ayant mission de couper Stokach du lac de Constance et d'observer la route par où le prince de Reuss aurait pu arriver à son secours; l'autre aux ordres du général Molitor, mais commandée de fait par Vandamme qui ne voulait pas rester à rien faire, s'engageant par un chemin de traverse pour tomber sur les derrières de la place.

Montrichard, après avoir replié tous les avant-postes autrichiens, enleva la position située au delà du village de Steusslingen, où ils étaient en forces pour se défendre, et fit défiler à travers le village son infanterie en deux colonnes qui, se déployant à droite et à gauche, menaçait les flancs de l'ennemi que la cavalerie de Nansouty chargea de front.

Les Autrichiens culbutés se retirent en hâte sur Neuzingen, position assez forte qui couvrait Stokach, de ce côté, ainsi que celle de Wahlwyes, que la brigade Molitor attaquait alors.

Le village de Neuzingen était occupé par une nombreuse infanterie appuyée par de l'artillerie, qu'il eût été très difficile de déposter si Molitor, qui venait d'enlever Wahlwyes, ne l'eût menacée sur ses derrières pendant que Montrichard la tournait par la hauteur du Hellemberg.

Les Autrichiens, pour ne pas se laisser couper, prirent encore une fois la fuite et ne s'arrêtèrent qu'au delà de Stokach, où ils se mirent en bataille à l'abri de leur cavalerie, qui était nombreuse, et qui chargea courageusement; mais Nansouty lui épargna la moitié du chemin et la rejeta en désordre sur l'infanterie, qui alors ne songea plus qu'à se rendre. 4,000 prisonniers, 500 chevaux, 8 canons, tombèrent aussi au pouvoir des Français, outre les immenses approvisionnements des magasins de Stokach.

Combat d'Engen.

Pendant que Lecourbe recueillait les fruits de sa victoire, d'ailleurs facile et qui fut gagnée avant le déjeuner, Moreau était aux prises, à quelques lieues de là, avec tout le centre de l'armée autrichienne, c'est-à-dire plus de 40,000 hommes, quand il n'en pouvait disposer que de 25,000, trop disséminés pour pouvoir entrer tout de suite en ligne.

La division Lorges était bien partie pour le rejoindre, mais la moitié seulement était arrivée jusqu'à lui, car la brigade Goulu, envoyée en reconnaissance sur Aach, n'y ayant rencontré personne, était revenue à Stokach, où il n'y avait plus rien à faire.

Le maréchal Kray, au contraire, avait toutes ses forces réunies, car il était en marche pour aller défendre ses magasins de Stokach, et quand il aperçut les troupes françaises, il n'eut qu'un changement de front à commander pour se trouver en bataille.

Le hasard le servait admirablement, car il lui donnait des positions superbes dont il sut d'ailleurs très bien profiter, faisant occuper par son infanterie toutes les hauteurs boisées qui dominent la vallée de l'Aach, où se trouve le bourg d'Engen, et laissant sa cavalerie dans la plaine.

Moreau n'avait donc pas seulement contre lui le nombre, mais encore cet avantage de position, et il lui fallait déloger les fantassins de sur les hauteurs avant de pouvoir s'occuper de la cavalerie; tout le plan de la bataille était là ; du reste, Moreau n'en avait point fait puisqu'il ne comptait se battre que dans deux ou trois jours.

Malgré cela, il y fut tout de suite prêt; il envoya, par la route de Blumenfeld, la division Richepanse essayer de tourner les positions de l'ennemi, qu'il allait attaquer de face avec le reste de ses troupes.

Le général Lorges, qui avait un peu d'avance, se trouva le premier aux prises avec des masses autrichiennes près du village de Woltertdingen.

Se voyant trop inférieur en nombre, il ne s'engagea pas à fond avan- l'arrivée de la division Delmas; leurs efforts réunis culbutèrent les Autrichiens, mais ils n'étaient maîtres que d'un point d'appui, il leur fallait maintenant gravir les hauteurs qui entourent Engen et en chasser l'ennemi, ce qui était très difficile en ce que les plateaux, escarpés et fort découverts, qu'il s'agissait de franchir, étaient dominés à droite par l'importante position du Maulberg et à gauche par le pic de Hohenhewen; il fallait donc d'abord s'emparer de ces positions.

Lorges fut chargé d'occuper le Maulberg, et il y réussit assez vite, car après avoir canonné la position il la prit d'assaut; ce que voyant, Delmas, qui n'était plus gêné de ce côté, se dirigea bravement vers le pic de Hohenhewen.

Un bois qui en entourait la base était occupé par huit bataillons d'infanterie; avec deux bataillons de la 46e demi-brigade (le régiment où La Tour-d'Auvergne servait comme grenadier dans une compagnie commandée par Cambronne), il les attaqua de face à la baïonnette pendant que le général Grandjean et l'adjudant général Cohorn les tournaient chacun avec un détachement.

Les Autrichiens, attaqués si vigoureusement, prirent à peine le temps de tirer, quittèrent le bois et se retirèrent sur les hauteurs du pic, dont les pentes étaient déjà garnies de nombreux fantassins et d'une artillerie considérable.

Moreau, gardant la division Bastoul comme réserve, ordonne à la division Delmas d'assaillir le pic de Hohenhewen; besogne terrible, car elle était criblée de projectiles sitôt qu'elle sortait du bois qu'elle avait conquis, mais qu'elle accomplit néanmoins, grâce à l'élan communicatif du général Grandjean, de l'adjudant général Cohorn et du général Jacopin, qui eut la cuisse traversée d'une balle en marchant à la tête de l'infanterie sur les flancs du pic.

Au bout d'une heure nous étions maîtres de toutes les hauteurs évacuées par les Autrichiens, qui s'étaient rangés en bataille dans la plaine derrière une cavalerie formidable (comptant plus de dix mille chevaux) et flanqués d'une artillerie nombreuse.

Pour achever la victoire, il n'y avait plus qu'à descendre dans cette plaine et culbuter ces masses; mais tout n'était pas dit encore, tous les Autrichiens n'étaient pas là, car on entendait derrière le pic de Hohenhewen, et fort au delà, une fusillade enragée; c'était la division Richepanse qui était aux prises avec les troupes ennemies occupant les hauteurs de ce côté de la vallée.

Richepanse, qui avait été obligé de dédoubler sa division pour attaquer les positions de Leipferdingen et de Waterdingen, était dans une situation très critique, d'où il ne serait pas sorti si Gouvion-Saint-Cyr n'avait envoyé à son secours la brigade Roussel.

On a trouvé que ce secours était arrivé bien tard. Mais les troupes de Saint-Cyr étaient extraordinairement disséminées. Il avait une division très loin pour donner la main à Sainte-Suzanne, encore dans le Val-d'Enfer; il avait été obligé d'attendre la division Ney, retardée par le manque de vivres; et harcelé par le prince Ferdinand, qu'il ne pouvait attaquer puisqu'il ne disposait que d'une division sur trois et n'avait même pas son artillerie, toujours en retard depuis le passage du Rhin, il ne pouvait marcher qu'avec une grande prudence.

La brigade qu'il avait détachée arriva juste au moment où le maréchal de Kray faisait contre Richepanse un effort vigoureux pour l'empêcher de déboucher sur Engen.

Moreau, qui ne savait rien de ce qui se passait (la malheureuse idée qu'il avait de vouloir commander lui-même un corps d'armée, empêchant de savoir où le trouver sur le champ de bataille), jugea à l'intensité de la fusillade que Richepanse était en danger; il résolut de faire une diversion qui l'empêcherait d'être écrasé par des forces trop supérieures et ordonna l'attaque du village d'Engen, près duquel l'ennemi avait rangé sa cavalerie, une partie de son artillerie et une réserve de huit bataillons de grenadiers, qui n'avaient pas encore tiré un coup de fusil.

Le général Bontemps, commandant une brigade de la division Bastoul, se porta sur ce village avec la 67e demi-brigade, deux bataillons de la 10e légère et deux escadrons du 5e de hussards. Le général d'Hautpoul le suivit de près avec sa réserve de grosse cavalerie.

Marchant sous un feu d'enfer comme à la parade, les troupes de Bontemps ne s'arrêtèrent que devant le village d'Engen, qu'elles enlevèrent bravement; mais elles n'eurent pas le temps de s'y établir, les huit bataillons de grenadiers de réserve se précipitèrent dessus, les obligèrent à se découvrir et à recevoir une charge de toute la masse de la cavalerie autrichienne.

D'Hautpoul charge à son tour avec ses régiments; mais il est ramené dans la plaine et ne peut dégager le général Bontemps, qui est blessé grièvement et ne peut plus diriger le combat, ce qui aggrave encore la situation critique de ses hommes.

Moreau la voit, cette situation, et comme la fusillade redouble d'intensité du côté de Richepanse (par suite de l'arrivée de la brigade Roussel), il se décide à tenter lui-même un coup de vigueur qui le rendra maître du champ de bataille.

Il lance au combat le reste de la division et, devançant ces troupes qui n'étaient pas immédiatement prêtes à entrer en ligne, il part en avant à la tête de quelques compagnies de grenadiers qui se grossissent en route, bouscule tout ce qu'il rencontre, dégage Bontemps et entre victorieux dans Engen.

L'effort de la division Richepanse et de la brigade Roussel produit son effet en même temps ; les hauteurs si chèrement disputées sont enfin conquises et les Autrichiens, craignant d'être tournés par Stokach — ne pensant pas que Moreau oublierait d'appeler Lecourbe sur le champ de bataille — lâchent pied sur toute la ligne et se mettent précipitamment en retraite par Tuttlingen et Liptingen, laissant mille hommes hors de combat et quatre à cinq mille prisonniers.

C'était un succès, dû à l'élan des troupes dont la bravoure avait corrigé les dispositions défectueuses du général en chef, mais il nous coûtait cher et la 4e demi-brigade, engagée toute la journée et qui marchait en tête de la division Richepanse, perdit à elle seule près de 600 hommes ; il est vrai que les autres corps n'avaient été amoindris que de 1,500.

Combat de Moeskirch.

Si Moreau, profitant de sa coûteuse mais indiscutable victoire, avait poursuivi l'ennemi un peu vivement, il l'aurait très probablement repoussé dans un grand désordre jusqu'au Danube ; mais ce n'était pas l'homme des coups de collier, il ménageait ses troupes par principe, et ne leur demandait jamais de ces efforts qui sont, il est vrai, des surcroîts de fatigues, mais économisent des fatigues à venir, parce que leur effort est décisif.

Il laissa reposer ses troupes pendant presque toute la journée du 4 et ne commença à marcher que dans l'après-midi, pour rectifier la position de son armée.

Le corps de Gouvion-Saint-Cyr prit sa route par Tuttlingen, la réserve et le corps de Lecourbe se dirigèrent vers le Danube par Moeskirch.

Mais le maréchal de Kray, qui ne voulait pas abandonner le terrain sans essayer de le reconquérir par une nouvelle bataille, s'était arrêté en avant et en arrière de cette localité et y avait pris des positions qu'il occupa très fortement, d'autant qu'il était renforcé des Bavarois du général de Wrede, des corps détachés du général Giulay et de l'archiduc Ferdinand, et du reste de la petite armée du prince de Lorraine chassée de Stokach.

Ce dernier tenait le village et les hauteurs voisines qui s'étendent jusqu'à Heudorf; le général Naueudorf, qui commandait le centre de l'armée autrichienne, était déployé sur les hauteurs au-dessus de Heudorf, ayant une forte réserve de grenadiers derrière lui.

Quant à la droite, comprenant les Bavarois et les corps de Giulay et de l'archiduc Ferdinand, elle devait se masser sur le plateau de Krumbach qui commande la route de Moeskirch, mais elle n'y était pas encore arrivée à l'heure où commença l'action.

Moreau, qui ne s'attendait pas plus à livrer bataille le 5 mai, qu'il ne s'y était attendu l'avant-veille à Engen, faisait route en colonne de marche, ayant devant lui sur le même chemin le général Lecourbe, qu'il avait seulement prévenu qu'un effort serait peut-être nécessaire pour enlever Moeskirch.

Lecourbe, qui avait à garder sa droite contre l'arrivée possible du prince de Reuss, alors dans le Vorarlberg, avait détaché de ce côté la division Vandamme, lequel, fort heureusement, ne s'était éloigné qu'avec une brigade et avait laissé la brigade Molitor à portée du gros.

La division Montrichard, qui marchait à la tête de ce gros, arrive au plateau de Krumbach, qu'elle laisse à sa gauche sans penser à l'occuper puisqu'elle ne croyait pas se battre, et s'engage dans un bois considérable où la route serpente ; elle y avait bien replié quelques avant-postes, mais elle ne se croyait pas si près de l'ennemi.

En sortant du bois, elle l'aperçut sur les hauteurs, en face au-dessus de Moeskirch, de flanc au-dessus de Heudorf, et fit mieux que l'apercevoir, car elle reçut des volées de canon des deux côtés.

Le général Montrichard veut installer son artillerie pour répondre à la mitraille qui lui arrive de Moeskirch et aux boulets qu'on lui envoie de Heudorf, et pour la protéger il envoie en avant trois régiments de cavalerie : 9e de hussards, 11e de dragons et 12e de chasseurs; mais les cavaliers ne purent tenir en plaine contre le feu terrible de l'ennemi, qui démonta en partie les quinze pièces de canon qu'on venait de mettre en batterie, et vomit tant de projectiles que deux bataillons d'infanterie légère qui s'étaient déployés sur la lisière du bois furent obligés de se mettre sous le couvert.

Les Autrichiens essayèrent alors de charger avec leur cavalerie, mais ils furent repoussés avec des pertes trop sensibles pour renouveler la tentative plus de deux ou trois fois. Néanmoins la division Montrichard ne pouvait sortir du bois, car sitôt qu'elle se montrait à découvert elle était couverte de mitraille par l'artillerie autrichienne qui occupait toutes les hauteurs.

Lecourbe vit qu'il fallait tenter l'attaque d'un autre côté : il envoie l'ordre à Molitor de se porter sur Moeskirch, pendant qu'avec la division Lorges, il file sur sa gauche par la lisière du bois pour se porter sur Heudorf.

La 10e demi-brigade légère, lancée en avant, entre dans ce village, malgré le feu violent de l'artillerie, mais elle ne peut y tenir, elle est repoussée par des forces trop supérieures et est obligée de faire un mouvement rétrograde avant que la cavalerie qui arrivait pour la soutenir ait pu la rallier. Elle fut d'ailleurs décimée par le feu des canons autrichiens placés sur l'escarpement en arrière de Heudorf et qui venaient de se démasquer.

Profitant du moment de trouble qui suit ce recul, l'infanterie ennemie débouche du village et veut se jeter sur la 10e légère, mais la 38e demi-brigade légère, qui vient de se former en colonne, marche en avant, méprisant le feu des huit pièces de canon qui la criblent de mitraille, et pénètre à la baïonnette dans Heudorf, refoulant tout sur son passage.

Les Autrichiens reculent précipitamment, mais reviennent en masses avec les régiments postés sur les hauteurs boisées dominant le village, la 38e recule à son tour, mais rencontrant la 67e qui accourt à son aide, elle s'arrête et charge courageusement avec elle : leurs efforts réunis et persistants permettent au reste de la division d'arriver ; tous ensemble alors, nos bataillons débordent le village et s'emparent des hauteurs boisées d'où ils délogent l'ennemi, qui déguerpit, mais pas assez vite pour ne pas recevoir le feu de quelques-uns de ses propres canons.

Tandis que tout se terminait ainsi sur notre gauche, l'action recommençait sur notre droite, où Vandamme, à la tête de la brigade Molitor, attaquait Moeskirch, qu'il emporta bientôt. Montrichard, profitant de cette attaque, qui occupait ailleurs l'artillerie ennemie qui l'empêchait de sortir des bois, lança en avant sa division qui marcha sur quatre colonnes et s'empara des hauteurs dominant le village, repoussant l'ennemi sur sa réserve qui était à Rohrsdorf et n'osa en bouger.

Les Français étaient alors maîtres de toutes les hauteurs reliant Moeskirch et Heudorf, mais la bataille n'était pas finie : le maréchal de Kray, dont l'aile droite ne faisait que commencer à arriver sur le plateau de Krumbach, à notre gauche, rétablit le combat en lançant ce qu'il avait de forces sur ce plateau contre la division Lorges, qui occupait Heudorf et qu'il fit attaquer d'autre part par les grenadiers de sa réserve.

Prise ainsi entre deux feux, la division Lorges, qui perdit et reprit plusieurs fois le village, allait être écrasée sous une canonnade enragée, si Moreau, averti par le bruit de la bataille, n'avait pas précipité sa marche.

Arrivant en ce moment à la sortie du bois qui précède Moeskirch, il

J'étais tout seul, c'est moi la garnison. (Page 72)

envoie au secours de Lorges la division Delmas, qui prend le pas gymnastique, repousse les grenadiers autrichiens et permet à la division Lorges de fondre sur les Bavarois et de réoccuper Heudorf et les hauteurs qui le dominent.

Mais nous n'étions pas seuls à recevoir des renforts. Les Autrichiens en recevaient aussi et les colonnes réunies de l'archiduc Ferdinand et du général Giulay, que depuis le commencement des opérations, Gouvion-Saint-Cyr suivait pas à pas, arrivèrent sur le champ de bataille. Seulement Saint-Cyr ne les suivait pas d'assez près pour s'être aperçu tout de suite de leur changement de direction, autrement il est à croire qu'il serait arrivé, lui aussi.

M. de Kray les porta immédiatement entre Krumbach et Heudorf sur le flanc de la division Delmas, avec ordre de l'envelopper. Seulement Delmas n'y met pas la moindre bonne volonté; il fait faire un changement de front à la 57e demi-brigade, qu'on appelait la *Terrible*, depuis ses merveilleux exploits de la bataille de la Favorite, sûr qu'elle s'efforcerait de justifier ce surnom.

Pendant une heure cet admirable régiment, foudroyé par le feu de seize canons, tient tête aux masses autrichiennes et les arrête pour donner le temps d'arriver à la division Bastoul, que Moreau, qui se multiplie, amène au secours de la division Delmas.

Il était grand temps, car déjà l'archiduc Ferdinand, désespérant de culbuter cette division, essayait de la tourner pour la couper de ses communications. Quelques-uns de ses bataillons descendus du Krumbach étaient déjà sur la route et se mélangeaient avec la colonne de nos équipages.

Bastoul, gêné par cette confusion, ne peut faire que des efforts incomplets, et il sera infailliblement tourné si les autres troupes autrichiennes qui viennent d'arriver sur le plateau de Krumbach ont le temps d'en descendre.

Heureusement la division Richepanse, qui apparut alors sur le champ de bataille, ne leur en laissa pas le temps. Elle se forma en colonnes d'attaque, et, sous un feu plongeant, monta bravement à l'assaut du plateau de Krumbach; les Autrichiens qui le descendaient rebroussèrent chemin plus vite qu'il n'aurait fallu pour ne pas semer le désordre sur la hauteur, si les Autrichiens n'avaient descendu hâtivement par l'autre côté, cherchant leur salut dans la fuite.

C'était encore une victoire, qui fut très sanglante, puisque les Français y perdirent en tués et blessés trois mille hommes, et les Autrichiens le double. Mais elle aurait pu être décisive et désastreuse pour ces derniers, si Gouvion-Saint-Cyr, qui n'était qu'à quelques heures de là, à Neuhausen, était accouru au canon.

Il a prétendu qu'il avait attendu des ordres toute la journée. Moreau prétendit lui en avoir envoyé plusieurs fois, mais leurs récriminations plus ou moins justifiées ne changeaient rien à l'état des choses. La campagne n'était pas terminée parce que Gouvion-Saint-Cyr, détesté par la coterie qui entourait et dominait Moreau, et le sachant, se tenait toujours sur la plus extrême réserve, pour ne pas donner prise contre lui.

Les rivalités entre gens qui doivent concourir au même but et sacrifier leur amour-propre au résultat final, sont toujours déplorables; mais entre généraux elles sont coupables, et d'autant plus coupables qu'elles font verser inutilement le sang des soldats.

Combat de Biberach.

Une autre fois encore la mésintelligence de Moreau et de Saint-Cyr fut profitable à l'armée autrichienne, qui pouvait être écrasée facilement; mais cette fois ce fut indiscutablement la faute de Moreau.

Avec des soldats épuisés et surtout démoralisés par trois défaites successives, M. de Kray ne pouvait plus tenter le sort des armes. Il se hâta de chercher un appui derrière le Danube.

L'empêcher d'effectuer le passage du fleuve semblait tout indiqué, et il n'y avait pour cela qu'à le poursuivre vigoureusement. Moreau ne se hâta pas davantage et continua sa marche en ligne, avec son flanc gauche appuyé au Danube.

Gouvion-Saint-Cyr, dont le corps formait précisément la gauche, vit l'armée autrichienne s'entasser précipitamment vers Sigmaringen, dans une boucle que formait le fleuve et où une simple division aurait eu peine à évoluer.

Cette position était si désavantageuse que, sur une simple démonstration d'une brigade de la division Ney, l'armée du général Kray suspendit son passage déjà commencé, se mit en bataille et ouvrit aussitôt le feu avec 60 pièces de canon.

Saint-Cyr n'avait pas la prétention de lutter avec sa faible artillerie. Il mit cependant en batterie quelques pièces, dont chaque décharge enlevait des files entières, espérant que sa canonnade attirerait Moreau de ce côté.

Ne le voyant pas venir, il lui envoya un aide de camp lui expliquer la situation et lui demander l'ordre d'attaquer, ajoutant qu'il se faisait fort de culbuter toute l'armée ennemie dans le Danube avec ses propres divisions.

Moreau, froissé de son inaction de la veille, crut ou feignit de croire que Saint-Cyr ne cherchait qu'à s'isoler de plus en plus, et lui répondit par l'ordre d'appuyer à droite pour se lier avec le corps de réserve plus étroitement qu'il ne l'avait fait jusqu'alors.

Saint-Cyr obéit, la rage au cœur, et l'armée autrichienne, si sensiblement compromise, si facile à anéantir, put s'échapper et se reformer tranquillement de l'autre côté du fleuve.

L'armée française marcha non moins tranquillement et fut rejointe le 9 par le corps de Sainte-Suzanne, qui cheminait sur l'autre rive du Danube. Moreau passa le fleuve pour aller se montrer à ce corps qui devenait maintenant sa gauche, après avoir dirigé à sa droite le corps de Lecourbe sur Wurzach, sa réserve sur Ochsenhausen et le corps Gouvion-Saint-Cyr, maintenant son centre, sur Biberach.

Saint-Cyr y rencontra l'ennemi, car M. de Kray avait pensé un peu tardivement peut-être à défendre les immenses magasins qu'il avait dans cette localité et était repassé pour cela sur la rive droite du Danube avec toute son armée, c'est-à-dire encore 60,000 hommes.

Biberach étant situé dans un vallon marécageux que l'on ne peut vraiment traverser, avec chevaux et voitures, que sur le pont qui touche à la ville, le général Kray n'avait pas pu déployer ses forces en avant pour avoir à dos le marécage, il y avait seulement posté une dizaine de mille hommes, infanterie, cavalerie et artillerie, et avait solidement disposé le reste, en arrière de Biberach, sur le plateau de Mettenberg, qui offrait une superbe position à une armée riche en artillerie.

M. de Kray n'en manquait pas, mais son armée était démoralisée et Gouvion-Saint-Cyr se croyait sûr, sinon de la vaincre, au moins de la faire reculer, s'il avait seulement ses trois divisions sous la main; malheureusement sa meilleure, celle que commandait Ney, était fort éloignée et marchait à sa gauche pour observer le Danube. Il envoya à la recherche du général Ney divers officiers qui ne réussirent pas à le trouver; ceux qu'il envoya près de Moreau ne furent pas plus heureux, puisque le général en chef était près du général Sainte-Suzanne, et il allait encore une fois être obligé de renoncer à une victoire probable, quand il entendit des feux de mousqueterie dans son voisinage. C'était la division Richepanse qui, ayant reçu l'ordre de passer sur le pont de Biberach, repliait les avant-postes ennemis.

Cette division pouvant remplacer la division Ney qui lui manquait, Saint-Cyr n'hésita plus et se mit en mesure d'attaquer les 60,000 hommes du général Kray avec 25,000 tout au plus.

D'abord, pour se débarrasser des dix mille Autrichiens qui gardaient le défilé, il lança dessus au pas de course les divisions Tharreau et Baraguey-d'Hilliers; les Autrichiens n'attendirent pas le contact et se précipitèrent en désordre dans Biberach et dans le vallon bourbeux, où coule la Riess.

On pouvait les prendre tous ; mais Saint-Cyr ne tenait pas à s'embarrasser de dix mille prisonniers et ne voulait pas surtout que ses troupes se dispersassent ; il se contenta pour le moment d'entrer dans Biberach, de s'y établir pour prendre possession des magasins, et en attendant que la division Richepanse l'eût rejoint, il se porta en avant pour étudier la position de l'ennemi.

Elle était formidable et d'autant plus dangereuse à attaquer qu'en cas d'insuccès ses troupes pouvaient être précipitées dans les marécages de la Riess; mais l'armée autrichienne n'était plus capable d'un grand effort; elle le fit bien voir en répondant, par des feux de salve et même des décharges d'artillerie, aux coups de fusil de quelques centaines de tirailleurs que Saint-Cyr envoya l'insulter. Cette réponse dicta le plan du général français; il disposa ses trois divisions en trois colonnes, plaça sa cavalerie en échelons sur les ailes et mena à l'assaut tout son monde à la fois.

C'était hardi, imprudent même, mais cela réussit précisément parce que cela était téméraire, et quand les Autrichiens virent ces trois colonnes gravir les pentes du Mettenberg, la peur qu'ils éprouvaient déjà se changea en panique; ils ne se dirent pas qu'ils étaient trois fois plus nombreux que les Français, sur lesquels ils avaient encore l'avantage de la position, ils se débandèrent et c'est tout juste si M. de Kray put rallier quelques régiments pour protéger la déroute des autres, que la nuit d'ailleurs protégea beaucoup plus efficacement.

Moreau arriva sur ses entrefaites, et, loin de sa camarilla dont il ne subissait plus les influences funestes, il n'hésita pas à féliciter son lieutenant, contre lequel il était pourtant très monté, du succès qu'il venait de remporter sans lui et en l'absence de ses ordres.

Le même jour, le général Lecourbe s'emparait de Memmingen, où l'ennemi avait des magasins considérables; et le général de Kray s'étant retiré pendant les journées suivantes dans le camp retranché d'Ulm avec toute son armée, moins le corps du prince de Reuss qui était définitivement coupé, Moreau n'avait plus qu'à l'y investir pour accomplir la première partie du programme arrêté entre Bonaparte et lui.

Ce résultat obtenu, il devait aussi envoyer à l'armée d'Italie le corps du général Lecourbe, et Carnot, alors ministre de la guerre, venait d'arriver au quartier général pour le réclamer; mais Moreau voulait garder le corps de Lecourbe et surtout le commandant.

Pour ne pas amoindrir son armée aux yeux de l'ennemi, il prit les 16,000 hommes dont Bonaparte se contentait, sur tous les corps de son armée, et en donna le commandement à Moncey.

Ce détachement, qui fut terminé le 13 mai, réduisait l'armée de Moreau à 72,000 combattants, mais comme il n'avait jamais eu sous la main le corps de Sainte-Suzanne il se trouvait dans la même situation qu'au début des opérations, et avec un effectif qui lui avait suffi pour être toujours victorieux.

Du reste, s'il pouvait regretter le départ des 16,000 hommes qui allaient grossir l'armée de Bonaparte, il n'avait pas à s'en formaliser, c'était une chose convenue d'avance et indispensable au succès de la campagne de Marengo.

Et la preuve qu'il n'en fut pas froissé, c'est la lettre suivante qu'il écrivait à Bonaparte le 27 mai, après avoir fait autour d'Ulm différentes démonstrations, sans résultat d'ailleurs, pour décider le maréchal Kray à quitter ses positions :

« Nous attendons avec impatience, citoyen consul, l'annonce de vos succès. M. de Kray et moi nous tâtonnons par ici, lui pour tenir autour d'Ulm, moi pour qu'il quitte le poste.

» Il eût été dangereux pour vous surtout, que je portasse la guerre sur la rive gauche du Danube. Notre position actuelle a forcé M. le prince de Reuss à se porter aux débouchés du Tyrol, aux sources du Lech et de l'Iller ; ainsi il n'est pas dangereux pour vous.

» Donnez-moi, je vous prie, de vos nouvelles, et mandez-moi tout ce qu'il est possible de faire pour vous.

» Si M. de Kray vient à moi, je recule encore jusqu'à Memmingen ; je m'y fais joindre par le général Lecourbe et nous nous battrons. S'il marche sur Augsbourg, j'y marche également ; il quittera son appui d'Ulm, et puis nous verrons ce qu'il y aura à faire pour vous couvrir.

» Nous aurions plus d'avantages à guerroyer sur la rive gauche du Danube et à faire contribuer le Wurtemberg et la Franconie, mais cela ne vous arrangerait pas, puisque l'ennemi pourrait faire descendre des détachements en Italie, en nous laissant ravager les provinces de l'Empire.

» Recevez l'assurance de mon attachement.

» MOREAU. »

Je ne raconterai pas les divers engagements qui furent la conséquence des tâtonnements dont parle Moreau. Il y en eut cependant d'assez sérieux, notamment à Erbach, où Sainte-Suzanne, qui lutta pendant plusieurs heures contre 36,000 Autrichiens, eût été écrasé sans le secours que lui envoya Gouvion-Saint-Cyr.

Cette affaire augmenta d'ailleurs les dissentiments qui existaient déjà entre le général en chef et quelques-uns de ses lieutenants. Saint-Cyr, dont le caractère difficile n'était pas fait pour obéir, se retira pour cause de santé. Sainte-Suzanne se retira également, mais accepta une autre mission, celle de rassembler à Mayence un corps de réserve destiné à couvrir les derrières de l'armée d'Allemagne ; il fut remplacé par Richepanse, et le général Grenier, qui venait d'arriver au quartier général, fut appelé au commandement du corps de Gouvion-Saint-Cyr.

Passage du Danube.

Moreau resta dans l'inaction jusqu'au jour où il eut appris l'heureuse descente en Italie de l'armée de Bonaparte. Alors il se mît à manœuvrer sérieusement pour obliger le maréchal Kray à quitter son camp retranché d'Ulm, où il s'obstinait à rester, puisque la prise d'Augsbourg par Lecourbe ne l'avait pas influencé ; il avait seulement répondu à cette excursion en Bavière en frappant un coup vigoureux sur le flanc gauche et les derrières de l'armée française, qu'il avait fait attaquer le 5 juin par 40,000 hommes.

La division Richepanse avait failli être écrasée par cette masse, mais Ney, accouru au canon, avait dégagé son collègue et, chargeant avec lui, avait repoussé les Autrichiens qui avaient abandonné leur artillerie avec 1,200 prisonniers ; il est vrai que, sur notre droite attaquée en même temps, l'arrière-garde de Lecourbe forte de près de deux mille hommes avait été surprise et taillée en pièces.

Par ce coup de force avorté, Kray n'avait pas réussi à rétablir ses communications perdues avec le prince de Reuss, mais il occupait l'armée française et retardait l'exécution du plan que pouvait avoir conçu Moreau pour l'obliger à décamper.

Ce plan était le plus sage et peut-être le plus pratique de ceux qui pouvaient se présenter à l'idée d'un général en chef. Il consistait à passer le Danube au-dessous d'Ulm, et menaçant l'armée ennemie de la couper de sa ligne de retraite, l'obliger à la reprendre et par conséquent à quitter sa position retranchée.

Pour cela, il fallait manœuvrer et cacher ses manœuvres par la présence devant Ulm des trois divisions du corps de réserve devenu le centre et par une série d'attaques sur toute la ligne, permettant à Lecourbe de quitter Augsbourg et de se rapprocher du Danube, et à Grenier d'en faire autant de son côté.

Ces mouvements s'effectuèrent non sans escarmoucher avec l'ennemi, du 15 au 18 juin, et Moreau avec la réserve les suivit en se montrant sur l'Iller, laissant seulement, pour observer Ulm, l'ancien corps de Sainte-Suzanne réduit à une forte division et converti en un corps de flanqueurs, sous le commandement de l'audacieux Richepanse.

Le 18, Grenier avec la gauche était à Guntzbourg, Moreau avec le centre à Burgau, et Lecourbe avec la droite à Dillingen. Il ne s'agissait plus que de traverser le fleuve, car tous les corps autrichiens étaient passés sur l'autre rive en détruisant les ponts.

Tous les ponts, depuis Ulm jusqu'à Donauwerth, étaient coupés et difficilement réparables. Les reconnaissances ayant démontré que ceux de Blindheim et de Gremheim étaient les plus faciles à rétablir, ce furent ces points que l'on choisit pour le passage du Danube.

Lecourbe massa ses troupes entre les deux villages et chargea le général Gudin de diriger l'opération.

Elle n'était pas facile, parce qu'on ne possédait ni pontonniers ni équipages, et seulement une certaine quantité de madriers propres à être jetés sur les bateaux; mais, de bateaux, il n'y en avait point d'autres que ceux des ponts démolis, et l'on ne pouvait en aller chercher pour faire passer les premières troupes.

Pour remédier à ce manque de matériel, le prévoyant Lecourbe avait organisé de longtemps, sous les ordres du capitaine de Gromety, adjudant-major de la 94e demi-brigade, une compagnie de 90 hommes choisis parmi les meilleurs nageurs de l'armée, qui devait servir d'avant-garde.

Les habits et les armes de ces hommes furent transportés dans deux batelets, que l'adjudant Quenot, nageur intrépide, était allé chercher sur la rive gauche, sous le feu de l'ennemi, et qu'il avait ramenés, non pas précisément sain et sauf, mais avec une blessure au pied qui ne l'empêcha pas de prendre part à l'action.

Elle commença tout de suite, du reste. Une fois déshabillés, les nageurs se jetèrent à l'eau, et, arrivés sur l'autre bord, ne prirent pas le temps de se vêtir; ils s'emparèrent seulement de leurs fusils, de leurs gibernes, et se précipitèrent sur quelques compagnies d'Autrichiens qui voulaient s'opposer à leur passage et n'avaient cessé de tirer sur eux. Leur élan fut tel qu'ils replièrent la grand'garde en faisant des prisonniers et culbutèrent le gros au delà du village de Gremheim.

Un hussard du 8e régiment, qui avait passé dans une des nacelles, ayant trouvé dans ce village un cheval abandonné par le peloton de cavalerie ennemie qui venait de battre en retraite, sauta dessus et se multiplia tellement que les Autrichiens, croyant que le pont avait été rétabli, perdirent courage et s'enfuirent devant une poignée de soldats tout nus, auxquels ils abandonnèrent les deux canons qu'ils avaient en batterie.

Comme il se trouvait quelques artilleurs parmi les nageurs, ces canons furent immédiatement employés contre leurs anciens maîtres et précipitèrent leur déroute.

Pendant ce temps, le pont de Blindheim, rétabli hâtivement avec des échelles, ayant pu donner passage à quelques troupes, on fut bientôt maître des deux rives du Danube, et la brigade du général Puthod s'installa dans les deux villages de Blindheim et de Gremheim. Alors, tra-

Mort de la Tour-d'Auvergne. (Page 74.)

vaillant des deux côtés à la fois, on répara solidement les ponts pour faire passer le reste de l'armée.

Tel fut le prélude de la série de combats qu'on appela la bataille de Hochstædt, parce qu'ils se livrèrent tous dans les environs de cette localité dont le nom était déjà célèbre dans les annales militaires, mais tristement pour nous; car, le 13 août 1704, nos troupes y avaient été cruellement battues par Marlborough et le prince Eugène de Savoie. Mais, le

19 juin 1800, Moreau et Lecourbe allaient prendre, d'une manière éclatante, la revanche des maréchaux Marsin et Tallard.

Bataille de Hochstædt.

Repoussés de Gremheim, les Autrichiens ne tardèrent pas à y revenir en forces; l'alarme étant donnée sur toute la ligne ennemie, les troupes qui étaient à Donauwerth et à Dillingen se hâtèrent d'accourir.

Lecourbe, qui comptait sur ce double mouvement et le surveillait sur place, fit occuper immédiatement par l'adjudant général Mangin et les quelques troupes qu'il avait sous la main, le village de Schweningen, qui était sur la route de Donauwerth, de façon à empêcher la jonction des colonnes autrichiennes en arrêtant celle qui viendrait de ce côté.

La colonne venant de Donauwerth était forte de 4,000 fantassins, 500 cavaliers et 6 pièces de canon; elle était dirigée par le général de Vaux, qui attaqua intrépidement le village. Il fut défendu avec non moins d'intrépidité, bien qu'avec des forces beaucoup moindres, par Mangin, qui le perdit d'abord, le reprit, le reperdit et le reprit encore dans une charge à la baïonnette, où il se distingua d'une manière toute particulière et où il reçut une blessure glorieuse.

Malgré les efforts héroïques, renouvelés pendant plus de deux heures, d'une faible partie de la brigade Puthod, les Autrichiens auraient fini par se rendre maîtres de la position, si Lecourbe n'était accouru avec deux escadrons de carabiniers. Il joignit à ces deux escadrons le peloton de hussards du 8e régiment, et chargea à leur tête l'infanterie ennemie réunie dans la plaine et se préparant à une nouvelle attaque.

Les colonnes d'assaut furent culbutées en désordre, et un régiment wurtembergeois qui s'était formé en carré pour arrêter le torrent, fut enfoncé contre les autres troupes, et son drapeau fut pris au milieu, ainsi que le colonel.

L'infanterie de Mangin accourut à la rescousse, et les Autrichiens s'enfuirent éperdus sur Donauwerth, moins 2,500 hommes qui restèrent prisonniers.

C'était fini de ce côté, mais ce n'était pas le plus dangereux. Des forces beaucoup plus nombreuses étaient arrivées ou allaient arriver de Dillingen, de Gundelfingen et même d'Ulm, et c'était celles-là surtout qu'il fallait arrêter.

La division Montrichard et celle de Gudin avaient cette mission, mais elles n'étaient pas encore au complet sur la rive gauche du Danube; il s'en fallait de beaucoup, et leur avant-garde s'était heurtée tout de suite à des forces très supérieures. Ce qui restait disponible avait eu beaucoup de difficultés à déboucher du village de Blindheim et plus encore à se mettre en bataille. Cependant, sur une démonstration violente du général Montrichard, l'ennemi avait reculé un peu, mais sans dessiner un mouvement de retraite, en s'éloignant du Danube et se dirigeant pas à pas sur Dillingen, en attendant les renforts qui n'allaient pas manquer de lui arriver.

Lecourbe ne leur en donna pas le temps. Il revenait en ce moment de Schweningen avec les quelques cavaliers qui s'y étaient si bravement distingués; voulant frapper un coup décisif, il appela à lui la réserve de cavalerie du général d'Hautpoul, ou du moins ce qui en était disponible, c'est-à-dire le reste du 2e régiment de carabiniers, le régiment de cuirassiers et quatre escadrons du 9e de hussards, et se porta sur la droite des Autrichiens.

Il envoie les carabiniers et les hussards entre Hochstædt et Dillingen pour couper la ligne autrichienne, et, à la tête des cuirassiers, traverse le village de Schertzen pour surprendre la cavalerie ennemie. Il forme ses escadrons au débouché du village et les lance avec tant de vigueur que les cavaliers autrichiens, surpris et taillés en pièces, se replient en désordre et laissent à découvert les cinq ou six mille fantassins qu'ils étaient chargés de protéger.

Ceux-ci, non moins effarés, cherchent à se sauver par les vergers qui précèdent Dillingen ou en se jetant dans les fossés, mais les cuirassiers ne leur laissent guère de répit : ceux qui leur échappent se buttent dans la 37e demi-brigade, qui suivait pas à pas la colonne autrichienne avec un escadron du 9e hussards, et qui, les prenant à revers, précipita leur déroute.

On fit 1,300 prisonniers ; le reste fut poursuivi l'épée dans les reins jusqu'à Gundelfingen et le passage du corps d'armée de Lecourbe put s'achever tranquillement.

Cette deuxième affaire, qui était une deuxième victoire, n'était encore qu'un prélude ; la tâche de Lecourbe n'était pas seulement de faire passer son corps d'armée, mais encore de protéger le passage de celui de Moreau, qui devait se faire par les ponts de Dillingen et de Lauingen sitôt qu'ils seraient rétablis.

On se hâta, naturellement ; mais il fallait d'abord être maître des positions, et c'est pourquoi Lecourbe se porta devant Lauingen ; il n'y fut pas longtemps en repos, car il eut à tenir tête à toute la cavalerie autrichienne que le général Kray envoyait d'Ulm avec son artillerie légère pour soutenir son infanterie déjà en route, mais qui ne pouvait arriver sur le champ de bataille que plusieurs heures plus tard.

Avec les troupes battues le matin à Schweningen et à Dillingen, comme appui, cette immense cavalerie, sous les ordres du général Klingin, se forma sur deux lignes assez étendues dans la plaine entre la Brenz et le Danube.

Lecourbe, acceptant ce combat de cavalerie à l'endroit même où la cavalerie française avait été si malheureuse en 1704, prit ses dispositions pour ne pas renouveler le désastre.

Unissant les troupes à cheval de ses divisions à la réserve du général d'Hautpoul, il déploie ses régiments dans la plaine et ne craint pas de commencer l'attaque.

La première ligne autrichienne s'ébranle tout entière et, se précipitant sur les deux régiments de carabiniers qui marchaient en avant, les fait plier, mais ils sont rejoints bientôt par le régiment de cuirassiers qui les rallie, ils chargent ensemble, et avec une telle impétuosité, que la première ligne autrichienne est ramenée à son tour.

La deuxième ligne s'élance alors, et profitant de l'avantage de l'impulsion et du désordre qui provient toujours d'une charge à fond de train, fait tourner bride à nos régiments et menace de les déborder, ce qui lui est assez facile, parce que ses chevaux sont frais et que son front de bataille a presque le double d'étendue.

Mais les cavaliers autrichiens abusent encore de cette étendue et se déploient trop. Ce que voyant, le colonel du 9e de hussards, qui avait chargé avec la grosse cavalerie, mais était resté en arrière, ordonne une attaque de flanc qui met les escadrons ennemis en désordre ; les nôtres en profitent pour changer de front. Ils chargent à leur tour et, appuyés par tout ce qui reste disponible de cavalerie française, culbutent les Autrichiens et les obligent à nous abandonner cette plaine d'Hochstædt, où notre revanche était prise, et bien prise, car l'arrivée des divisions Decaen (ancienne de Richepanse) et Leclerc, qui venaient de passer le Danube sur les ponts réparés, allait les rejeter encore plus loin.

Il était près de huit heures du soir quand Moreau arriva de sa personne pour reconnaître les positions des Autrichiens ; c'était un peu tard pour livrer bataille, mais au mois de juin il fait encore jour, et l'acharnement était tel de part et d'autre — les deux armées ayant à la victoire un intérêt capital — qu'on se battait encore après onze heures.

Moreau trouva — ce qui était juste — qu'il était indispensable de repousser la cavalerie autrichienne au-delà de la Brenz, afin qu'elle ne pût se réunir au gros de l'armée du maréchal de Kray qui pouvait arriver d'un instant à l'autre d'Ulm, et de préparer pour le lendemain un champ de bataille plus favorable.

Pour cela, il envoya une partie de la division Decaen sur Gundelfingen, où arrivaient tous les bataillons de renfort de l'ennemi, et, se mettant lui-même à la tête de la cavalerie de son corps, il rejoignit celle de

Lecourbe, qui avait alors avec lui la brigade de réserve de Nansouty et celle de d'Hautpoul.

Moreau, prenant le commandement de tous ces escadrons, la plupart électrisés par leurs succès récents, les fit avancer par échelons soutenus en flanc par l'artillerie légère, et attaqua vigoureusement les lignes autrichiennes qui venaient d'être renforcées de huit mille fantassins et d'une artillerie nombreuse.

Le combat, engagé à la fois sur plusieurs points, se prolongea longtemps dans la nuit avec des chances diverses. Moreau, qui, comme Lecourbe, chargeait à la tête de ses cavaliers, se trouva plus d'une fois engagé au milieu d'une mêlée où l'on se battait à tâtons, mais vers onze heures du soir, l'infanterie autrichienne sur laquelle s'appuyait encore la cavalerie, ayant été repoussée avec pertes par la division Decaen, et le village de Gundelfingen ayant été enlevé à la baïonnette par la 37e demi-brigade, le champ de bataille resta aux Français et la cavalerie autrichienne, toujours vivement pressée par la nôtre, fut obligée de repasser la Brenz dans un désordre assez marqué.

Les résultats de la bataille, glorieuse surtout pour la cavalerie qui, pour la première fois, montrait une supériorité sur celle des Autrichiens, étaient ceux-ci : outre les 5,000 prisonniers, les 1,200 chevaux, les 20 canons et les 300 voitures abandonnés par l'ennemi ; le passage du Danube par nos troupes et l'évacuation obligatoire du camp retranché d'Ulm par celles de Kray.

Seulement le général autrichien ne perdit pas une minute, et en prenant une journée d'avance sur Moreau, il évita pour le surlendemain une seconde bataille, où il aurait été certainement battu.

Sans les torrents de pluie qui ne cessèrent de tomber pendant toute la journée du 22 juin, Moreau l'eût peut-être rejoint par une marche forcée ; il serra pourtant de près son arrière-garde, de si près même que Kray lui envoya un parlementaire lui faire part de l'armistice que Mélas venait de conclure en Italie avec le général Bonaparte et lui demander une suspension d'hostilités qui rendrait plus facile la conclusion de la paix projetée.

Ce parlementaire se garda bien de parler à Moreau de la bataille de Marengo qui avait précédé l'armistice, mais celui-ci, mis sur ses gardes, ne voulut rien conclure avant d'avoir reçu des nouvelles de France ; il refusa les propositions de M. de Kray, mais renonça à le poursuivre, pensant qu'il lui serait plus profitable, en vue du ravitaillement de son armée qui commençait à manquer d'approvisionnements, de le précéder en Bavière, où il trouverait facilement à faire vivre ses troupes.

En conséquence, il envoya devant la division Decaen qui entra triomphalement à Munich le 28 juin, laissa Richepanse pour investir Ulm et

Ingolstadt, et suivit tranquillement après avoir repassé le Danube et le Lech.

Combat de Neubourg. — La Tour-d'Auvergne.

C'est pendant cette marche que se livra le combat de Neubourg, escarmouche de peu d'importance et dont l'histoire ne parlerait pas si elle ne nous avait coûté l'héroïque La Tour-d'Auvergne, qui aurait peut-être fait un général médiocre, mais qui fut un soldat illustre entre les plus illustres.

Descendant de Turenne, dont il ne possédait certainement pas le génie militaire, mais dont il avait la grandeur d'âme et auquel il était peut-être supérieur en courage personnel, car cette intrépidité, dite *furia française*, dont il fut un des types les plus accomplis, n'existait pas encore au temps de Louis XIV, — La Tour-d'Auvergne était un modeste, probablement parce qu'il savait beaucoup.

Il avait été soldat, parce que tous les gentilshommes de son temps, où il n'y avait pas de conscription, avaient le devoir d'être soldats pour compenser leurs anciens privilèges; mais il aimait moins la guerre que l'étude et y renonça tout à fait, bien qu'il se fût distingué pendant la campagne de 1781, après la paix de Versailles.

Vint la Révolution : les dangers de la patrie, qu'il aimait par-dessus tout, puisqu'il ne songea pas à émigrer, le rendirent de nouveau soldat.

Il s'engagea, servit d'abord dans l'armée des Alpes, puis dans celle des Pyrénées, devint capitaine de grenadiers, mais ne voulut jamais accepter de grade plus élevé.

Il est bien vrai que Servan, qui commandait l'armée des Pyrénées, trouva moyen d'utiliser ses talents et sa bravoure communicative, comme s'il eût été général de division, car il imagina de réunir sous ses ordres, comme le plus ancien des capitaines, toutes les compagnies de grenadiers de son armée, et qu'à ce titre il commanda ainsi à certains jours jusqu'à huit mille hommes; mais La Tour-d'Auvergne n'était que capitaine, ne voulant rien être de plus et même, en avançant en âge, il le fut toujours et ne dédaigna jamais les aventures périlleuses.

Un jour, pendant cette campagne des Pyrénées, les Espagnols, bien établis sur l'autre rive d'un gros cours d'eau, affectaient d'étaler des vivres en abondance aux yeux des Français un peu affamés. La Tour-d'Auvergne, qui avait un assez gros appétit, ne put supporter ce spectacle de sang-froid.

— Qui veut dîner me suive! s'écria-t-il aux soldats de sa compagnie.

Et il se jeta à la nage suivi de ses hommes qui allèrent se mettre à table à la place des Espagnols, qui avaient décampé très lestement, fort aises d'en être quittes à si bon marché.

En revenant par mer à Brest, il tomba au pouvoir des Anglais qui le gardèrent prisonnier pendant deux ans; il est vrai qu'il s'était montré fort peu endurant quand on avait voulu lui faire ôter sa cocarde; il savait bien que la privation des couleurs de la patrie ne lui ôtait rien de sa qualité de bon Français; mais il ne pouvait s'arrêter à l'idée que l'on pût dire qu'il avait renié sa patrie, il aimait mieux mourir. Il arracha la cocarde de son chapeau, l'enfila au bout de son épée et dit froidement à l'officier qui ne lui avait pas encore demandé ses armes :

— C'est ici qu'il faudra venir la prendre.

Personne ne bougea; mais le brave soldat fut deux ans avant de revoir son pays.

La Tour-d'Auvergne, qui avait employé ces deux années à ses études historiques, revint en Bretagne. On était alors en paix, son engagement était fini; il avait cinquante ans, il prit sa retraite et revint à Paris publier ses *Origines gauloises*.

Il vivait dans l'obscurité, partageant ses quelques ressources avec de plus pauvres que lui, quand il apprend que le fils d'un de ses amis, soutien de sa famille, est obligé de partir pour obéir à la réquisition.

Sans rien dire à cet ami, il use de toutes ses influences et obtient de remplacer le conscrit. Il part le sac sur le dos, rejoint le régiment désigné et sert comme simple soldat dans une compagnie de grenadiers de la 46e demi-brigade.

Bien qu'il y fût inscrit seulement sous le nom de Latour, il n'y fut pas longtemps sans se faire remarquer et reconnaître pour ce qu'il était, non seulement par sa bravoure pendant la campagne de Zurich, mais encore par un fait de guerre tout à fait homérique et d'autant plus remarquable qu'il fut seul à l'accomplir.

Des grenadiers hongrois avaient été détachés pour s'emparer d'un moulin que l'on croyait bien défendu, parce que l'on savait qu'il renfermait un dépôt d'armes et de provisions de poudre.

Il l'était bien en effet, car ils n'en purent approcher sans recevoir des coups de fusil si bien adressés que chacun leur enlevait un homme; naturellement ils ripostèrent par des feux de peloton, mais sans résultat appréciable.

Après une demi-heure de cet exercice, qui les décimait sans qu'ils pussent faire un pas en avant, ils se reculèrent hors de la portée des fusils et envoyèrent chercher des renforts.

Un bataillon accourut et le moulin fut cerné; des coups de fusil en partirent encore dans toutes les directions, mais avec une lenteur de plus en plus accentuée; on sentait que la garnison ménageait ses cartouches.

— Rendez-vous ! cria le commandant des grenadiers hongrois qui ne tenait pas du tout à voir tomber ses hommes autour de lui.

Une fenêtre du moulin s'ouvrit, un homme apparut à cette fenêtre : c'était La Tour-d'Auvergne.

— La garnison veut bien se rendre, dit-il, mais elle veut tous les honneurs de la guerre et sortir avec armes et bagages, tambour battant, enseignes au vent.

— Soit, répondit après avoir fait semblant de réfléchir le commandant, qui avait trop hâte d'en finir pour refuser cette satisfaction aux braves soldats qui s'étaient si bien défendus.

Et il fit ranger ses hommes en haie de chaque côté de la porte du moulin.

La porte s'ouvrit alors et il en vit sortir un vieux grenadier sac au dos, l'arme au bras, qui défila entre les deux rangées de baïonnettes et vint s'arrêter devant lui.

— Eh bien, la garnison ne sort donc pas ?

— Pardon, mon commandant.

— Où est-elle ?

— La voilà, fit La Tour-d'Auvergne en saluant militairement.

— J'entends bien, j'entends bien, mais les autres ?

— Il n'y en a pas d'autres.

— Mais la garnison ?

— J'étais tout seul, c'est moi la garnison.

Le commandant aurait pu être furieux d'avoir été arrêté deux heures avec cinq cents hommes par ce grenadier tout seul, qui avait l'air de se moquer de lui ; mais c'était un brave soldat, il embrassa LaTour-d'Auvergne, qui aurait été porté en triomphe par les Hongrois s'il avait voulu se laisser faire.

C'est après cette aventure héroïque que Carnot, ministre de la guerre, recommandait ainsi La Tour-d'Auvergne au premier consul :

« Les braves l'ont nommé le plus brave. Modeste autant qu'intrépide, il ne se montra jamais avide que de gloire. Il a refusé tous les grades et c'est lui qui, simple capitaine, commandait dans l'armée des Pyrénées orientales cette colonne infernale qui fit tant de mal aux Espagnols.

» La paix l'amène à Paris. Il apprend que le fils d'un de ses amis est appelé au service par la loi sur la première réquisition, et que le père est inconsolable de cette séparation. La Tour-d'Auvergne vole aussitôt à l'armée, remplace le fils de son ami, et pendant deux campagnes, le sac sur le dos, toujours au premier rang, il est à toutes les affaires et anime les grenadiers par ses discours et par ses exemples.

» Pauvre, mais fier, il refuse le don d'une terre que lui offrit un prince de Bouillon, le chef de sa famille. Parlant toutes les langues, son érudition

Son drapeau fut pris au milieu. . (Page 66)

égale sa bravoure et on lui doit l'ouvrage intitulé : *Les Origines gauloises.*

» Tant de vertus, dit le ministre de la guerre en terminant son rapport, appartiennent à l'histoire, mais il appartient au premier Consul de la devancer. »

Bonaparte ne sachant comment reconnaître les services d'un homme si brave et si désintéressé, qui trouvait sa récompense dans sa propre conduite, lui décerna le titre de *premier grenadier de France* et lui envoya un sabre d'honneur.

Le vieux soldat n'en resta pas moins modeste et quelque temps après il répondait aux félicitations d'un de ses amis :

« Il n'est aucun des grenadiers, mes camarades, qui ne mérite cette arme aussi bien que moi. Allons, il faudra la montrer de près à l'ennemi. A mon âge, la mort la plus désirable est celle d'un grenadier sur le champ de bataille, et je la trouverai, je l'espère. »

Cette espérance fut réalisée le 25 juin 1800 au combat de Neubourg : en repoussant, avec la première compagnie de grenadiers commandée par le capitaine Cambronne, une charge de uhlans, La Tour-d'Auvergne fut traversé de part en part par la lance d'un de ces cavaliers et sa mort fut si douloureuse à tous, que personne ne songea à se réjouir de la victoire.

Non seulement la 46e demi-brigade, à laquelle appartenait cet admirable soldat, mais toute l'armée porta son deuil pendant trois jours et Moreau ne voulut pas s'éloigner du champ de bataille avant de lui avoir fait élever sur la hauteur d'Oberhausen, à l'endroit même où il avait été frappé, un mausolée modeste, comme le soldat qu'il abritait, mais qui a toujours été respecté, même par nos ennemis vainqueurs, et qu'on a retrouvé intact il y a quelques années, lorsque les restes mortels du premier grenadier de France ont été transférés à Paris, au Panthéon.

Après lui, son beau surnom fut donné à son capitaine Cambronne, qui a bien prouvé, à Waterloo, qu'il était digne de le porter ; mais, jusqu'à cette époque, le nom de La Tour-d'Auvergne fut conservé en tête du contrôle de la compagnie, et, tous les jours, le plus ancien grenadier de la compagnie répondait à l'appel de son nom : Mort au champ d'honneur !

On aurait bien dû conserver cette pieuse et glorieuse tradition, et même l'étendre à d'autres braves qui, pour n'avoir pas égalé La Tour-d'Auvergne, n'en ont pas moins fait honneur à leur régiment et bien mérité de la patrie.

C'est comme cela qu'on entretiendrait l'esprit militaire, que l'on semble trop négliger depuis que tout le monde est soldat, et parce qu'on s'imagine que le devoir accompli par tous vaudra l'enthousiasme de quelques-uns.

C'est ainsi que l'on raviverait cet amour de la gloire qui brûle lentement, comme un feu sous la cendre, dans le cœur de tous les Français dignes de ce nom, et n'attend qu'un souffle puissant pour s'enflammer encore et faire oublier les défaites passées, par des victoires nouvelles.

Armistice de Parsdorf.

Après le combat de Neubourg, dernier contact des deux armées, Moreau, maître de toute la Bavière, s'y étendit à l'aise et envoya le général Molitor occuper le Tyrol, et Gudin dans la vallée des Grisons, afin de repousser le corps d'armée du prince de Reuss, qui ne paraissait pas tenir beaucoup à se battre, et de s'ouvrir une communication avec l'armée d'Italie par le Vorarlberg et le pays des Grisons.

Il y eut par là beaucoup de petits combats heureux pour nos armes, et les positions de Fussen, de Reuti, d'Immenstadt et de Feldkirch furent enlevées successivement avec tant de maestria que Kray renouvela ses propositions d'armistice.

Moreau, solidement installé sur l'Isar et en possédant tout le cours, dont il avait délogé l'armée autrichienne, alors sur les bords de l'Inn, dans le camp d'Ampfing, et derrière les têtes de pont de Mühldorf et de Wasserburg, Moreau avait été laissé libre par le gouvernement français d'agir à son gré et de continuer la guerre s'il y voyait avantage.

Il n'en vit aucun, et croyant, avec raison d'ailleurs, que du moment où les soldats de l'armée d'Italie se reposaient, ceux de l'armée d'Allemagne devaient se reposer aussi, il accepta les ouvertures du maréchal de Kray et conclut avec lui, le 15 juillet, l'armistice de Parsdorf, qui établissait une ligne de démarcation entre les deux armées et ne stipulait aucune date pour la reprise des hostilités, mais fixait à douze jours le délai donné à chacune pour prévenir l'autre qu'elle voulait recommencer les opérations.

Cet armistice se prolongea et fut même renouvelé, parce que les préliminaires de la paix que semblait vouloir signer l'Autriche traînèrent en longueur; mais les deux puissances belligérantes ne perdirent pas leur temps et réorganisèrent leurs armées pour la guerre prochaine.

L'armée de Moreau, portée à 120,000 combattants par l'envoi de renforts et la formation d'un corps d'extrême gauche commandé par Sainte-Suzanne et composé de deux divisions ayant pour chefs Colaud et Souham, fut flanquée de deux petites armées. Celle de gauche, commandée par Augereau et forte de 17,000 hommes, dont 8,000 Hollandais, était sur le Mein; celle de droite, à peu près aussi considérable, était dans les Grisons, sous les ordres de Macdonald.

Cette petite armée, comprenant néanmoins quatre divisions, — car elle avait les cadres nécessaires pour recevoir au besoin et incorporer très vite les recrues qu'on lui enverrait de Dijon, — servait en même temps d'appui à l'armée d'Italie, où Brune avait remplacé Masséna, et qui était forte de 80,000 hommes; l'autre flanc de cette armée devait être gardé par Murat, avec un corps de réserve de 10,000 grenadiers organisé à Amiens.

Du côté des Impériaux, les deux grandes armées furent aussi renforcées. Celle d'Allemagne, dont le commandement fut retiré au maréchal de Kray pour passer dans les mains de l'archiduc Jean, jeune homme de dix-huit ans, qui n'avait pour commander une armée d'autre titre que celui de frère de l'empereur, fut portée à 80,000 hommes; celle d'Italie, commandée maintenant par le maréchal de Bellegarde, était aussi nombreuse, et il y avait également des corps flanqueurs opposés aux flanqueurs français : le corps du général Albini devant celui d'Augereau, les corps de Klenau et de Sembschen devant celui de Sainte-Suzanne, tous les deux pouvant se réunir très vite et former un ensemble de 25,000 hommes; une petite armée de 20,000 Autrichiens et de 10,000 Tyroliens, sous les ordres du général Iller, pour s'opposer à Macdonald, et un corps de 10,000 hommes vers Ancône et la Romagne pour guerroyer contre Murat.

En somme, c'était de part et d'autre environ 300,000 hommes sous les armes; mais, bien qu'il n'y eût rien de convenu à cet égard, personne ne s'attendait, si les hostilités reprenaient, à voir terminer la querelle ailleurs qu'en Allemagne.

Elles faillirent reprendre dès le mois de septembre, les négociations pour la paix n'ayant pas abouti; mais l'Autriche, qui n'était pas encore prête, ayant demandé de nouveaux délais, un nouvel armistice fut signé à Hohenlinden le 20 septembre. L'Autriche paya les frais de ce renouvellement en abandonnant les places d'Ulm, de Philippsbourg et d'Ingolstadt, ce qui permit aux troupes françaises qui les investissaient de reprendre leur rang dans l'armée active, diminuées seulement des garnisons nécessaires.

Enfin, les conférences ouvertes à Lunéville menaçant de ne pas aboutir, parce que l'Autriche, qui avait cependant bien envie de traiter, ne voulait ou ne pouvait signer la paix qu'avec l'assentiment de l'Angleterre, son alliée occulte, qui tenait à la continuation de la guerre et qui était prête à payer pour cela, Bonaparte rompit brusquement les pourparlers et donna l'ordre de dénoncer l'armistice.

Moreau étant venu à Paris pour ses affaires, ce fut son chef d'état-major, le général Dessoles, qui annonça au général autrichien Lauer, qu'on avait donné comme conseil à l'archiduc Jean, la reprise des hostilités pour le 28 novembre.

Moreau, arrivant à son quartier général de Munich, trouva son armée déjà en mouvement pour prendre l'offensive au jour dit, dans les positions suivantes :

L'aile droite bordant les montagnes du Vorarlberg et s'étendant depuis Feldkirch jusqu'à la rive gauche de l'Isar; elle était commandée par Lecourbe et se composait des trois divisions d'infanterie Montrichard, Molitor et Gudin, et de la division de cavalerie du général de Nansouty; son effectif était exactement de 24,438 hommes.

Le centre, dont Moreau conservait toujours le commandement, s'étendait sur la route de Munich à Wasserburg des deux côtés d'Ebersberg ; il était fort de 30,559 hommes et comprenait trois divisions d'infanterie commandées par Richepanse, Decaen et Grouchy, et la division de cavalerie du général d'Hautpoul.

L'aile gauche appuyait sa droite à Hohenlinden sur la route de Mühldorf, et sa gauche à Horlkofen, avec une forte avant-garde commandée par le chef de brigade Durosnel, à Vilsbiburg, pour couvrir les routes d'Œtting et d'Eggenfelden à Landshut, elle était commandée par Grenier et comprenait les trois divisions Ney, Legrand et Bastoul et la réserve de cavalerie du général Sahuc ; son effectif était de 25,947 hommes.

Enfin l'extrême gauche, commandée par Sainte-Suzanne, et forte de 18,376 hommes, était entre l'Altmühl et le Danube, mais une des deux divisions qui la composaient devait rester sur le Danube pour observer les mouvements du général autrichien Klenau, et établir, si possible, la communication de l'armée avec le corps gallo-batave d'Augereau qui défendait ses derrières.

L'effectif total de Moreau était de 106,700 combattants, dont 78,912 fantassins, 17,678 cavaliers et 10,030 artilleurs servant 198 bouches à feu.

L'archiduc Jean en avait tout autant, un peu plus en cavalerie, mais un peu moins en artillerie.

Les deux armées étaient à peu près de même valeur, la question était de savoir s'en servir.

Combat d'Ampfing.

L'archiduc Jean avait fait un plan très large, mais fort audacieux, trouvant que Moreau occupait une position trop facile à défendre, et ne voulant pas l'attaquer de front, mais la tourner : Klenau devait se porter rapidement de Ratisbonne entre le Danube et l'Isar pour menacer la ligne de communication des Français ; 20,000 hommes composés de Bavarois, de Wurtembergeois et d'émigrés commandés par Condé devaient rester sur l'Inn, tandis que 6,500 hommes rassemblés à Passau, Scharding et Hohenwart partiraient en trois colonnes, par des routes diverses, pour se réunir le 28 dans les environs de Geisenhausen, de là passer le lendemain l'Isar sur le pont de Landshut que l'ennemi pressé par l'avant-garde, n'aurait pas le temps de détruire, marcher ensuite dans la direction de Dachau et livrer dans les environs une bataille décisive, si les Français, pris à dos, ne réussissaient pas à se retirer derrière le Lech.

Seulement l'exécution de ce plan ne répondit pas à sa conception ; l'armée autrichienne marcha si lentement, les pluies ayant rendu les chemins très difficiles, que le 30 elle n'était encore qu'à Ampfing, et il n'y eut que l'avant-garde composée de 8,000 hommes et commandée par Mecsery qui passa l'Isar à Mosburg, ce qui l'immobilisa du reste, puisqu'elle fut obligée de se réunir à Klenau, et ne prit aucune part aux combats suivants.

Pendant ce temps l'armée française n'était pas restée en place, sa droite était à Rosenheim, son centre à Wasserburg, et sa gauche sur les hauteurs d'Ampfing. Quant à l'extrême gauche, elle était immobilisée par Klenau ; la gauche elle-même était dans une situation assez aventurée, car en voulant suivre le cours de l'Inn jusqu'à Mühldorf, elle était arrivée à 18 lieues de Munich ; aussi Moreau eut-il le soin de la faire soutenir par une division de son corps d'armée, celle que commandait Grouchy qui quitta sa position en arrière de Haag, pour se porter en avant sur la route de Mühldorf.

Marcher ainsi en trois corps si distants l'un de l'autre n'était pas très prudent. Moreau le savait bien, mais il espérait tenter l'ennemi et le décider à présenter la bataille sur des terrains coupés qu'il connaissait bien entre l'Inn et l'Isar.

Il n'y réussit qu'à moitié, car sa démonstration effraya d'abord l'archiduc Jean, qui renonça à son plan presque aussi vite qu'il l'avait adopté : l'imprudence de Moreau allait d'ailleurs lui offrir une quasi-victoire qu'il n'avait certainement point préparée, ou bien qu'il avait préparée sans le vouloir, puisque ses troupes se trouvaient concentrées là parce qu'elles n'avaient pas pu aller plus loin, et qu'avec plus de 40,000 hommes sous la main, il était en mesure d'écraser le corps de Grenier qui n'en avait pas la moitié à sa disposition, car non seulement il n'avait pas la division Legrand, trop avancée et attaquée vigoureusement à Landshut et à Dorfen par le corps d'armée du général Kienmayer, mais il avait encore été obligé de lui envoyer une brigade pour l'aider à se maintenir, ou couvrir sa retraite si elle était contrainte à reculer.

Aussitôt qu'il apprit que les premières colonnes du général Kienmayer étaient à Landshut, l'archiduc Jean fit passer l'Inn à Kraiburg et à Mühldorf à deux fortes colonnes qui se dirigèrent vivement sur la plaine d'Ampfing, pendant qu'une troisième colonne de 15,000 hommes remontait la vallée de l'Isen pour tourner la position beaucoup trop allongée de la gauche de l'armée française, qui allait être attaquée de flanc par la colonne venant de Kraiburg et se dirigeant sur Aschau, et de face par celle qui débouchait par le chemin de Mühldorf, à Ampfing.

Le général Grenier n'avait alors en bataille que la division Ney, sur les hauteurs d'Ampfing, la brigade Desperrières, près d'Aschau, et la brigade Hardy, dans le vallon d'Isen.

Quant à la division Legrand, elle se battait pour son compte beaucoup plus loin, vers Dorfen, et ne prit part au combat d'Ampfing qu'en immobilisant par sa résistance vigoureuse le corps d'armée du général Kienmayer.

Pendant que Desperrières repoussait les Autrichiens qui voulaient s'emparer des bois situés entre Aschau et Lauterbach, Ney, assailli par des forces très supérieures, fut d'abord obligé de céder un peu de terrain; mais comme les mouvements rétrogrades n'étaient point du tout de son tempérament, il rallia tous ses tirailleurs, concentra ses forces et, communiquant à ses soldats cette incomparable vigueur qu'il eut toujours à la guerre, il reprit l'offensive et repoussa l'ennemi une demi-lieue au delà de ses premières positions.

Avec les prodiges de bravoure que son exemple fit accomplir à sa division, il aurait réussi à s'y maintenir si le général Hardy, accablé par les 15,000 hommes qu'il avait devant lui, n'avait été obligé de se replier.

Privé de l'appui de cette brigade et menacé d'être débordé par ses ailes, Ney regagna les hauteurs d'Ampfing et commença pas à pas une lente retraite qu'il n'arrêta que lorsque Grenier lui eut envoyé la seule brigade qui lui restât.

Avec ce secours, il prolongea le combat pendant quatre ou cinq heures, et donna le temps d'arriver à la division Grouchy que Moreau envoyait à Grenier pour l'aider à exécuter sa retraite d'ensemble.

Un peu plus tard, l'échec de l'armée française pouvait se changer en désastre, car le général Desperrières, attaqué à nouveau, avait été forcé d'abandonner Aschau, et déjà les Autrichiens qui l'avaient refoulé s'engageaient dans le défilé par lequel seul Ney pourrait effectuer sa retraite, et l'auraient coupé s'ils avaient pu s'y établir; mais les charges réitérées d'un régiment de dragons les repoussèrent, la division Ney put passer et s'établir sur les hauteurs de Haag avec la brigade Hardy, la division Grouchy prit position en avant sur la hauteur de Ramsau, et la division Legrand, qui avait tenu bon toute la journée à Dorfen, n'abandonna sa position que le lendemain pour suivre le mouvement général de recul ordonné par Moreau.

Bataille de Hohenlinden.

L'insuccès du 1er décembre à Ampfing eut d'excellents résultats : d'abord il permit à Moreau, qu'il avait rendu plus circonspect, de choisir le champ de bataille où il voulait être attaqué ; d'un autre côté, il donna à l'archiduc Jean une confiance exagérée, car ce jeune homme qui croyait avoir fait reculer toute l'armée française, et non pas seulement deux divisions, pensa déjà être l'égal de son frère Charles, et n'écouta pas les observations du général Lauer qui, connaissant l'expérience et les talents de Moreau, flairait un piège dans son mouvement rétrograde.

C'était un piège, en effet, que Moreau tendait au jeune archiduc, enorgueilli par son premier succès qu'il appelait une victoire, en se retirant dans l'éclaircie qui occupait le centre de la vaste forêt de Hohenlinden, car la position était admirablement choisie et plus que difficile à forcer, d'autant que la forêt n'était traversée que par deux routes, l'une venant de l'Inn par Ebersberg et Wasserburg, l'autre venant de Mühldorf par Ampfing, et sur laquelle les Autrichiens étaient engagés en masse.

En se retirant, Moreau comptait les y faire engager encore mieux ; puis, quand ils seraient tous dans le long défilé bordé de sapinières très épaisses qui s'étend de Mattenbett à Hohenlinden, il rabattrait son centre de la route d'Ebersberg sur celle d'Ampfing et, attaquant l'ennemi sur deux faces, le vaincrait facilement.

Pour l'exécution de ce plan, Moreau prit les dispositions suivantes pendant la journée du 2 décembre :

Sur l'éclaircie où devait déboucher l'armée autrichienne en sortant de la forêt, plaine peu étendue où s'élèvent le village de Hohenlinden et quelques petits hameaux, il déploya son aile gauche commandée par Grenier et comprenant, outre les trois divisions Ney, Legrand et Bastoul, la division Grouchy détachée la veille du corps de réserve, et toutes les réserves de cavalerie et d'artillerie, moins une brigade de cavalerie commandée par le général Espagne, envoyée avec quatre compagnies d'infanterie prendre poste à Erding pour surveiller les opérations du général Kienmayer, qui, débouchant de la vallée de l'Isen, pouvait menacer la communication avec Munich.

La division Grouchy était à droite de la route et du village de Hohenlinden, sur lequel elle s'appuyait et s'étendait dans une grande clairière au delà du défilé de la route ; la division Ney était à gauche du village de Hohenlinden et s'allongeait de façon à commander la sortie de divers petits chemins par où devaient déboucher les colonnes autrichiennes remontant par la vallée de l'Isen ; la division Legrand était rangée en avant du village de Freisendorff ; la division Bastoul en avant de Harthofen, et les réserves d'artillerie et de cavalerie étaient derrière.

Le corps d'armée de réserve, réduit à deux divisions, était à quelques lieues de là vers la droite, sur la route passant à Ebersberg : Richepanse occupait Wasserburg avec sa division ; Decaen, Zornolding. Tous les deux reçurent l'ordre, vaguement exprimé, mais cependant très précis, d'abandonner leurs positions dès le lendemain matin pour se diriger sur

Il les surprend et les fait prisonniers. (Page 84).

la route de gauche vers Mattenbett, de façon à se jeter sur les derrières de l'ennemi quand ses colonnes, engagées dans la forêt, auraient dépassé ce village.

Moreau, en ne donnant pas plus de détails à ses lieutenants, comptait sur leur intelligence, et il n'avait pas tort, parce que Richepanse et Decaen, dont les preuves d'intrépidité étaient faites, ne manquaient pas d'initiative, mais s'il avait eu affaire à des généraux indolents, sa négligence aurait compromis le succès de la journée.

Moreau envoya aussi des ordres de concentration à Lecourbe et à Sainte-Suzanne ; mais le premier étant à quinze lieues sur sa droite vers le Tyrol, et le second à vingt-cinq sur sa gauche vers le Danube, il ne pouvait pas du tout compter sur eux.

Ainsi, pour avoir trop étendu ses forces, Moreau, qui aurait pu mettre en ligne plus de cent mille hommes, allait livrer bataille, avec moins de soixante mille, à l'armée de l'archiduc Jean qui en comptait quatre-vingts.

C'était plus qu'il n'en fallait pour vaincre ; mais s'il avait eu plus de monde sous la main, il aurait pu anéantir l'armée autrichienne, qui se prêta avec beaucoup de complaisance à sa combinaison.

C'est un talent de général en chef que d'amener l'ennemi à accepter le champ de bataille qu'il a choisi ; mais ici il ne faut pas trop en féliciter Moreau, car il n'aurait pas réussi s'il avait eu affaire à un adversaire plus expérimenté.

L'archiduc Jean, infatué de sa victoire de l'avant-veille, marcha de l'avant sur toute la ligne et tomba en plein dans le piège que lui tendait le général français.

Il divisa son armée en trois colonnes qui, sous une neige assez épaisse et qui tomba longtemps, se mirent en mouvement le 3 décembre, à cinq heures du matin, par des chemins différents, mais ayant rendez-vous dans la plaine de Hohenlinden, au sortir de la forêt.

Le centre, comprenant le gros de l'armée, la réserve, les grenadiers hongrois, les Bavarois, la plus grande partie de la cavalerie et cent pièces de canon, s'engagea sur la grande route de Muhldorf à Hohenlinden ; la gauche, forte de douze mille hommes, sous les ordres du général Riesch, par un petit chemin d'exploitation qui débouchait dans l'éclaircie de Hohenlinden, et la droite, composée des deux corps d'armée de Baillet-Latour et de Kienmayer, qui étaient engagés déjà dans la vallée de l'Isen et devaient continuer à la remonter pour déboucher sur le flanc du corps principal avec lequel marchait l'archiduc Jean, le premier en face des villages de Kronaker et de Preisendorf, le second en avant d'Hartofen.

Toute l'armée autrichienne allait donc se trouver dans la plaine de

Hohenlinden en présence du seul corps de Grenier, mais elle n'eut pas le loisir d'essayer de l'écraser sous le nombre, car les colonnes n'arrivèrent pas ensemble; celle de Riesch, retardée par de mauvais chemins, rendus plus mauvais encore par la neige, n'arriva même pas du tout, puisqu'elle fut arrêtée en route par la division Decaen.

Le premier au rendez-vous, vers huit heures du matin, l'archiduc, après avoir replié les avant-postes que Grouchy avait posés sur la forêt, voulut déployer ses troupes dans la plaine; mais Moreau, qui était monté à cheval dès le point du jour pour diriger la bataille qui allait se livrer d'après ses conceptions et qu'il voulait gagner lui-même, ne l'entendait pas ainsi.

Il porta en avant le général Grandjean, qui déploya la 108e demi-brigade, flanquée sur ses ailes par la 46e et la 57e, et appuyée en arrière par le 4e régiment de hussards et le 6e de cavalerie de ligne.

Après un feu d'artillerie qui fut assez violent de part et d'autre, les Autrichiens attaquent en grandes forces la 108e, qui résiste longtemps et courageusement; mais huit bataillons de Hongrois ayant filé sous bois pour la tourner sur sa droite, elle cède un peu de terrain, et, dans le désordre qui s'en suivit, son colonel Marcognet, blessé grièvement, tomba au pouvoir de l'ennemi.

Grouchy ordonne alors à la 46e de changer de front et la lance sur le bois pour empêcher les Hongrois de déboucher; ce mouvement réussit, les huit bataillons hongrois reculent, la 46e les poursuit et un combat terrible s'engage dans la forêt, où les soldats, arrêtés à chaque instant par les sapins, luttent pour ainsi dire corps à corps. Un bataillon de la 57e, pénétrant alors dans le bois sur un autre point, tourne les Hongrois qui cherchent leur salut dans la fuite et abandonnent beaucoup de prisonniers, parmi lesquels leur commandant supérieur, le général Spanochi.

Ce premier succès fut suivi immédiatement d'un autre, car les Autrichiens, qui avaient attaqué la 108e, furent chargés par un régiment de cavalerie qui leur enleva cinq pièces de canon.

L'archiduc Jean ne put donc se déployer pour le moment, mais il ne perdit pas courage, et, après avoir attendu un peu, dans l'espoir sans doute de voir déboucher ses colonnes de droite ou de gauche, il ordonna une nouvelle attaque sur le village de Hohenlinden.

Cette attaque, plus sérieuse que la première, fut repoussée haut la main par les troupes de Grouchy et celles de Ney, qui reconduisirent la baïonnette aux reins les assaillants jusqu'à leurs positions, leur prirent des canons et leur firent un millier de prisonniers.

L'arrivée du corps d'armée autrichien de Baillet-Latour fut alors signalée du côté de Kronaker, mais ces troupes, fatiguées d'une marche longue et pénible, n'étaient pas prêtes à entrer en ligne; du reste, la division Bastoul ou la division Legrand étaient en position pour les recevoir.

Moreau ne s'en inquiéta pas ; il observait avec attention les mouvements du corps central qui encombrait la route, puisqu'il ne pouvait pas déboucher en plaine; tout à coup, remarquant une ondulation très marquée dans cette colonne, il pensa que quelque chose d'extraordinaire devait se passer sur ses derrières.

Ce quelque chose ne pouvant être que l'attaque prescrite par lui à Richepanse et à Decaen et qu'il attendait avec impatience, il dit à Ney, qui se trouvait alors près de lui :

— Richepanse et Decaen doivent être en ce moment à Mattenbett, poussant les Autrichiens par derrière ; c'est le moment de les charger par devant.

Aussitôt Ney et Grouchy disposent leurs divisions en colonnes d'attaque et se précipitent sur les Autrichiens, placés sur les lisières de la forêt, pour les refouler sur la route dont ils n'avaient pu sortir que très partiellement.

Abordés de front par Ney, chargés en flanc par Grouchy, ils rentrent précipitamment dans le défilé et bousculent leur artillerie qui, en voulant reculer, met la cavalerie en désordre.

Tout s'était passé, en effet, comme l'avait prédit Moreau, non pas complètement, car il s'était rencontré des obstacles, mais suffisamment pour le résultat final.

Richepanse, qui, sachant le prix du temps, était parti d'Ebersberg sans attendre Decaen, plus éloigné que lui de Mattenbett, avait rencontré vers sept heures du matin, aux environs du hameau de Saint-Christophe, le corps d'armée de Riesch, et avait mis la brigade Drouet, qui marchait en queue, aux prises avec lui.

Ne voulant pas s'arrêter, sûr d'ailleurs que Drouet serait dégagé à temps par la division Decaen, qui était certainement en route dans la même direction, il laissa cette brigade pour tenir tête à l'ennemi, et continua sa marche, n'ayant plus que la brigade Walter, composée de la 8e et de la 48e demi-brigade, du 1er régiment de chasseurs à cheval, et de six pièces de canon, que ses artilleurs furent obligés de démonter pour les traîner à bras à travers les bois.

Arrivé à Mattenbett, il y rencontre un escadron de cuirassiers qui avaient mis pied à terre, les surprend et les fait prisonniers : la présence de ces cavaliers indiquait que l'arrière-garde n'était pas encore très loin; en effet, elle n'était pas encore engagée dans la forêt et elle accourut pour arrêter les Français.

Richepanse se met en bataille, la 8e demi-brigade à droite, la 48e à gauche, ses six canons au milieu, et, pour masquer le petit nombre de ses troupes, il lance son régiment de cavalerie sur huit escadrons ennemis qui, en l'apercevant, s'étaient formés pour le charger.

Le 1er régiment de chasseurs, après des efforts héroïques, est ramené et se replie derrière la 8e demi-brigade qui, croisant la baïonnette, arrête l'élan de la cavalerie autrichienne.

La situation était critique, mais Richepanse voulait arriver quand même, il sentait que le succès de la journée dépendait de l'attaque qu'il allait faire sur les derrières de l'armée ennemie : il laissa le général Walter avec la 8e demi-brigade et son régiment de chasseurs, pour arrêter l'arrière-garde le plus longtemps possible, et avec la 48e seulement il se jeta sur la route après la colonne autrichienne.

Le feu des tirailleurs qui flanquaient la colonne ne l'arrêta pas, non plus que celui de trois pièces de canon mises hâtivement en batterie pour l'empêcher de passer; trois bataillons de grenadiers hongrois s'arrêtant sur la route en colonne ne furent pas plus heureux.

— Grenadiers de la 48e, s'écria Richepanse sitôt qu'il les aperçut, que dites-vous de ces hommes-là?

— Ils sont morts ! répondirent ces braves gens, caressant la crosse de leurs fusils et mettant déjà la baïonnette en avant.

Ils s'élancent, les Hongrois se défendent courageusement, un combat terrible s'engage, mais les Hongrois finissent par plier et, rejoignant au pas de course les derrières de la colonne, y jettent le trouble et la terreur, car ils ne savent pas du tout quelle est la force des Français et crient, comme tous les fuyards, que tout est perdu.

Les troupes autrichiennes accélèrent leur marche en avant, se sauvent sous bois, laissant sans soutiens les bagages, l'artillerie que Richepanse met dans un désordre affreux, augmenté encore bientôt après par l'arrivée de Ney qui charge en tête, comme on le sait déjà, et culbute tout sur son passage, la grande masse autrichienne, pressée des deux côtés, qui, après avoir oscillé d'un côté et de l'autre, avait rompu ses rangs et cherché son salut dans la fuite en forêt.

Les deux généraux se rencontrent, s'embrassent ivres de joie, mais n'ont pas le temps de se féliciter. Ney se chargeant de compléter la victoire, en ramassant les prisonniers, Richepanse retourne sur ses pas pour dégager Walter, qu'il trouve grièvement blessé, mais rayonnant de joie en apprenant que ses efforts ont contribué à la manœuvre qui a décidé la victoire : la bonne nouvelle releva le courage des soldats, qui un moment avaient pu se croire sacrifiés, et l'arrière-garde autrichienne, bien que très supérieure en nombre, mais qui savait probablement la nouvelle, fut repoussée et mise en fuite.

Débarrassé de ce côté, Richepanse continua de rebrousser chemin pour se porter au secours de la brigade Drouet qu'il avait laissée près de

Saint-Christophe ; elle avait été dégagée par la division Decaen qui avait lutté victorieusement contre le général Riesch, en l'obligeant à une retraite dans laquelle il perdit beaucoup de prisonniers. Decaen en fit plus de trois mille ; il est vrai que dans le nombre beaucoup appartenaient au centre, si terriblement mis en déroute que les soldats cherchaient à se rallier n'importe où.

Anéantis au centre, repoussés vigoureusement sur leur droite, les Autrichiens avaient plus que perdu la bataille à deux heures de l'après-midi, mais leur gauche tenait encore et l'on se battait toujours dans la plaine de Hohenlinden.

Les corps d'armée de Kienmayer et de Baillet-Latour y avaient débouché plus tôt et surtout en plus grandes forces que ne le croyait Moreau, et les chemins par lesquels arrivaient les Autrichiens leur permettaient, tout en restant à peu près à couvert, de faire un feu plongeant qui troubla un moment les divisions Legrand et Bastoul recevant des balles et de la mitraille sans pouvoir riposter.

Et c'est pourquoi la division Grouchy ne suivit pas Ney, qui ne s'engagea dans les défilés de la route de Muhldorf, où il bousculait le centre de l'armée autrichienne, qu'avec une seule de ses brigades, laissant l'autre sous les ordres du général Jola, pour se battre en plaine.

Ce renfort n'était pas de trop, car les Autrichiens allaient se battre encore à deux contre un ; mais le premier moment passé ils n'eurent plus jamais le dessus.

Tout d'abord ils avaient pu se déployer, parce que les divisions Legrand et Bastoul avaient été obligées d'abandonner la lisière du bois pour se mettre en plaine sur la défensive ; encore étaient-elles un peu pressées, car deux demi-brigades de la division Legrand, les 51e et 42e, eurent à combattre toute l'infanterie de Kienmayer et la division de cavalerie qui l'appuyait ; elles firent des prodiges jusqu'au moment où le général Grouchy put les secourir efficacement avec une brigade d'infanterie et les charges réitérées de la cavalerie d'Hautpoul.

D'un autre côté, le général Bonnet, commandant une brigade de la division Bastoul, s'élance vigoureusement sur les Autrichiens et les fait reculer. La brigade Jola fond sur les troupes du général Baillet-Latour et les tient si bien en respect qu'elle les empêche de déboucher.

Moreau, qui s'était engagé un peu en forêt pour voir le résultat des opérations de Ney, revient en plaine et se met à la tête de la dernière brigade de Grouchy pour porter un coup décisif ; mais quand il arriva, l'ennemi avait disparu, il était rentré sous bois et, chaudement poursuivi, battait en retraite, Baillet-Latour dans la direction d'Isen et Kienmayer sur Tendorf.

Il était près de cinq heures du soir, la nuit était déjà venue ; mais tout était bien fini. Les Autrichiens, dans le plus affreux désordre, laissaient huit mille hommes tués ou blessés sur le champ de bataille, 12,000 prisonniers, 87 canons, 300 voitures d'artillerie et tous leurs bagages, et s'il y avait eu deux heures de jour de plus, le nombre des prisonniers eût été du double, car des groupes débandés, des compagnies entières erraient çà et là dans la plaine, dans la forêt, ne sachant où se rallier et ne demandant qu'à rendre leurs armes pour avoir du pain.

Il dut en périr beaucoup dans la déroute par le froid qu'il faisait.

Mais le résultat ne fut rien auprès de ce qu'il eût été; si Moreau avait su s'aider de son aile droite, l'armée autrichienne eût été anéantie.

Néanmoins, la bataille de Hohenlinden fait le plus grand honneur à Moreau, parce qu'elle fut gagnée par l'exécution rigoureuse du plan qu'il avait prémédité, ce qui est assez rare à la guerre. Sans lui en marchander la gloire, il faut cependant reconnaître que le succès est dû en grande partie au général Richepanse qui, arrêté coup sur coup par deux obstacles qui l'auraient empêché d'arriver à point nommé, se priva la première fois de la moitié de ses forces, la seconde des deux tiers et courut en avant avec un seul régiment, le 48e; il est vrai qu'il se battit comme quatre.

Moreau lui fit d'ailleurs une belle part dans son triomphe et lui donna la première place dans les remerciements qu'il adressa à tous ses vaillants collaborateurs en les chargeant de témoigner sa satisfaction aux troupes qui les avaient si bien secondés.

— Mes amis, s'écria-t-il comme conclusion, vous avez conquis la paix; oui, c'est la paix que nous venons de conclure aux champs de Hohenlinden.

En effet, après cette bataille et la retraite désordonnée qui s'ensuivit, la paix s'imposait aux Autrichiens; ils ne pensèrent pourtant à la signer que quinze jours après, quand ils virent Moreau aux portes de Vienne.

III

AUSTERLITZ

Troisième coalition. — La Grande Armée. — Plan de la campagne. — Affaire de Raiu : le brigadier Marente. — Combat de Wertingen : le commandant Vuillemey. — Combat de Guntzbourg. — Affaire de Landsberg-Memmingen ; le capitaine Menziau. — Combat de Haslach. — Combat d'Elchingen. — Attaque d'Ulm. — Capitulation d'Ulm. — Marche sur Vienne. — Combat de Ried. — Combat de Lambach. — Combat de Lover. — Combat d'Amstetten. — Combat de Mariazell. — Combat de Dierustein. — Surprise du pont du Thabor. — Occupation de Vienne. — Combat d'Ollabrun. — Bataille d'Austerlitz.

Austerlitz fut la première victoire du général Bonaparte, devenu Napoléon, empereur des Français et roi d'Italie, tout en restant le plus illustre capitaine des temps modernes, et sans cesser de donner tous les jours des preuves de ce génie universel, qui en fit un de ces grands hommes tellement au-dessus des autres grands hommes que le monde n'en peut produire un que tous les dix siècles.

Il gagna cette mémorable bataille, qui marque l'apogée de la puissance militaire de la France, le 2 décembre 1805, premier anniversaire de son couronnement, avec des soldats qui avaient fait cinq cents lieues en moins de trois mois, et qui, toujours marchant, avaient livré victorieusement vingt combats.

Ce n'était pourtant pas par cette campagne d'Allemagne, aussi rapide que merveilleuse en résultats, puisque en 21 jours il anéantit une armée de 80,000 hommes sans livrer une seule bataille, que Napoléon voulait d'abord s'opposer à la troisième coalition qui menaçait l'Empire français ; il voulait frapper chez elle l'Angleterre, ennemie héréditaire de notre nation, et pour cela il avait de longue main rassemblé au camp de Boulogne

Il dicta d'abondance. (Page 90).

une armée magnifique qui n'attendait plus, pour traverser la Manche, que l'arrivée de la flotte qui devait protéger ses opérations.

Mais cette flotte, commandée par l'amiral Villeneuve, n'arriva pas, et l'Angleterre se sauva par une diversion, en portant la guerre sur le continent; il lui suffit pour cela de signifier à l'Autriche, qui avait fait des armements considérables, qu'elle ne toucherait pas un sou des subsides convenus si elle ne commençait immédiatement les hostilités.

Le jour où il apprit que Villeneuve, qu'il croyait à Brest prêt à faire une démonstration dans la Manche pour débloquer Gantheaume, était à Cadix bloqué lui-même par une flotte anglaise, Napoléon, obligé de renoncer à sa descente en Angleterre, entra dans une colère terrible ; il errait sur les bords de la mer, sans paraître avoir conscience de ses actes, il parlait seul, criant, gesticulant, personne n'osait l'approcher et Monge qui, depuis qu'il était au camp, déjeunait avec lui tous les matins, se garda bien de se montrer dans sa baraque.

Daru fut moins réservé ; sa présence d'ailleurs soulagea l'Empereur qui, ayant à qui parler, se livra devant lui à un véritable désespoir, lui montra dans toute son amertume la douleur du génie abandonné par la fortune, et aussi, sans retenue, la colère du souverain qui se croit trahi par la lâcheté ou l'incapacité de ses lieutenants.

Puis, tout à coup, sa fureur s'apaisa; hésitant depuis quelques jours sur ce qu'il devait faire, car il avait appris par Talleyrand les démonstrations non équivoques de la Russie et de l'Autriche, et avait déjà donné des ordres en conséquence, il venait, tout en causant, de prendre une résolution.

Il dit à Daru de se préparer à écrire, et pendant plusieurs heures il dicta d'abondance et avec une présence d'esprit telle que son secrétaire n'eut pas une rature à faire, tous les détails du plan de l'immortelle campagne de 1805.

Pas une trace d'irritation ne restait sur son visage, redevenu pâle et grave ; pas une altération dans sa voix, alors calme et sereine ; son génie était revenu, et avec lui cette admirable confiance qui fut plus de la moitié de sa force ; ce n'était pas seulement un plan qu'il dictait, c'étaient des ordres qu'il donnait à ses hommes, aussi bien qu'à la fortune ; il était sûr de la victoire.

Cela se passait le 26 août, mais Napoléon voulut que ses ordres ne fussent expédiés que le lendemain soir, pour donner encore un jour à sa première combinaison.

La coalition, largement soutenue par l'or de l'Angleterre, devait attaquer la France de quatre côtés à la fois: par le Hanovre, où s'avançaient les Russes et les Suédois ; par la vallée du Danube, où seraient les Autrichiens et les Russes ; en Lombardie par une armée autrichienne, et dans le midi de l'Italie par des Russes, des Anglais et des Napolitains.

Sans négliger absolument les deux armées qui opéraient sur les points extrêmes, puisqu'il avait un corps d'armée à Gœttingen sous les ordres du maréchal Bernadotte et 20,000 hommes à Naples commandés par Gouvion-Saint-Cyr, Napoléon ne s'en inquiéta guère ; il était à peu près tranquille aussi sur les agissements des 80,000 hommes que l'archiduc Charles commandait en Lombardie, car Masséna avait 50,000 hommes à leur opposer, et c'était assez pour les arrêter sur l'Adige ; il ne lui restait à s'occuper que de l'armée autrichienne déjà dans la vallée du Danube et qu'il voulait détruire, ou tout au moins immobiliser avant qu'elle ait pu faire sa jonction avec l'une ou l'autre des deux armées russes qui s'avançaient, assez lentement du reste, l'une par la Galicie, l'autre par la Pologne.

Pour cela il organisa son armée, à laquelle il donna le nom de Grande Armée qu'elle mérita de toutes façons, en sept corps largement pourvus en infanterie, mais n'ayant en artillerie et en cavalerie que le strict nécessaire, car il voulait garder sous sa main d'importantes réserves de ces deux armes, qu'il jetterait à l'occasion où besoin serait.

Le 1er corps, composé de l'armée du Hanovre, sous les ordres du maréchal Bernadotte et fort de 17,737 combattants, comprenait deux divisions d'infanterie commandées par les généraux Drouet et Rivaud, et la division de cavalerie du général Kellermann.

Le 2e corps, comprenant les troupes du camp d'Utrecht (20,758 hommes) commandées par le général Marmont, était composé des deux divisions d'infanterie française des généraux Boudet et Grouchy, d'une division d'infanterie hollandaise aux ordres du général Dumonceau, et de la division de cavalerie légère du général Lacoste.

Le 3e corps (27,452 combattants), formé des troupes du camp d'Ambleteuse, aux ordres du maréchal Davout, comprenait les trois divisions d'infanterie des généraux Bisson, Friant et Gudin, et la division de cavalerie légère du général Vialannes.

Le 4e corps, composé des troupes du camp de Boulogne, était fort de 41,358 hommes sous les ordres du maréchal Soult, et comprenait quatre divisions d'infanterie commandées par Legrand, Suchet, Vandamme et Saint-Hilaire, et la division de cavalerie du général Margaron.

Le 5e corps, formé avec les 17,788 combattants du camp d'Étaples sous le commandement du maréchal Lannes, comprenait la division Oudinot entièrement composée de grenadiers dont les compagnies avaient été empruntées à divers régiments, la division d'infanterie du général Gazan et la division de cavalerie légère du général Treilhard.

Le 6e corps, composé des troupes du camp de Montreuil (24,404 hommes) sous les ordres du maréchal Ney, comprenait les trois divisions d'infanterie Dupont, Malher et Loison et la division de cavalerie du général Tilly.

Le 7e corps, commandé par Augereau, était seulement en voie de formation ; il ne comptait alors que les troupes du camp de Brest (14,450 hommes), c'est-à-dire la division Desjardins, la division Maurice Mathieu et un régiment de chasseurs, mais il fut complété en cavalerie vers la fin d'octobre quand il fut seulement appelé à marcher.

La réserve de cavalerie, sous les ordres de Murat, formait avec son artillerie légère et son génie un corps de 22,015 combattants ; elle comprenait deux divisions de grosse cavalerie, cuirassiers et carabiniers, commandées par les généraux de Nansouty et d'Hautpoul, les quatre divisions de dragons des généraux Klein, Walther, Beaumont et Bourcier, et une division de dragons à pied commandée par Baraguey-d'Hilliers, marchant alors en huit bataillons, mais qui devaient être montés avec des chevaux du pays.

La réserve d'artillerie avait un effectif de 3,885 hommes, et la garde impériale, que Napoléon réservait aussi sous sa main, formait une division de six bataillons d'infanterie et de neuf escadrons de cavalerie, que commandait Bessières.

En ajoutant, à ces forces, la petite armée bavaroise comprenant 23,220 hommes et commandée par les généraux de Wrede et Deroi, les 5,649 Wurtembergeois du baron Seeger et les 2,321 Badois du général de Harranth, l'armée de Napoléon s'élevait, au total, exactement à 227,661 hommes dont 55,000 de cavalerie, et traînait avec elle 340 pièces de canon.

La coalition avait des ressources beaucoup plus considérables, mais moins disponibles, car si les armées autrichiennes étaient à peu près sur place, les troupes russes avaient beaucoup de route à faire et ne marchaient pas vite ; ces dernières troupes formaient ou devaient former trois armées.

La moindre, aux ordres du général Tolstoï, comptait 16,000 hommes, qui devaient se joindre à Stralsund à 12,000 Suédois, et à 15,000 Anglais débarqués à Cuxhaven, pour marcher sur le Hanovre et y faire une attaque qui serait principale ou accessoire selon que la Prusse joindrait ou ne joindrait pas ses contingents ; mais comme Napoléon s'était assuré d'avance la neutralité de la Prusse en lui promettant le Hanovre, il n'y eut rien du tout de ce côté.

La seconde armée, forte de 60,000 hommes et commandée par Kutusof, s'avançait par la Galicie en six colonnes, sous les ordres des généraux Doctoroff, baron Maltitz, Essen II, prince Bagration, Chépélef et baron Rosen.

La troisième armée, d'un effectif semblable, marchait par la Pologne sous les ordres du général Buxhoewden, suivie à peu de distance par la garde impériale, composée de 12,000 hommes d'élite commandés par le grand-duc Constantin.

De plus, une réserve de 40,000 hommes s'organisait à Wilna sous le commandement du général Michelson.

Quant aux armées autrichiennes, outre celle de l'archiduc Charles dont il faut seulement parler pour mémoire puisqu'elle était en Italie, il y en avait deux : l'une de 112,000 hommes, commandée nominalement par l'archiduc Ferdinand, mais en fait par le général Mack, qui avait ordre d'entrer en Bavière et de prendre position dans le camp retranché d'Ulm, pour y attendre l'arrivée de l'armée russe de Kutusof.

L'autre, de 50,000 hommes, commandée par le jeune archiduc Jean sous la tutelle du général Auffenberg, occupait le Vorarlberg et devait servir de trait d'union entre l'armée d'Ulm et celle de Lombardie, enfin être prête à renforcer à l'occasion celle des deux qui aurait besoin de secours; car, d'après le plan des alliés, l'armée de Mack devait pénétrer en France par la Suisse et la Franche-Comté, tandis que celle de l'archiduc Charles envahirait l'Italie après avoir culbuté les 50,000 hommes de Masséna.

Napoléon connaissait parfaitement les forces de ses ennemis et il avait deviné leurs projets... mais il savait aussi que l'armée de Masséna ne se laisserait pas culbuter, même par les 140,000 hommes que l'archiduc Charles pourrait réunir contre elle, et il était sûr que les Russes ne seraient jamais prêts aussitôt que lui.

C'est pourquoi il adopta un plan de campagne identique à celui qu'il avait voulu faire exécuter cinq ans plus tôt par le général Moreau.

Pour repousser la principale attaque de l'ennemi, de façon à rendre inutiles ou impossibles toutes ses attaques secondaires, il résolut de porter le gros de ses forces dans la vallée du Danube, non pas au-devant de l'armée de Mack, mais sur ses derrières, pour la couper à la fois de sa ligne de retraite et de ses communications avec les armées russes, dont elle serait d'autant plus éloignée qu'elle pénétrerait plus avant en Bavière.

S'il débouchait par les défilés de la forêt Noire, entre les Alpes souabes et le lac de Constance, il trouvait devant lui l'armée autrichienne : il était certain de la battre avec les troupes aguerries du camp de Boulogne, mais alors elle se repliait devant lui jusqu'à ce qu'elle eût rejoint les Russes, et il lui fallait livrer une bataille dont le résultat était beaucoup moins certain.

Tandis qu'au contraire s'il tournait les défilés de la forêt Noire, traversait le Wurtemberg et allait passer le Danube au-dessous d'Ulm, il enveloppait les Autrichiens, les battait comme il voulait; et pendant qu'il envoyait prisonniers en France les débris de leur armée, il prenait ses avantages pour attendre les Russes, ou allait au-devant d'eux s'il lui restait assez de temps pour battre leurs armées l'une après l'autre.

Pour exécuter ce plan grandiose, mais audacieux, avec le bonheur que méritait le génie de la conception qui d'un coup en avait arrêté tous les détails, il fallait surtout que l'Autriche ignorât les intentions de son auteur.

Napoléon les cacha même à la France, et de tout son entourage il n'y eut que Berthier et Daru qui connussent exactement et complètement ce qu'il voulait faire, et ils gardèrent bien le secret.

L'Empereur resta encore dix jours au camp de Boulogne, sous prétexte de continuer les préparatifs de sa descente en Angleterre, mais en réalité pour voir partir ses divisions, dont il avait lui-même tracé l'ordre de route. Celles du camp d'Ambleteuse devaient passer par Cassel, Lille, Namur, Luxembourg, Deux-Ponts et Mannheim; celles du camp de Boulogne par Saint-Omer, Douai, Cambrai, Mézières, Verdun, Metz et Spire, et celles du camp de Montreuil par Arras, La Fère, Reims, Nancy, Saverne et Strasbourg; comme il y avait vingt-quatre étapes sur une route comme sur l'autre et que les premières divisions partirent le 29 août au matin, toute l'armée pouvait être rendue sur le Rhin, entre Mannheim et Strasbourg, du 21 au 24 septembre.

Pour expliquer ce mouvement de troupes, qui ne paraissait pas considérable puisqu'on ne voyait jamais qu'une division à la fois, Napoléon fit annoncer partout qu'il envoyait 30,000 hommes en Alsace.

Jamais dans aucun temps une armée n'avait fait une marche aussi rapide et aussi secrète, et lorsque les coalisés, qui se croyaient bien en avance, puisque la première armée autrichienne avait envahi la Bavière dès le 8 septembre, et occupé Munich le 11, apprirent que le camp de Boulogne était levé, 150,000 Français étaient prêts à passer le Rhin, et les corps de Bernadotte et de Marmont, l'un venant du Hanovre et l'autre de Hollande, avaient rejoint à Wurtzbourg la petite armée bavaroise obligée de se retirer devant l'invasion autrichienne.

C'était un noyau de 60,000 hommes qui allait bientôt se grossir, car les ordres de Napoléon avaient été exécutés à la lettre.

Aux jours prescrits Davout était à Mannheim, Soult à Landau, Ney à Haguenau, Lannes à Brumath, Murat à Strasbourg, avec la réserve de cavalerie et la garde, et le passage du fleuve put commencer sur divers points le 25 septembre; une démonstration, sur la droite, de toute la cavalerie de Murat qui eut l'air de vouloir s'engager dans les défilés de la forêt Noire, masqua les mouvements des autres corps, tout en donnant de fausses indications à l'ennemi.

Le 27, Napoléon arrivait à Strasbourg, où l'attendait la garde impériale, et c'est de là qu'il fit mettre à l'ordre du jour de l'armée la proclamation suivante :

« Soldats,

» La guerre de la troisième coalition est commencée; l'armée autrichienne a passé l'Inn, violé les traités, attaqué et chassé de sa capitale notre allié. Vous-mêmes vous avez dû accourir à marches forcées à la défense de nos frontières ; mais déjà vous avez passé le Rhin.

» Nous ne nous arrêterons plus que nous n'ayons assuré l'indépendance du corps germanique, secouru notre allié et confondu l'orgueil de nos injustes agresseurs. Nous ne ferons plus de paix sans garanties, notre générosité ne trompera plus notre politique.

» Soldats ! votre Empereur est au milieu de vous ; vous n'êtes que l'avant-garde du grand peuple ; s'il est nécessaire, il se lèvera tout entier à ma voix pour confondre et dissoudre cette nouvelle ligue qu'ont tissue la haine et l'or de l'Angleterre.

» Mais, soldats, nous aurons des marches forcées à faire, des fatigues, des privations de toute espèce à endurer. Quelques obstacles qu'on nous oppose, nous les vaincrons, et nous ne prendrons pas de repos que nous n'ayons planté nos aigles sur le territoire de nos ennemis. »

L'armée n'avait pas besoin de cette proclamation pour exciter son enthousiasme, car elle brûlait du désir de combattre, que sa longue inaction dans les camps de la Manche avait surexcité, mais ce lui fut une occasion de le manifester, et c'est la joie au cœur que généraux, officiers et soldats continuèrent leur route.

Les Bavarois, de leur côté, avaient reçu le même jour une proclamation de l'Empereur ; elle était ainsi conçue :

« Soldats bavarois,

» Je viens me mettre à la tête de mon armée pour délivrer votre patrie de la plus injuste agression.

» La maison d'Autriche veut détruire votre indépendance et vous incorporer à ses vastes États. Vous serez fidèles à la mémoire de vos ancêtres qui, quelquefois opprimés, ne furent jamais abattus et conservèrent toujours cette indépendance, cette existence politique qui sont les premiers biens des nations, comme la fidélité à la maison palatine est le premier de vos devoirs.

» En bon allié de votre souverain, j'ai été touché des marques d'amour que vous lui avez données dans cette circonstance importante. Je connais votre bravoure ; je me flatte qu'après la première bataille, je pourrai dire à votre prince et à mon peuple, que vous êtes dignes de combattre dans les rangs de la Grande Armée. »

Cet ordre du jour produisit le meilleur effet, et les Bavarois firent véritablement tout ce qu'ils purent.

Le plan de concentration de Napoléon, dont l'armée, jusqu'alors parallèle au Rhin, présentait un front de plus de 200 kilomètres, consistait à serrer les corps les uns sur les autres, en leur faisant opérer un mouvement circulaire de conversion dont la droite était le pivot.

La droite décrivant elle-même un cercle autour des Alpes de Souabe, il s'ensuivait que, par cette seule manœuvre, qui ne demandait à chaque corps que de parcourir son rayon en pivotant sur la droite qui marchait toujours, l'armée entière devait arriver à faire face au Danube, après avoir traversé une grande partie de la Souabe et de la Franconie.

Cela demanda une dizaine de jours de marches; il est vrai que les étapes étaient rudes. Mais les soldats savaient déjà que la victoire était dans leurs jambes, et ils ne songèrent pas à se plaindre.

Le 5 octobre, l'armée, arrivée dans la plaine de Nordlingen, ne formait qu'une ligne de 170,000 hommes sur un front de 60 kilomètres, parallèle au Danube qu'elle n'avait plus qu'à traverser, si elle voulait attaquer l'ennemi à revers.

L'armée autrichienne était tournée, et elle n'avait pas un moment à perdre pour sortir de cette situation critique. Elle ne se pressa pourtant pas, comptant sur l'excellence de sa position et le camp retranché d'Ulm, qui avait arrêté si longtemps le général Moreau, cinq ans auparavant. Mais les circonstances n'étaient pas les mêmes, et si Mack se croyait un peu plus entreprenant que Kray, Napoléon avait prouvé bien des fois qu'il l'était infiniment plus que Moreau.

Affaire de Rain. — Le brigadier Marente.

Trompé, par les démonstrations de la cavalerie de Murat, sur la marche de l'armée française qu'il attendait par la forêt Noire, Mack ne consentit à se désabuser complètement que lorsqu'il apprit qu'elle était en Franconie ; il rappela alors près de lui les troupes qu'il avait envoyées pour garder les défilés, et prit la résolution de faire un changement de front en se tournant vers le Danube, et d'essayer de livrer bataille dans la plaine de Nordlingen.

Mais il était déjà trop tard ; dans la soirée du 6 et la journée du 7, tous les corps de la Grande Armée franchirent le fleuve.

Vandamme, dont la division eut l'honneur de porter les premiers coups de la campagne, culbuta les Autrichiens qui gardaient le pont de Donauwerth, puis le rétablit pour livrer passage au corps de Lannes, pendant qu'il continuait sa route sur Augsbourg, où il devait précéder le reste du corps du maréchal Soult, qui passa également à Donauwerth.

Les corps de Davout et de Marmont passèrent à Neubourg ; celui de Bernadotte, avec les Bavarois, à Ingolstadt; et il ne resta sur la rive

Vuillemey s avance au milieu de la troupe ennemie. (Page 100).

gauche que le 6e corps (maréchal Ney) avec deux divisions de dragons et de cuirassiers de la réserve.

Le reste de la réserve était passé à Donauwerth avec Murat, qui détacha la division de dragons du général Walther pour aller s'assurer, à Rain, du passage du Lech.

Le colonel Wathier du 4e régiment, qui marchait en tête, passa la rivière à la nage avec 200 cavaliers pour s'emparer du pont. Il était à peine sur l'autre bord, qu'il fut chargé par un régiment de cuirassiers autrichiens; mais ses 200 dragons lui suffirent pour le disperser, et il resta maître de la place.

A ce combat d'un contre trois, il se passa un épisode assez caractéristique: un brigadier nommé Marente se précipita dans la rivière pour sauver son capitaine en danger de se noyer; rien d'extraordinaire dans ce fait, c'est évident, mais ce qui l'est surtout, c'est que le matin même Marente, pour une faute contre la discipline, avait été cassé de son grade par son capitaine et que, malgré cela, il n'avait pas hésité à risquer sa vie pour le sauver.

Instruit de cette action généreuse dès le lendemain, Napoléon se fit présenter le dragon sans rancune et lui adressa ses félicitations : — « Je n'ai fait que mon devoir, répondit Marente; mon capitaine m'a puni parce que j'avais manqué à la discipline, mais en m'enlevant mes galons de brigadier il n'a pas pu oublier que j'avais toujours été bon soldat. — C'est bien, fit l'Empereur. Je ne peux pas te rendre tes galons de brigadier, puisque tu reconnais les avoir justement perdus, mais je te fais maréchal des logis et je te donne la croix. »

C'est par de tels procédés, et il se plaisait à les multiplier, car il aimait à récompenser le mérite, que Napoléon se faisait adorer de ses soldats.

Combat de Wertingen. — Le commandant Vuillemey.

Toujours mal renseigné sur la marche de l'armée française, le général Mack, croyant que les troupes qui avaient franchi le Danube à Donauwerth étaient peu nombreuses et appartenaient au corps de Bernadotte qu'il savait venu à Wurtzbourg pour secourir les Bavarois, avait envoyé pour les repousser, sous les ordres du baron d'Auffenberg, une colonne de 8,000 hommes comprenant six bataillons de grenadiers, trois de fusiliers, deux escadrons de cuirassiers du duc Albert et deux escadrons de chevau-légers de Latour.

Apprenant la vérité un peu tard, il prit le parti, tout en conservant la ligne de l'Iller, de faire exécuter à son armée un demi-tour complet face à Munich. Il rappela la colonne d'Auffenberg pour lui servir d'avant-garde.

Cette colonne faisant sa grande halte à Wertingen, se heurta à la cavalerie que Murat, qui, ayant couché à Rain avec les divisions Klein, Beaumont et Nansouty, envoyait occuper Zumarshausen, pour couper les communications entre Ulm et Augsbourg, où Soult n'etait pas encore arrivé.

Les officiers autrichiens étaient en train de déjeuner quand on leur annonça les Français, ce qui les surprit extraordinairement, et ils montèrent en hâte à cheval pour se mettre à la tête de leurs troupes.

Le bourg de Wertingen était précédé du côté des Français par le hameau de Hohenreichen, d'où un bataillon autrichien, abrité derrière les maisons, arrêta quelque temps les dragons qui marchaient en tête de colonne.

Accouru au bruit de la fusillade, Excelmans, qui n'était alors que chef d'escadron et aide de camp de Murat, fit mettre pied à terre à deux cents dragons de bonne volonté, qui chargèrent à la baïonnette les défenseurs du hameau et les délogèrent.

D'autres dragons, mais montés, les suivirent, traversèrent au galop le village de Wertingen et trouvèrent au delà, sur un plateau facile à défendre, tout le corps du baron d'Auffenberg, l'infanterie formée en un seul carré, flanqué sur chacune de ses ailes d'une batterie d'artillerie et de deux escadrons de cavalerie.

Excelmans chargea ce carré avec les escadrons qui le suivaient, mais il y eut son cheval tué et cette attaque audacieuse resta sans résultat.

Un peu après arriva le 9e régiment de dragons, qui renouvela l'attaque avec autant de fougue, mais aussi sans plus de succès, son colonel Maupetit ayant reçu une blessure qui mit longtemps sa vie en danger ; les dragons restaient cependant aux prises avec les grenadiers qu'ils essayaient de sabrer, mais qui leur rendaient des coups de baïonnette.

Murat, arrivant sur le champ de bataille, fait déployer la division Nansouty pour envelopper le carré ennemi et le charger sur toutes ses faces : les Autrichiens tiennent bon d'abord et résistent au choc du régiment de dragons du colonel Arrighi, qui eut deux chevaux tués sous lui et serait resté à l'ennemi sans le dévouement de ses hommes, mais le 1er régiment de cuirassiers d'un côté, le 10e de hussards de l'autre ayant culbuté et dispersé la cavalerie ennemie, le carré fut défoncé et sabré par nos cavaliers qui faisaient des prisonniers mais ne pouvaient pas les garder, la plupart se sauvant à la faveur de la nuit qui était venue vite, car le combat avait duré près de trois heures.

Si la brigade de grenadiers que le général Oudinot avait dirigée du côté où il entendait le canon, et qui arrêta les fuyards dans leur retraite précipitée, était arrivée un quart d'heure plus tôt, pas un homme des neuf bataillons autrichiens n'aurait échappé ; il en resta d'ailleurs plus de la moitié, outre toute leur artillerie, car on leur fit 4,000 prisonniers, y compris le général baron d'Auffenberg et 60 officiers.

Un épisode curieux se rattache à ce combat, qui commença glorieusement la campagne ; pendant que Murat, continuant sa route, se portait au village de Zumarshausen, la division de dragons du général Klein bivouaquait au village de Wertingen ; la grand'garde était fournie par le 26e régiment et c'est le chef d'escadron Vuillemey qui la commandait.

Vers minuit, un coup de pistolet tiré par une vedette lui fait soupçonner la présence de l'ennemi ; il monte à cheval immédiatement, se rend auprès du factionnaire et constate la présence d'un fort détachement autrichien ; c'était une compagnie égarée dans sa fuite après le combat, et qui cherchait à forcer le poste pour se frayer un passage.

Vuillemey, sans réfléchir qu'il n'était suivi que d'un seul dragon, s'avance au milieu de la troupe ennemie, s'empare d'un drapeau que portait un officier, et le brandissant en l'air, se met à crier comme s'il commandait à ses hommes restés en arrière et que l'obscurité empêchait de voir :

— Escadrons en avant ! puis, changeant de ton, il conseille aux Autrichiens de se rendre s'ils ne veulent être sabrés jusqu'au dernier. Ces pauvres gens, harassés de fatigue et démoralisés par la défaite, le croient sur parole, et jettent leurs armes ; les soldats de la grand'garde, arrivant alors sur les pas de leur chef, les ramassent, et conduisent au bivouac une centaine d'Autrichiens, faits prisonniers par l'audace d'un seul homme.

Le lendemain, le général Belliard, chef d'état-major de la cavalerie, envoya Vuillemey présenter à l'Empereur, dont le quartier général était à Zumarshausen, le drapeau et la compagnie qu'il avait pris. Napoléon le reçut en même temps qu'Excelmans qui lui apportait les autres drapeaux pris au combat de Wertingen, le décora comme son collègue et l'incorpora immédiatement dans sa garde.

Combat de Guntzbourg.

Le général Mack, très justement alarmé des progrès de l'armée française, et se voyant prévenu du côté du Lech, résolut de s'assurer des ponts du Danube les plus rapprochés de son camp, savoir ceux de Guntzbourg, de Leiphem et de Reisembourg et, pour se donner un peu d'air, d'attaquer le corps français le plus près de lui, espérant, après l'avoir battu et repoussé, rejeter sur l'autre rive du Danube ceux qui avaient déjà passé sur la rive droite, et rétablir ses communications avec la Bavière.

En conséquence, il rassembla des masses assez considérables de troupes à Guntzbourg, et s'y rendit lui-même le 8 au matin, après avoir envoyé aux généraux qui se trouvaient au-dessus d'Ulm l'ordre de se mettre en marche immédiatement pour venir le rejoindre.

Mais il était déjà trop tard et l'issue du combat de Wertingen avait dû le lui faire pressentir; ce qui allait se passer le 9 le lui fit mieux comprendre encore.

Pendant que Napoléon poussait vers Munich, pour arrêter au besoin l'armée russe qu'on attendait de ce côté, les corps de Bernadotte, de Marmont et l'armée bavaroise, il ordonna à ses autres corps chargés d'investir l'armée autrichienne de resserrer la position d'Ulm. Ney, qui était resté sur la rive gauche du Danube, reçut l'ordre de s'emparer de tous les ponts pour se tenir en communication facile avec Murat et Lannes, qui de leur côté avaient l'ordre de remonter sur la rive droite.

Ney, toujours très ardent quand il s'agissait de se rapprocher de l'ennemi, remonta le Danube, mit la division Dupont avec les dragons à pied du général Baraguey-d'Hilliers en position devant Grünberg, la division Loison sur Langenau et chargea la division Malher d'enlever les ponts.

Le général Malher les fit attaquer tous les trois à la fois : celui de Leiphem, le moins important, par un détachement commandé par le capitaine d'état-major Lefol; celui de Reisembourg, par le général Labassée à la tête du 59e de ligne, et celui de Guntzbourg, le mieux défendu, par la brigade Marcognet, qu'il dirigea lui-même.

L'ennemi étant en grandes forces sur ce point, les efforts de cette brigade restèrent sans résultat et Malher fut obligé de mettre ses hommes à couvert de l'artillerie autrichienne, dans les îlots boisés qui parsèment le lit du Danube.

On n'était pas plus heureux à Leiphem, où des marais impraticables avaient rendu l'attaque impossible, mais le pont de Reisembourg était tombé au pouvoir du 59e de ligne, à la tête duquel son colonel, Gérard Lacuée, était tombé glorieusement.

Ce brave régiment, luttant contre des forces triples, traversa le pont, enleva le village et s'empara des hauteurs voisines, où il n'eut pas le temps de s'installer; car l'archiduc Ferdinand, qui était accouru, le fit charger par sa cavalerie ; mais le 59e, formé en carré, reçoit trois fois sans broncher le choc des cavaliers autrichiens qu'il décime par une fusillade à bout portant ; finalement il reste maître du terrain, et, secondé par d'autres troupes qui passent le pont sitôt son rétablissement, prend de flanc les Autrichiens qui défendaient le pont de Guntzbourg et jette un tel désordre parmi eux que la brigade Marcognet, reprenant alors l'offensive, les oblige à une retraite si précipitée qu'ils abandonnent 300 blessés et plus de mille prisonniers.

Le soir, l'archiduc Ferdinand rentra dans Ulm, où il fut suivi par Mack qui ramenait son quartier général de Burgau, déjà menacé par la cavalerie de Murat.

Affaire de Landsberg-Memmingen. — Le capitaine Menziau.

L'armée autrichienne avait déjà perdu la plus grande partie de ses communications. Napoléon, qui était toute la journée à cheval, pour se montrer le plus possible à ses soldats et surtout pour tout voir par lui-même, prit ses dispositions pour lui enlever celles qui lui restaient, et comme le général Mack n'avait plus d'autre chance de se dégager que par Memmingen, d'où il pouvait gagner le Tyrol en deux ou trois jours de marche, il supposa qu'il essayerait de le faire, et en prévision se rendit à Augsbourg pour fermer toutes les routes du Tyrol et étudier le champ de bataille où il comptait battre les Autrichiens le 13 ou le 14.

A Augsbourg, il trouva Soult auquel il donna l'ordre de se porter sur Memmingen, place assez forte qui complétait le camp retranché d'Ulm, et d'intercepter la route de cette ville à Kempten, où il fallait passer pour gagner le Tyrol.

Chemin faisant, à Landsberg, l'avant-garde de Soult rencontra le régiment de cuirassiers de l'archiduc Ferdinand qui se rendait à Ulm avec six pièces de canon ; le 26e régiment de chasseurs à cheval chargea les cuirassiers avec tant d'impétuosité qu'ils se dispersèrent hâtivement, laissant sur place deux de leurs canons et 120 prisonniers dont le lieutenant-colonel du régiment et deux capitaines.

Soult, supposant que le reste du régiment autrichien allait se diriger sur Memmingen, détacha quelques escadrons de sa cavalerie pour le harceler, avec ordre de se rallier sur les dragons de Sébastiani, qui se mettaient à la poursuite de vingt pièces de canon et d'un équipage de pont qui étaient passés la veille à Landsberg.

Un de ces escadrons, du 11e régiment de chasseurs, commandé par le capitaine Menziau, fut pendant trois jours considéré comme perdu, car il ne rallia que dans Memmingen, dont les 6,000 hommes de garnison se rendirent le 14 octobre au maréchal Soult.

Le capitaine Menziau, se laissant emporter par trop d'ardeur à la poursuite de l'ennemi, fut d'abord cerné dans Wurtzach avec ses hommes, mais ils en sortirent le sabre à la main pour tomber dans d'autres dangers, car ils ne connaissaient pas le pays et n'avaient point de guides ; enveloppés de nouveau par l'ennemi, poursuivis dans toutes les directions, ils réussirent pourtant, en ne perdant que quelques hommes, mais après avoir tué beaucoup de monde à l'ennemi, à rejoindre leur régiment, où ils furent acclamés par leurs camarades.

Combat de Haslach.

En partant pour Augsbourg où il comptait rester deux jours, Napoléon avait laissé à son beau-frère Murat le commandement supérieur des corps de Ney et de Lannes ; ce qui avait beaucoup mécontenté ces deux maréchaux et surtout Ney qui, estimant la présence de son corps d'armée très utile sur la rive gauche du Danube par où les Autrichiens pourraient très bien chercher à se dérober, ne voulait pas, comme le lui demandait Murat, qui interprétait mal les ordres de l'Empereur, le faire passer sur la rive droite ; une altercation violente s'engagea entre ces deux hommes peu endurants de leur nature, mais Murat ayant persisté à donner des ordres, Ney dut obéir.

Il ne le fit pourtant pas complètement, et ce fut heureux, car alors l'armée autrichienne bloquée dans Ulm se serait probablement échappée.

Il laissa sur la rive gauche la division Dupont qui était à Albeck et les dragons à pied du général Baraguey-d'Hilliers qui avaient été distraits de la réserve de cavalerie pour entrer dans le corps de Ney, et qui étaient à Langenau, et donna l'ordre au général Dupont de marcher sur Ulm et d'attaquer tout ce qu'il trouverait devant lui.

Le 11 octobre au matin, pendant que Ney et Murat se disputaient encore à Guntzbourg, Dupont quitta ses cantonnements et prit la direction d'Ulm.

Arrivé au village de Haslach, il découvrit sur le Michelsberg, haute colline dominant la ville d'Ulm, toute l'armée autrichienne, forte encore de 60,000 hommes, et toute l'aile droite de cette armée, au moins 25,000 hommes, sous les ordres de l'archiduc Ferdinand, qui se mettait en mouvement pour le repousser.

A cette vue, le général Dupont, qui malheureusement pour sa gloire ne fut pas toujours aussi bien inspiré, eut une idée de grand capitaine :

— Si je recule, se dit-il, les 6,000 hommes que je commande sont perdus, car ils seront poursuivis non seulement par l'armée déjà en bataille, mais par toute la cavalerie autrichienne qui les enveloppera dans la plaine. Si j'avance, au contraire, l'archiduc prendra ma division pour une avant-garde, et n'agira qu'avec circonspection.

Sans plus de réflexions, il prit ses dispositions pour le combat, qui fut une vraie bataille ; à un contre quatre, il n'espérait pas vaincre, mais se défendre assez longtemps pour pouvoir se tirer du mauvais pas où il se trouvait, même s'il n'était pas secouru.

Il posta au village de Haslach, pour couvrir la route d'Albec, l'ancienne

32e demi-brigade, si célèbre en Italie, et devenue le 32e de ligne, commandé par le colonel Darricau, une partie de son artillerie et le 1er régiment de hussards ; à droite, il déploya dans la plaine, derrière le village de Jungingen, occupé par ses tirailleurs, le 9e léger, colonel Meunier, le 96e de ligne, colonel Barrois, en leur donnant comme réserve tout ce qui lui restait de cavalerie, les 15e et 17e de dragons commandés par le général Bourcier ; encore ce dernier ne doit-il pas être compté, car la malheureuse idée qu'on eut de le mettre à pied pour renforcer l'infanterie, causa sa destruction presque complète.

Dans cette situation, Dupont attendit l'attaque des Autrichiens, mais bien résolu à ne pas leur donner le temps de déployer leurs lignes, parce que dans ce cas le feu de leur mousqueterie eût suffit à détruire sa division.

Sitôt que les régiments de première ligne apparurent dans la plaine, il lança contre eux le 9e léger et le 96e de ligne, qui les chargèrent à la baïonnette avec une telle impétuosité que les Autrichiens s'en retournèrent en désordre, laissant 1,500 prisonniers.

De nouvelles colonnes s'avançent à leur place, éprouvent le même sort et reculent de même, considérablement amoindries.

Une troisième attaque de front étant accueillie de la même façon, l'archiduc Ferdinand renonce à ce système et porte ses efforts sur les ailes. Une forte colonne est envoyée par lui devant le village de Haslach, où avaient été dirigés les prisonniers autrichiens, mais le 32e de ligne la repousse énergiquement et le 1er de hussards, qui la charge ensuite, achève de la mettre en déroute.

Sur la droite, le village de Jungingen, moins bien défendu, tombe au pouvoir des Autrichiens ; mais Dupont ne leur donne pas le temps de s'y installer, il y envoie le 96e qui les chasse et les poursuit un moment à la baïonnette ; de nouvelles troupes arrivent plus nombreuses et repoussent à leur tour le 96e ; le 9e léger accourt, et c'est maintenant aux Autrichiens à battre en retraite et plus vite qu'ils n'auraient voulu.

Il en revient d'autres qui repoussèrent d'abord et furent repoussés ensuite, et d'autres encore. Cinq fois le village de Jungingen fut pris et repris. Finalement, il resta aux fantassins français qui se battirent comme des lions, sans pouvoir être renforcés, contre des troupes renouvelées à chaque attaque ; chargés en flanc pendant qu'ils chargeaient l'ennemi de front, obligés d'opérer une conversion sitôt qu'ils avaient repoussé une attaque, pour s'opposer à une attaque nouvelle, ces braves soldats se multiplièrent pendant cinq heures et auraient fini par succomber à la fatigue plus qu'à leurs ennemis, si les Autrichiens ne s'étaient découragés en face d'insuccès si répétés.

Mais si l'infanterie de l'archiduc s'avouait vaincue, et elle le pouvait à

On le vit pendant plus d'une heure dans le Danube. (Page 107.)

moins, puisqu'elle s'était laissé faire plus de 4,000 prisonniers, sa cavalerie avait l'avantage; les dragons du général Bourcier, chargés à la fois par quatorze escadrons de cuirassiers, ne purent tenir, d'autant que le 17e régiment, dont plus de la moitié des hommes avaient mis pied à terre pour combattre, ne rendirent aucun service, ni comme cavalerie, ni comme infanterie : au contraire, ils troublèrent tout. Car les hommes qui étaient restés montés pour tenir les chevaux de leurs camarades, ne purent se défendre et si, par un déplacement, ils réussirent à éviter la charge des cuirassiers, ils durent essuyer celle des dragons de Latour, qui en massacrèrent la plus grande partie : le colonel Saint-Dizier fut haché à coups de sabre, mais sa mort glorieuse fut vengée par son beau-frère, le chef d'escadron Dautrecourt, homme d'une force extraordinaire, qui s'élança dans les rangs ennemis, sabrant tout sur son passage, et, d'un seul coup, trancha la tête d'un officier supérieur.

Cet épisode douloureux, seule faute mais faute grave d'une journée où il fut dépensé tant de qualités, n'empêcha pas le champ de bataille de rester au général Dupont; car la cavalerie autrichienne, au lieu de charger notre infanterie, avait continué son mouvement en avant pour aller à Albeck s'emparer des bagages de la division qu'elle ramena triomphalement dans le camp d'Ulm, où l'on ne pouvait pourtant pas se féliciter de la victoire, puisque, le soir, Dupont rentra dans son campement, avec presque autant de prisonniers qu'il lui restait de soldats valides.

Combat d'Elchingen.

L'affaire d'Haslach, qui reste comme un des plus remarquables combats d'infanterie, donna raison au maréchal Ney contre Murat et frappa vivement l'attention de l'Empereur, qui, voyant toujours grand et juste, ne s'était pas arrêté à l'idée que le général Mack pût penser à sauver son armée en franchissant le Danube, où il était exposé à rencontrer toutes sortes de difficultés, quand il lui était beaucoup plus facile d'essayer de gagner le Tyrol en livrant bataille dans une plaine, où il pourrait utiliser sa nombreuse cavalerie.

Il fut bien obligé de convenir qu'une sortie de l'armée d'Ulm de ce côté n'était pas impossible, puisqu'elle aurait eu lieu sans la résistance acharnée du général Dupont, et, dès son retour d'Augsbourg, c'est-à-dire le 13, il prescrivit au maréchal Ney de réparer les fautes commises et de passer sur la rive gauche du Danube, pour aider la division Dupont, qui avait rétrogradé de trois lieues jusqu'à Langenau, à empêcher les Autrichiens de s'enfuir de leur camp retranché.

On pouvait aller passer le Danube sur les ponts de Guntzbourg, qui étaient à nous ; mais c'était perdre beaucoup de temps : il valait mieux rétablir le pont d'Elchingen, bien que la position fût défendue par 20,000 hommes commandés par le général Laudon, d'autant que c'était une position qu'il fallait prendre, l'Empereur voulant y établir son quartier général.

Ney se chargea personnellement de l'opération et c'est là qu'il gagna son titre de duc.

Le lendemain matin 14 octobre, à la pointe du jour, ayant revêtu son grand uniforme de maréchal, et couvert de toutes ses décorations, il dirigeait lui-même les travaux de rétablissement du pont. On le vit pendant plus d'une heure dans le Danube, ayant de l'eau jusqu'au poitrail de son cheval, encourager les pionniers qui, comme lui sous une grêle de balles et de mitraille, jetaient de leur mieux des madriers sur les chevalets, encore debout, du pont que les Autrichiens, dans leur trop grande hâte, n'avaient qu'imparfaitement détruit.

Le premier madrier fut posé par le capitaine Coisel, aide de camp du général Loison, et un sapeur du génie qui eut la jambe brisée par un coup de mitraille ; il fut remplacé immédiatement et bien d'autres après lui, car le feu des Autrichiens était très meurtrier.

Sitôt qu'il fut possible de passer, bien que le pont fût encore très rudimentaire, les voltigeurs du 6e léger, les grenadiers du 39e de ligne et une compagnie de carabiniers s'élancèrent de l'autre côté du Danube, refoulèrent les Autrichiens qui défendaient la rive gauche et déblayèrent suffisamment de terrain pour que la division Loison, qui devait les appuyer, pût se déployer à l'aise.

Le pont à peine consolidé, le passage commença, mais trop d'empressement causa du désordre. La cavalerie, par sa précipitation, empêcha le 39e de ligne de passer en entier et le 1er bataillon, qui se trouva seul sur l'autre rive, eut à essuyer l'attaque de trois bataillons autrichiens et les charges de la cavalerie qui le ramenèrent un moment au débouché du pont ; mais nos cavaliers repoussèrent les cavaliers ennemis, les autres bataillons du 39e passèrent et, sous les ordres du général Vilatte, balayèrent la prairie occupée par les Autrichiens, permettant ainsi au 6e léger et à l'autre brigade de la division Loison, composée du 69e et du 76e de ligne, de se déployer sur la droite et d'attaquer le gros des forces autrichiennes.

Par deux fois, ces braves régiments, secondés par la brigade de cavalerie (18e de dragons et 10e de chasseurs) du général Auguste Colbert, qui eut un cheval tué sous lui, furent repoussés par un ennemi très supérieur en nombre, mais une troisième charge plus heureuse obligea les Autrichiens à regagner les hauteurs.

Alors Ney, se mettant à la tête du 6e léger, s'engage dans le village d'Elchingen dont il gravit les rues tortueuses. Sous le feu plongeant qui part de toutes les maisons remplies de tirailleurs, il s'empare de toutes ces maisons les unes après les autres et enlève le couvent qui couronne le sommet de la hauteur.

Maître d'Elchingen, le maréchal pouvait couper en deux la ligne des Autrichiens en s'emparant des plateaux voisins, dont un, très boisé, venait presque toucher au couvent; il jeta dans ce bois le 69e de ligne, qui l'occupa malgré une terrible fusillade.

Pendant qu'on se battait de ce côté avec acharnement, mais sans grand résultat parce qu'on ne voyait pas ce qu'on faisait, la gauche des Autrichiens résistait assez vigoureusement, formée en plusieurs carrés de deux ou trois mille hommes chacun, mais elle n'osait plus prendre l'offensive. Ney, qui était maintenant renforcé par une brigade de la division Malher, les fit charger par de la cavalerie et immédiatement après par de l'infanterie en colonnes.

Le succès ne fut pas d'abord décisif; mais une charge du 18e dragons fut exécutée avec une telle violence sur un de ces carrés, qu'il fut enfoncé et que la plupart des hommes se rendirent. Ce qui démoralisa si bien les autres qu'ils commencèrent à s'enfuir du côté d'Haslach.

L'expérience fut d'ailleurs renouvelée, et c'est dans une des charges qui précipitèrent la retraite de l'ennemi que le chef d'escadron Domont, du 3e hussards, se distingua particulièrement.

A la tête de trois cents cavaliers, il chargea deux bataillons autrichiens qui avaient avec eux cinq pièces de canon. Le premier choc fut terrible, et il faillit y perdre la vie; car, blessé d'une balle au cou, il tomba dans la mêlée.

Ses hussards, repoussés vigoureusement, auraient peut-être reculé devant le nombre; mais ils ne voulaient pas laisser leur chef à l'ennemi. Ils reprirent courage et chargèrent de nouveau avec tant de vigueur et d'habileté qu'ils obligèrent les Autrichiens à mettre bas les armes, et ramenèrent leur commandant en triomphe, avec les canons conquis et sept ou huit cents prisonniers.

Le combat d'Elchingen en coûta d'ailleurs plus de quatre mille aux Impériaux, qui se retirèrent en désordre, d'abord sur Haslach, et de là sur le Michelsberg.

Si la division Dupont, partie le matin de Langenau, avait eu le temps d'arriver à Haslach, peut-être n'eût-il pas échappé un seul homme des 16,000 défenseurs d'Elchingen; mais elle s'était heurtée en route contre le corps d'armée du général Werneck, qui, parti la veille en reconnaissance afin de chercher un chemin pour la retraite de l'armée autrichienne, était revenu sur ses pas en entendant le bruit du canon.

Le général Dupont, qui arrivait alors à Albeck, fit un changement de front, lança le 32e et le 9e léger en colonnes serrées sur l'infanterie autrichienne, pendant que le 96e, formant le carré, recevait intrépidement les charges de la cavalerie.

Ne sachant au juste à qui il avait affaire, puisque ce combat se livrait au moment même où Ney s'emparait des hauteurs d'Elchingen, Werneck, qui crut sans doute avoir tout un corps d'armée sur les bras, recula devant les trois régiments d'infanterie de Dupont, et se résigna d'autant plus volontiers à ne pas rentrer dans Ulm, qu'il voyait la capitulation plus prochaine.

Dupont, qui n'avait pas d'ordres et qui d'ailleurs n'était pas en forces, ne le poursuivit pas, mais ne le perdit pas de vue, tout en s'étendant sur sa gauche pour donner la main à la division Loison, établie à Elchingen et couchant sur les positions conquises.

Attaque d'Ulm.

Le jour même du combat d'Elchingen, Soult entrait dans Memmingen, où il avait fait capituler le général-major Spangen avec les neuf bataillons de sa garnison. Marmont, appuyé par les dragons à pied de Baraguey-d'Hilliers, occupait les ponts d'Unter et d'Aberkirchberg, à l'embouchure de l'Iller dans le Danube; Murat manœuvrait avec les divisions de dragons des généraux Beaumont et Klein, et culbutait toutes les reconnaissances de cavalerie ennemie qu'il rencontrait; plus près d'Ulm, Lannes s'emparait des hauteurs qui dominent la plaine de Pfuhl, et faisait enlever par ses tirailleurs la tête de pont de la ville d'Ulm.

Cette attaque, qui n'était en somme qu'un avertissement, jeta la terreur dans la ville et augmenta la confusion qui régnait dans le camp, où personne, à commencer par le général en chef, ne savait ce qu'il y avait à faire.

Excepté pourtant l'archiduc Ferdinand, qui, ne voulant pas être prisonnier de guerre, tenait à s'en aller quand même. Mack ne jugeant pas à propos de risquer une bataille pour essayer de rejoindre Werneck, qu'on croyait plus loin qu'il ne l'était réellement, et ayant montré les pouvoirs de l'empereur qui, en cas de dissentiment, lui donnaient l'autorité suprême, l'archiduc déclara nettement qu'il voulait partir et partit en effet dans la nuit avec quatre escadrons de cavalerie, en compagnie desquels d'ailleurs il parvint à rejoindre Werneck, qui avait avec lui près de 20,000 hommes. Napoléon ignorait certainement ce détail, car il aurait fait courir tout de suite après lui au lieu de faire attaquer Ulm, dont il était bien sûr maintenant ; ce ne fut d'ailleurs que partie remise.

Cependant, le lendemain, ayant établi son quartier général dans le couvent d'Elchingen, il rapprocha tout son monde de la ville pour dessiner sa ligne d'investissement. Murat, qui avait traversé le Danube avec trois divisions de dragons, en forma la droite avec la cavalerie légère de Ney, dont les deux divisions disponibles se déployaient à côté, ayant à leur gauche le corps d'armée de Lannes placé en demi-cercle; les grenadiers d'Oudinot et la garde formèrent la réserve, sur la même rive du fleuve, tandis que Marmont et les dragons du général Beaumont s'approchèrent de la ville, sur la rive droite, appuyés par Soult arrivant de Memmingen par Biberach.

Ney reçut l'ordre d'enlever les hauteurs du Michelsberg, dominant la ville d'un côté, pendant que Lannes s'emparait de celles de Frauenberg qui la dominaient d'autre part.

Napoléon, toujours à cheval et allant d'un corps à l'autre pour tout juger par ses yeux, était auprès de Lannes quand une batterie, démasquée soudainement par les Autrichiens, envoya une volée de mitraille sur leur groupe. Lannes, sans rien dire, saisit les rênes du cheval de l'Empereur, qui, ne voulant pas s'exposer inutilement, se laissa emmener dans un lieu où, plus à l'abri, il pourrait suivre l'action tout aussi bien.

Cela lui fit perdre un peu de temps. Ney put prendre de l'avance et lancer ses colonnes, à la baïonnette, sur les retranchements élevés du Michelsberg. Napoléon, craignant que son attaque ne soit trop prompte, lui envoie le général Dumas pour lui dire de la ralentir un peu, afin que Lannes puisse se porter sur le Frauenberg et diviser ainsi l'attention de l'ennemi.

— Tant pis, répondit Ney; la gloire ne se partage pas.

Puis il reprit sa place en tête de ses colonnes, culbuta tout sur son passage et fit prendre à son corps d'armée position sur le revers des hauteurs de la ville d'Ulm.

Du reste, ce succès n'avait pas nui à l'autre attaque, car peu de temps après la division Suchet apparaissait sur les hauteurs du Frauenberg et marchait avec tant d'ardeur qu'un de ses régiments, le 17e léger, entraîné par son colonel Vedel, escalada le bastion le plus voisin du fleuve et s'y établit.

Il est vrai que les Autrichiens, voyant sa position aventurée, se jetèrent en masse sur lui et le repoussèrent en lui faisant quelques prisonniers, y compris Vedel, qui marchait toujours le premier quand on allait de l'avant et le dernier quand on battait en retraite.

Capitulation d'Ulm.

Les hauteurs une fois occupées, Napoléon fit cesser l'attaque, son intention n'étant point de prendre Ulm d'assaut, mais seulement de précipiter la capitulation de l'armée de Mack, qu'il ne savait pas réduite à 30,000 hommes. Il apprit le lendemain seulement que le corps de Werneck avait réussi à s'éloigner parce que la division Dupont, restée en arrière, avait encore eu un engagement avec lui ; de suite il donna à Murat l'ordre de renforcer Dupont et de poursuivre les fuyards.

En même temps il envoya sommer Mack de se rendre.

M. de Ségur, officier de l'état-major de Napoléon chargé de cette mission, en rendit compte à l'Empereur dans un mémoire dont voici quelques passages :

« Nous arrivâmes enfin dans l'auberge où le général en chef demeurait. Il m'a paru grand, âgé, pâle ; ses traits étaient tourmentés par une anxiété qu'il cherchait à cacher. Après avoir échangé quelques compliments, je me nommai ; puis, entrant en matière, je lui dis que je venais de la part de l'Empereur le sommer de se rendre et régler avec lui les conditions de la capitulation.

» Ces expressions lui parurent insupportables, et il ne convint pas d'abord de la nécessité de les entendre. J'insistai ; il me répondit vivement que l'armée russe s'approchait pour le secourir, qu'elle nous mettrait entre deux feux, et que peut-être ce serait bientôt à nous à capituler.

» Je lui répondis que, dans sa position, il n'était pas étonnant qu'il ignorât ce qui se passait en Allemagne ; qu'en conséquence je devais lui apprendre que le maréchal Bernadotte occupait Ingolstadt et Munich, et qu'il avait ses avant-postes sur l'Inn où les Russes ne s'étaient pas montrés.

» — Croit-on m'abuser ainsi, dit le général Mack, me traite-t-on comme un enfant ? Non, monsieur de Ségur, si dans huit jours je ne suis pas secouru, je consens à rendre ma place, à ce que mes soldats soient prisonniers de guerre et leurs officiers prisonniers sur parole. Alors on aura eu le temps de me secourir, j'aurai satisfait à mon devoir ; mais on me secourra, j'en suis certain.

» — J'ai l'honneur de vous répéter, monsieur le général, que nous sommes non seulement maîtres de Dachau, mais de Munich.

» — Les Russes sont à Dachau !

» — Eh bien, soit, et même à Augsbourg ; nous en sommes d'autant plus pressés de terminer avec vous ; ne nous forcez donc pas d'emporter Ulm d'assaut, car alors, au lieu de cinq jours d'attente, l'Empereur y serait dans une matinée.

» — Ah ! monsieur, répliqua le général en chef, ne pensez pas que trente mille hommes se laissent forcer si facilement ; il vous en coûterait cher.

» — Quelques centaines d'hommes, lui répondis-je.

» — Dites qu'il vous en coûterait dix mille hommes ! la réputation d'Ulm est assez connue.

» — Elle consiste dans les hauteurs qui l'environnent et nous les occupons.

» — Alors donc, monsieur, il est impossible que vous ne connaissiez pas la force d'Ulm !

» — Sans doute, monsieur le maréchal, et d'autant mieux que nous voyons dedans.

» — Eh bien, monsieur, dit alors le malheureux général, vous y voyez des hommes prêts à se défendre jusqu'à la dernière extrémité si votre empereur ne leur accorde pas huit jours. »

Le général Mack tenait à ses huit jours, il les avait déjà envoyé demander à l'Empereur, avec des conditions meilleures, par un parlementaire, le prince Maurice de Lichtenstein, qui s'était probablement croisé en route avec M. de Ségur.

Napoléon reçut ce parlementaire avec beaucoup d'égards et ne s'emporta pas — ce qui était pourtant bien dans sa nature — quand il demanda que la garnison eût la faculté de retourner en Autriche.

— Je pourrais l'accorder aux officiers, répondit l'Empereur, mais qui me garantirait qu'on ne fera point servir de nouveau les soldats ?

Et après avoir réfléchi quelques instants, il ajouta :

— Cependant je me fie à la parole de l'archiduc Ferdinand s'il est dans la place. Je veux lui donner une preuve de mon estime et je lui accorde ce que vous me demandez, dans l'espoir que la cour de Vienne ne démentira point la parole d'un de ses princes.

Lichtenstein avoua alors que l'archiduc Ferdinand n'était plus dans la place, ce qui fut loin de faire plaisir à Napoléon; aussi avait-il complètement changé de ton quand il répondit :

— Dans ce cas, je ne trouve plus de garantie et ne puis accorder que les conditions de la capitulation de Memmingen ; tenez, la voici, montrez-la à votre général; qu'il se rende aux mêmes conditions, je n'en veux pas d'autres, et dites-lui bien qu'il se hâte, car je n'ai pas de temps à perdre. Plus il tardera, et plus il aggravera sa position. J'aurai demain ici le corps devant lequel Memmingen a capitulé et nous verrons. Que Mack sache bien qu'il n'a pas d'autre parti à prendre que de se conformer à ma volonté.

Napoléon, qui tenait à laisser reposer un peu ses régiments surmenés, et surtout à leur donner le temps de recueillir tous les traînards que les marches forcées des dernières opérations avaient laissés, plus ou moins éclopés, un peu partout, accorda cependant au général autrichien deux jours pour se décider. Ce qui lui faisait par le fait les huit jours auxquels il tenait tant, puisque la convention, signée le 19, fut antidatée du 17.

Mack avait donc jusqu'au 25 octobre à minuit pour rendre la place, au cas où aucune armée russe ou autrichienne n'apparaîtrait pour le secourir, mais comme il avait acquis la certitude qu'il n'avait rien à attendre de ce côté, il l'évacua dès le 20 pour liquider au plus tôt sa pénible situation.

Le 1er régiment de chasseurs prit contact avec les Autrichiens. (Page 119.)

Le jour même où les 30,000 hommes de Mack défilaient devant Napoléon et son état-major, avant de rendre les armes à son armée en grande tenue, rangée comme pour la parade sur le Michelsberg, l'amiral Villeneuve, qui avait voulu sortir de Cadix alors qu'il n'en était plus besoin et seulement pour prouver qu'il n'était ni lâche, ni misérable, perdait la sanglante bataille de Trafalgar, que les Anglais payaient chèrement par la mort de leur amiral Nelson, enseveli dans son triomphe, mais qui nous coûtait plus cher encore, non seulement pour le présent, mais pour l'avenir, car Napoléon ne pouvant plus compter sur sa marine, et désespérant de pouvoir se prendre corps à corps avec l'Angleterre, rêva la conquête de l'Europe pour lui fermer le continent.

La nouvelle de ce désastre maritime arrivant à Paris en même temps que celle de la capitulation d'Ulm n'affecta pas beaucoup l'opinion publique ; il y avait longtemps qu'on n'espérait plus rien de la marine et l'on attendait tout de la grande armée.

Le succès fut plus complet encore qu'on ne le crut d'abord. Car le corps d'armée du général Werneck et les quelques détachements qui, s'étant enfuis d'Ulm, avaient échappé à la capitulation de Mack, mirent bas les armes quelques jours après.

Secondé par la division Dupont, toujours sur les derrières du corps de Werneck, Murat, qui les poursuivit à outrance avec la division de dragons de Klein, les chasseurs de la garde, le 1er hussards et la brigade de chasseurs de Fauconnet, fit quarante-cinq lieues en cinq jours et livra huit combats qui coûtèrent à l'ennemi plus de 4,000 hommes; il s'empara de 128 canons, de cinq à six cents caissons, de mille chariots et du trésor de l'armée, reprit les bagages que la division Dupont avait perdus pendant le combat d'Haslach, et fit 16,000 prisonniers, en y comptant le corps du général Werneck qui avait capitulé à Trochtelfingen, aux mêmes conditions que l'armée de Mack.

Et tout cela sans perdre grand monde, et en n'imposant aux troupes sous ses ordres que de la fatigue.

Il réparait ainsi vaillamment la faute qu'il avait commise pendant son commandement supérieur momentané, et prenait glorieusement sa part de cette immortelle campagne, bien que fort dépité de n'avoir pu prendre l'archiduc Ferdinand qu'il avait manqué d'un quart d'heure à Neresheim, où il avait mangé le dîner servi pour lui et les sept généraux qui l'accompagnaient.

Grâce au dévouement de ses soldats qui, en plusieurs rencontres et particulièrement à Furth, près de Nuremberg, se battirent en désespérés contre les chasseurs de la garde et le 2e régiment de carabiniers, l'archiduc Ferdinand, galopant jour et nuit, put gagner Ratisbonne et les frontières de la Bohême, avec 1,700 cavaliers et 560 artilleurs.

C'est tout ce qui lui restait de sa magnifique armée que Mack ne lui avait jamais laissé commander.

Les résultats matériels de cette première campagne ont d'ailleurs été donnés par Napoléon lui-même dans la proclamation qu'il adressa à ses soldats et qui est ainsi conçue :

« Soldats de la Grande Armée,

» En quinze jours nous avons fait une campagne ; ce que nous nous proposions de faire est accompli : nous avons chassé de la Bavière les troupes de la maison d'Autriche, et rétabli notre allié dans la souveraineté de ses États.

» Cette armée qui, avec autant d'ostentation que d'imprudence, était venue se placer sur nos frontières, est anéantie.

» Mais qu'importe à l'Angleterre, son but est atteint ; nous ne sommes plus à Boulogne et son subside ne sera ni plus ni moins grand.

» De 100,000 hommes qui composaient cette armée, 60,000 sont prisonniers. Ils iront remplacer nos conscrits dans les travaux de la campagne.

» Deux cents pièces de canon, tout le parc, quatre-vingt-dix drapeaux, tous leurs généraux sont entre nos mains ; il ne s'est pas échappé de cette armée 15,000 hommes.

» Soldats ! je vous avais annoncé une grande bataille ; mais, grâce aux mauvaises combinaisons de l'ennemi, j'ai pu obtenir les mêmes succès sans courir aucune chance ; et, ce qui est sans exemple dans l'histoire des nations, un si grand résultat ne nous affaiblit pas de plus de 1,500 hommes mis hors de combat.

» Soldats ! ce succès est dû à votre confiance sans bornes dans votre Empereur, à votre patience à supporter les fatigues et les privations de toute espèce, à votre rare intrépidité.

» Mais nous ne nous arrêterons pas là ; vous êtes impatients de commencer une seconde campagne.

» Cette armée russe, que l'or de l'Angleterre a transportée des extrémités de l'univers, nous allons lui faire éprouver le même sort.

» A ce combat est attaché plus spécialement l'honneur de l'infanterie française ; c'est là que va se décider pour la seconde fois cette question qui l'a déjà été une fois en Suisse et en Hollande, si l'infanterie française est la première ou la seconde de l'Europe.

» Il n'y a pas là de généraux contre lesquels je puisse avoir de la gloire à acquérir : tout mon soin sera d'obtenir la victoire avec le moins possible d'effusion de sang. Mes soldats sont mes enfants. »

Cette proclamation qui, comme on le pense bien, fut accueillie dans tous les régiments par les cris enthousiastes de : « Vive l'Empereur ! » apprenait aux soldats qu'ils avaient encore des efforts à faire ; mais ils étaient prêts et ne demandaient qu'à marcher, d'autant que depuis le commencement de la campagne, ils s'étaient accoutumés à dire : « L'Empereur ne fait plus la guerre avec nos bras, mais avec nos jambes. »

Marche sur Vienne.

La première partie du plan de Napoléon était exécutée comme il l'avait prévu ; restait la seconde qui paraissait être plus difficile par suite du changement d'attitude de la Prusse, dont la neutralité, pourtant achetée avant le début de la campagne, devenait de plus en plus douteuse.

Circonvenu par l'empereur de Russie, Alexandre, qui était venu le voir à Berlin, le roi de Prusse Frédéric-Guillaume n'entrait pas ouvertement dans la coalition, mais il était très probable qu'il en ferait partie au premier échec de l'armée française, d'autant que le passage de nos troupes à travers la province d'Anspach — ce qui, en somme, violait la neutralité de son territoire — lui donna l'occasion, sinon de prendre une attitude menaçante, que rien n'autorisait alors, mais de rompre toutes relations diplomatiques, en exagérant sa colère.

Cet incident était de nature à influencer tout autre général que Napoléon, car si la Prusse avait, comme l'empereur d'Allemagne l'en pressait, jeté par la Franconie une armée sur ses derrières, sa situation eût été très compromise.

Mais rétrograder, pour prendre plus près du Rhin une position où il ne pouvait plus être tourné, était tout aussi dangereux, sinon plus : d'abord il renonçait à tous les avantages de la capitulation d'Ulm et démoralisait ses soldats par une marche en arrière ; ensuite il donnait le temps aux deux armées russes de se réunir, et à l'archiduc Charles de ramener d'Italie son armée, rappelée immédiatement au secours de Vienne, et qu'il devait grossir en route de celle de l'archiduc Jean alors dans le Tyrol.

Bref, Napoléon ne changea rien du tout à son plan, n'en pressa même pas plus l'exécution (étant d'abord décidé à aller aussi vite que possible), et marcha sur Vienne en prenant des précautions comme s'il devait avoir une grande bataille à livrer, bien qu'il sût très bien qu'en supposant les Prussiens prêts à ouvrir les hostilités, ce n'est pas du jour au lendemain qu'ils enverraient cent mille hommes derrière lui ; il pensait bien aussi que l'archiduc Charles n'était pas près de montrer ses têtes de colonnes, attendu que Masséna ne le laisserait pas partir sans lui livrer bataille.

Ce qui arriva du reste, et trois fois au lieu d'une, car les combats dits de Caldiero durèrent trois jours, les 29, 30 et 31 octobre, et coûtèrent à l'armée autrichienne 12,000 hommes dont 8,000 restèrent prisonniers, sans compter les quelques milliers qui tombèrent encore au pouvoir de Masséna pendant la poursuite qui fut longue, mais non très active, puisque l'armée ennemie était double de la sienne; sans compter non plus les 6,000 qui mirent bas les armes le 23 novembre, après le combat de Castel-Franco, où la colonne française ne comptait pas cinq mille hommes.

Obligé, par sa convention avec Mack, de laisser à Ulm le corps d'armée du maréchal Ney jusqu'au 25 octobre, il lui donna l'ordre, sitôt le délai expiré, de se diriger vers le Tyrol, où le corps d'Augereau devait le rejoindre, pour s'opposer, avec son concours, à l'armée de l'archiduc Jean, forte de plus de 30,000 hommes.

A cette occasion, la division Dupont, que sa poursuite du corps de Werneck avait fort éloignée, fut détachée de la division Ney, et forma, avec la division Gazan du corps de Lannes, la division de Hollandais du général Dumonceau, du corps de Marmont, et la division de dragons du général Klein, un nouveau corps d'armée dont le commandement fut donné au maréchal Mortier.

Ce corps devait marcher sur la rive gauche du Danube, tandis que tout le reste de l'armée cheminait sur la droite. Napoléon ordonna qu'il fût accompagné par une flottille organisée hâtivement sous les ordres du capitaine de frégate Lostanges, qui devait descendre le Danube et se tenir à sa hauteur, de façon qu'il pût toujours être en communication avec les autres corps qui s'avançaient sur l'Inn, où était déjà rendu Bernadotte qui avait poursuivi jusque-là le corps autrichien de Kienmayer, chassé de Munich.

Le corps de Bernadotte passa cette rivière sur les ponts de Wasserburg et de Rosucheina qu'il dut disputer à l'ennemi et réparer sous le feu de son artillerie.

Le général Marmont, bien que marchant sur d'autres routes, se dirigeait vers les mêmes ponts, afin de joindre Bernadotte à Salzbourg.

Le maréchal Davout, s'acheminant par Freisingen et Dorfen, devait passer à Neu-Edingen.

Le corps de Soult, précédé de la cavalerie de Murat et suivi de la réserve et de la garde impériale, marcha de front sur la rivière pour la traverser à Muhldorf et à Braunau et sur les ponts intermédiaires.

Enfin le corps de Lannes se dirigea, par Landshut et Vilsbibourg, sur Braunau, où Kutusof avait son quartier général.

Le général en chef de la première armée russe, qui était arrivé en poste depuis quelques jours pour prendre le commandement des troupes dont quelques divisions étaient déjà réunies en cet endroit depuis le 11 octobre, mais qui n'étaient pas encore au complet, avait cependant sous ses ordres environ 65,000 hommes, en y comprenant les deux corps autrichiens commandés par Kienmayer et par Merfeld.

Il se préparait à se porter au secours de Mack, quand il apprit la capitulation d'Ulm ; ne pouvant plus sauver l'armée du prince Ferdinand puisqu'il était trop tard, il afficha la prétention de sauver la monarchie autrichienne et se vanta de donner prochainement une rude leçon aux Français, en leur apprenant à leurs dépens que les Russes n'étaient pas aussi faciles à vaincre que les Autrichiens.

Mais pour le moment il ne les attendit pas, ayant très probablement reçu l'ordre de l'empereur Alexandre de ne pas livrer de bataille avant d'avoir été rejoint par la seconde armée russe, et ne voulant pas s'exposer à perdre ses communications avec la Moravie, par où devait arriver cette armée, pour essayer de retarder de quelques jours l'entrée des Français à Vienne ; aussi se décida-t-il à la retraite et tout ce que l'empereur d'Autriche put obtenir de lui, c'est qu'il se retirerait le plus lentement possible.

Ne voulant faire aucune résistance sur l'Inn, dont il ne pouvait absolument pas disputer le passage à l'armée française qui avait 100,000 hommes en ligne, sans compter ses deux ailes, il évacua Braunau le 30 octobre. Lannes y entra comme il voulut, et après lui Napoléon qui fit de cette ville, parfaitement fortifiée et offrant des ressources considérables, un centre pour ses approvisionnements de toutes sortes. Le général Lauriston, aide de camp de l'Empereur, resta pour commander cette place qui fut bientôt des plus importantes.

Combat de Ried.

L'armée de Napoléon dont la ligne s'étendait sur l'Inn, depuis l'embouchure de cette rivière, à Passau, où était le corps de Mortier, jusqu'à Salzbourg où étaient Bernadotte et Marmont, continua sa marche en avant, refoulant devant elle l'armée russe qui se retirait sur la ligne de la Traun, autre affluent du Danube, séparé de l'Inn par une vaste plaine, coupée à peu près en son milieu par une montagne isolée appelée le Hansruck et détachée complètement des Alpes.

L'objectif de la grande armée était donc les bords de la Traun, où elle devait prendre position depuis Linz, — où Lannes marchait par Efferding; elle devait donner la main à Mortier arrivé en suivant le Danube, — jusqu'à Wels, où le reste de l'armée se dirigeait, sauf le corps de Bernadotte qui fut laissé à Salzbourg pour surveiller au besoin l'armée du Tyrol ; Marmont s'y sépara de lui pour se rendre à Wels, en passant derrière le Hansruck, de façon à déboucher sur le flanc de l'armée austro-russe, dans le cas où elle s'arrêterait dans la plaine de Wels où elle avait un bel emplacement pour livrer bataille.

Kutusof n'y pensait guère ; il marchait toujours, mais pas assez vite pour que son arrière-garde, composée d'un corps de 6,000 Autrichiens, aux ordres du général Kienmayer, ne fût rencontrée par la cavalerie de Murat qui éclairait la marche des corps de Davout et de Soult, suivis de la garde impériale.

Le 1er régiment de chasseurs, qui marchait en tête sous les ordres du colonel Montbrun (celui-là même qui devint l'un des premiers de nos généraux de cavalerie), prit contact avec les Autrichiens, le 30 octobre dans l'après-midi, sur le chemin de Mersbach et les chargea si vigoureusement que ceux-ci, surpris et décontenancés par cette attaque, se retirèrent déjà fort en désordre sur les hauteurs de Ried, où ils se mirent pourtant en position, flanqués et protégés par une nombreuse cavalerie.

Sans attendre le 8e régiment de dragons qui venait derrière lui, Montbrun chargea cette cavalerie, qui se déploya pour masquer un défilé par où l'infanterie allait pouvoir commencer sa retraite ; mais malgré ses efforts héroïques il ne réussit à la disperser que quand il fut renforcé des dragons. Alors les cavaliers autrichiens se précipitèrent dans le défilé et mirent en désordre les quelques bataillons d'infanterie qui y étaient déjà engagés.

Le reste, se voyant fermée cette ligne de retraite, fit de nécessité vertu, et, obligé à la résistance, ouvrit sur les dragons un feu terrible qui rappela les chasseurs engagés dans le défilé où ils se battaient pêle-mêle avec les cavaliers autrichiens en déroute.

Une charge générale renouvelée plusieurs fois, dispersa la colonne autrichienne qui, profitant de l'obscurité de la nuit, réussit à se sauver par les bois, tout en abandonnant cependant plus de cinq cents prisonniers.

Combat de Lambach.

L'avant-garde de la grande armée, c'est-à-dire le 4e régiment de chasseurs appartenant au corps de Davout et une brigade de dragons de la division Beaumont, coucha à Haag, où elle fut rejointe par une division d'infanterie du corps de Davout, commandée par le général Bisson, et continua sa route dès le lendemain matin en même temps que la poursuite du corps autrichien d'arrière-garde.

Elle le rejoignit en avant de Lambach, sur la Traun, mais cette fois Kienmayer était appuyé par une division russe en position sur la rivière.

pour protéger le passage de l'armée ; c'était un ensemble d'une douzaine de mille hommes, mais dont la plupart battant en retraite, et harcelés depuis Braunau, étaient déjà démoralisés.

Le général Bisson, pour les attaquer, n'engagea que sa première brigade, et en réalité seulement le 17e de ligne commandé par le colonel Courout, qui fit toute la besogne, avec le 1er régiment de chasseurs et le 8e de dragons, dont les charges achevèrent la déroute de la première ligne austro-russe fortement ébranlée par l'infanterie, qui se jeta précipitamment de l'autre côté de la rivière, abandonnant 500 prisonniers dont une centaine de Russes, et les canons mis en batterie à la tête du pont, que les fuyards firent sauter en hâte.

La lutte n'en fut pas moins très vive ; un colonel russe, un colonel autrichien furent tués dans l'action, et le général Bisson blessé si grièvement qu'il dut remettre le commandement de sa division au général Caffarelli, aide de camp de l'Empereur.

Le lendemain, cette division, ainsi que la cavalerie qui la précédait, occupait Lambach, dont le pont avait été rétabli.

Quelques jours après, toute l'armée franchissait la Traun, et, le 5 novembre, Napoléon établissait son quartier général à Linz, ville considérable et d'une importance militaire au moins égale à celle d'Ulm.

A cette époque, son avant-garde était déjà sur l'Ens, autre affluent du Danube, après avoir eu avec l'arrière-garde austro-russe nombre d'engagements peu importants, dans lesquels elle fit toujours des prisonniers.

Combat d'Amstetten.

Passée la ligne de l'Ens, que Kutusof ne voulait pas plus défendre qu'il n'avait défendu celle de la Traun, les Russes et les Autrichiens, qui d'ailleurs vivaient fort mal ensemble, se séparèrent. Merfeld, qui commandait les derniers et commençait à se lasser d'avoir toujours à repousser les Français, se jeta dans les montagnes pour aller prendre à Mariazell la route de Leoben à Vienne. Kutusof continua à suivre la route de Linz à Vienne sur laquelle continuait à le suivre Murat et l'avant-garde, composée cette fois de la cavalerie légère du maréchal Lannes, et de la division de grenadiers du général Oudinot. Les deux chefs de corps, trop ardents pour se tenir strictement dans leur rôle, marchaient avec cette avant-garde.

Le 5 novembre, les éclaireurs prirent contact avec l'arrière-garde de l'armée russe, près d'Amstetten. Le prince Bagration, qui la commandait et jugeait nécessaire de gagner du temps pour sauver les bagages de

Les deux colonnes françaises au milieu des cadavres.

l'armée, se mit en bataille, à cheval sur la grande route, dans une assez vaste éclaircie de la forêt de sapins qui la bordait : il plaça en avant son artillerie, flanquée de sa cavalerie, et son infanterie en arrière, adossée aux arbres.

Murat et Lannes, sans s'inquiéter de cette disposition, lancèrent leur cavalerie pour prendre ces canons, trouvant que c'était le meilleur moyen de les faire taire ; nos braves hussards ne se le firent pas dire deux fois, sabrèrent les artilleurs sur leurs pièces, et déblayèrent le terrain, après avoir chargé trois ou quatre fois les escadrons autrichiens qui se débandèrent.

Mais ils ne pouvaient rien contre les fantassins qui, postés sur la lisière des bois, se mirent à couvert dans les sapinières.

Oudinot avec ses grenadiers alla les y chercher; c'était la première fois de la campagne que l'infanterie française était aux prises avec l'infanterie russe, mais cette fois put compter, et il en coûta cher à Bagration qui perdit un millier d'hommes, mais qui en aurait perdu bien davantage si l'arrivée de sa réserve commandée par le général Miloradowitch n'avait arrêté un moment nos grenadiers et permis aux Russes de s'échapper à travers les bois.

Bagration, dans son rapport, eut l'audace de s'attribuer la victoire, en exaltant ses soldats qui avaient combattu à la baïonnette jusqu'à extinction de forces contre les grenadiers français ; mais ce rapport ne trompa personne, pas même Kutusof, qui l'amplifia et prétendit que les Français s'étaient retirés en désordre.

C'est pourtant le contraire qui arriva, et si bien même que le 9e et le 10e hussards qui poursuivirent les Russes leur firent encore plus de quinze cents prisonniers ; mais l'histoire n'est pas toujours écrite avec une grande sincérité, surtout celle qui se fait à coups de sabre.

Combat de Mariazell.

Napoléon s'attendait à livrer une grande bataille à Saint-Polten, à quelques marches au delà d'Amstetten, et non loin de la riche abbaye de Molk ; en conséquence, il avait rappelé à lui Bernadotte, qui n'avait plus rien à faire à Salzbourg depuis que la marche victorieuse de Ney sur Inspruck l'avait rendu à peu près maitre dans le Tyrol, où les divisions bavaroises allèrent le rejoindre, et il avait donné l'ordre à Marmont de porter son corps sur Leoben pour observer l'armée des archiducs Charles et Jean, qui pouvait arriver d'Italie pour secourir Vienne, ou, si elle ne venait pas par cette route, pour lier communication avec l'armée de Masséna qui ne manquerait pas, le cas échéant, de lui courir après.

Cette précaution fut inutile, aussi bien que celle qui consista à porter le corps d'armée de Davout, par un chemin de montagne presque impraticable, à Lilienfeld, au delà de la position de Saint-Polten, afin de pouvoir la tourner, — puisque Kutusof ne se décidait pas à utiliser cette magnifique position, la seule d'où il pouvait encore essayer de défendre Vienne.

Mais cette dernière opération fut très périlleuse pour les soldats de Davout qui eurent à accomplir de véritables tours de force, des journées de douze heures de marche par des sentiers couverts de glace, et bordés de fondrières et de précipices; il est vrai qu'elle leur valut un beau succès sur le corps autrichien de Meerfeld, que l'avant-garde rencontra entre Nordhofen et Mariazell, mais plus près de ce dernier village.

Cette avant-garde, commandée par le général de brigade Heudelet, se composait du 13e régiment d'infanterie légère et du 108e de ligne, qui attaquèrent la colonne ennemie, la mirent en déroute, la poursuivirent, et l'attaquèrent de nouveau jusqu'à deux et trois fois.

Cette série de combats coûta beaucoup de monde aux Autrichiens, qui abandonnèrent plus de 4,000 prisonniers, toute leur artillerie et leurs bagages, et en somme la colonne de Meerfeld fut absolument anéantie, puisque les 2,000 hommes qu'il réussit à rallier et à soustraire à la poursuite des Français se réfugièrent avec lui en Hongrie, où ils ne rendaient aucun service.

Combat de Dierustein.

Pendant que la brigade Heudelet méritait à Mariazell d'être citée à l'ordre du jour, comme ayant déployé la plus rare intrépidité, Lannes et Murat, qui avaient marché sur les pas de l'ennemi pendant les journées du 6 et 7, sans pouvoir le joindre d'assez près pour l'obliger à combattre sérieusement, le trouvèrent en bataille le 8, sur les hauteurs de Saint-Polten.

Ils brûlaient d'envie de l'attaquer, mais comme ils n'avaient à opposer aux 50,000 hommes de Kutusof, largement pourvus d'artillerie et occupant des positions très avantageuses, qu'une division d'infanterie et une division de cavalerie, ils n'osèrent rien risquer avant l'arrivée de l'Empereur et du gros de l'armée, qu'ils attendirent avec impatience.

Kutusof resta en position toute la journée, mais dès le lendemain matin il levait son camp, allait passer le Danube à Krems, dont il brûla le pont, pour se diriger tout droit sur Brunn et donner la main à l'armée russe qui arrivait à Olmutz, où étaient déjà réunis l'empereur Alexandre et l'empereur d'Autriche.

Quand Napoléon arriva à l'abbaye de Molk, où les logements du quartier général avaient été préparés, il n'y avait plus personne devant lui.

Thiers a dit que le motif principal de ce départ de Kutusof était la nouvelle qui lui était parvenue qu'une partie de l'armée française avait passé sur la rive gauche du Danube, parce qu'il put craindre que Napoléon, par une manœuvre imprévue, ne le coupât de la Bohême et de la Moravie ; mais c'est une erreur, un lapsus du grand historien, puisque, trois pages plus loin, il dit : « Les Russes, guidés sur le sol de l'Autriche par un officier d'état-major autrichien du premier mérite, le général Schmidt, s'aperçurent bien vite de l'existence d'une division française isolée sur la rive gauche du Danube, et résolurent de l'accabler. »

Cette division isolée était la division Gazan, conduite par Mortier lui-même, qui, dans son empressement à exécuter les ordres de Napoléon, avait marché trop vite, puisqu'il était à une journée en avance de la division Dupont et qu'il n'avait pas attendu la flottille qui devait l'accompagner pour le mettre en relations constantes avec la rive droite.

C'était un peu la faute de Murat, qui avait repris sa marche en avant tout de suite après le départ des Russes, mais c'était surtout la faute de Napoléon qui, contrairement à ses habitudes, avait compté sur ses lieutenants, et ne s'était pas assuré, comme il le faisait toujours, de l'exécution de ses ordres après les avoir donnés.

C'était bien aussi la faute de Mortier qui, se sachant seul sur la rive gauche, aurait dû marcher avec tout son corps d'armée pour être en état de se défendre, au lieu de tenir ses divisions à huit lieues l'une de l'autre ; mais il la répara si vaillamment que l'histoire n'a pas osé la lui reprocher.

La destruction du pont de Krems donnant à Kutusof l'assurance que les corps français de la rive droite du Danube ne pourraient secourir la division compromise, il conçut le projet de l'anéantir et, pour cela, il la fit attaquer de front sur l'étroite chaussée, bordée d'un côté par le fleuve et de l'autre par des escarpements infranchissables, qu'elle suivait, pendant qu'une colonne de 8,000 hommes, commandée par le général Doctorof, faisait un long détour pour venir l'attaquer sur ses derrières, et qu'un autre corps de 5,000 hommes se jetait dans la montagne pour tomber sur son flanc.

Mais Kutusof n'eut pas l'honneur de l'attaque, c'est à Mortier qu'il appartient. La division Gazan, composée du 4e régiment d'infanterie légère, du 100e et du 103e de ligne, d'un escadron du 4e régiment de dragons et de deux pièces de canon, transportées sur une barque qu'on halait du rivage à cause de l'impraticabilité de la route, n'était en réalité qu'une avant-garde forte de 4,600 hommes, — mais, mal renseigné au village de Diernstein qu'il venait de traverser, et insuffisamment éclairé, Mortier, qui ne s'imaginait pas avoir devant lui toute une armée, ne songea point à modérer l'ardeur de ses hommes qui voulaient combattre.

Fabvier, qui n'était pas alors général, mais seulement chef de batterie, fit débarquer ses deux pièces, qu'il mit en position, et les braqua sur les Russes qui, sous les ordres du général Miloradowitch, s'avançaient en colonnes serrées... pendant que Gazan formait sa ligne et déployait ses trois régiments du mieux qu'il pouvait, utilisant les moindres accidents de terrain pour y placer ses tirailleurs.

La mitraille de Fabvier fit des ravages terribles dans les rangs de l'ennemi, qui s'élança pour prendre les canons, mais le 103e commandé par le colonel Taupin et le 4e léger, par le colonel Bazancourt, les défendirent vigoureusement. Après différentes alternatives de prise et de reprise, ce furent au contraire les Russes qui, attaqués en flanc par le 103e, perdirent trois canons.

Ils en perdirent encore cinq autres dans le village de Loiben, que le major Henriod tourna avec deux bataillons du 100e de ligne qu'il avait divisés en trois petites colonnes ; on leur prit de plus 6 drapeaux et 1,500 prisonniers, et ils se retirèrent fort en désordre, malgré leur supériorité numérique, peut-être même à cause de cela, car le terrain ne leur était pas favorable, en laissant plus de 500 morts sur la place.

Ce combat, commencé à dix heures du matin, avait duré jusqu'à deux heures et amené notre infanterie jusqu'à Stein, tout en suivant les Russes dans leur retraite, qu'ils exagérèrent d'ailleurs pour mieux prendre leur revanche quand le moment serait venu.

Mais Mortier ne voulut pas aller plus loin, d'abord parce qu'il ne pouvait pas attaquer Krems avec des troupes épuisées par l'effort qu'elles venaient de faire, et n'ayant plus guère de munitions, le parc de réserve étant resté en arrière avec la division Dupont ; ensuite parce qu'il ne connaissait pas les forces de l'ennemi qu'il avait devant lui ; il ordonna le retour sur Diernstein, où les prisonniers avaient déjà été conduits, et résolut d'attendre Dupont qu'il avait envoyé prévenir de hâter son mouvement.

Mais il ne put arriver jusque-là sans essuyer personnellement le feu de l'ennemi. Les Russes de Doctorof arrivaient en masses à Diernstein, et la colonne qui avait pris par les montagnes commençait à se montrer sur les flancs ; la situation était critique, car la division Gazan était coupée de ses communications avec le corps d'armée par des forces cinq fois supérieures ; elle le devint encore plus quand les Russes revinrent de Stein pour attaquer de face.

Mortier, sûr maintenant qu'il avait affaire à une armée entière, réunit ses officiers supérieurs pour aviser avec eux aux moyens de sortir de cette souricière. Presque tous (je crois qu'on n'en peut excepter qu'un seul qui parla de capitulation) furent d'avis de lutter jusqu'à la mort. C'était aussi l'avis du général en chef, qui voulait essayer de se faire jour quand même du côté de Diernstein, où l'on avait des chances de rencontrer la division Dupont.

Le major Henriod, qui était en avant de ce côté, en trouva le moyen que, sans quitter son poste où il se battait déjà, il envoya proposer au maréchal, par l'adjudant-major Olivier.

Le général russe Doctorof, qui débouchait de Diernstein, avait commis la faute d'engager toute sa colonne par un chemin étroit, bordé de chaque côté de murailles de clôture d'environ quatre à cinq pieds de hauteur, où elle ne pouvait présenter que huit hommes de front. En se précipitant à la baïonnette sur la tête de la colonne, on l'obligerait certainement à rétrograder, et, comme elle ne le pourrait pas facilement, puisqu'elle avait derrière elle dix mille hommes, n'ayant qu'une porte pour sortir de Diernstein, il s'ensuivrait nécessairement un désordre. Les Russes, pour ne pas être écrasés entre les leurs qui les pousseraient par derrière, et les Français qui les chasseraient par devant, passeraient par-dessus les murs, ce que ferait aussi forcément le centre ; alors le chemin deviendrait sinon libre, du moins commun aux deux armées qui se disputeraient à l'arme blanche ; enfin, l'on était sûr de ne pas essuyer le feu des Russes qui s'en seraient éloignés, plus ou moins en désordre, puisqu'ils ne pourraient tirer sans risquer de tuer les leurs.

Mortier approuva cette combinaison et voulut aller se mettre à la tête de la colonne d'attaque, mais son état-major le retint. Quelques-uns de ses officiers voulaient même qu'il utilisât la barque qui avait transporté l'artillerie, pour traverser le Danube, de façon qu'en cas de malheur, un maréchal de France ne tombât pas au pouvoir de l'ennemi ; autour de lui, les soldats, résolus à mourir, l'en priaient.

— « Non, s'écria l'illustre maréchal, on ne se sépare pas d'aussi braves gens ; on se sauve avec eux ou l'on périt avec eux. » Puis, mettant l'épée à la main, il alla avec le général Gazan et son état-major se placer entre le premier et le deuxième bataillon du 100e de ligne, que le major Henriod haranguait brièvement avant de le disposer en colonnes d'attaque : « Grenadiers, disait-il aux soldats déjà prêts à marcher derrière lui, nous sommes enveloppés par 30,000 Russes, et nous ne sommes que 4,000 ; mais les Français ne comptent point leurs ennemis. Nous leur passerons sur le ventre. Grenadiers du 100e régiment, vous aurez l'honneur de charger les premiers ; souvenez-vous qu'il s'agit de sauver les aigles françaises. »

L'émulation était telle que tout le régiment répondit : « Monsieur le major, nous sommes tous grenadiers. »

Tous voulaient marcher, tous marchèrent ; l'élan fut magnifique et terrible.

Voici d'ailleurs comment est racontée cette charge dans les *Guerres des Révolutions et du Premier Empire.*

« La colonne s'avance impétueusement sans répondre à une fusillade qui ne blesse qu'un officier et deux grenadiers. La première section enfonce ses baïonnettes dans le corps des premières files russes en déchargeant en même temps l'arme, ce qui produit une détonation sourde qui épouvante les files suivantes. Pour donner à la seconde section la faculté d'opérer la même manœuvre, la première escalade ensuite les murs de droite et de gauche ; mais au lieu d'aller, comme le leur avait prescrit le major Henriod, à la queue du bataillon pour se reformer, les grenadiers viennent se placer entre la deuxième et la troisième section, tant ils sont impatients de joindre l'ennemi de nouveau.

» Un commencement de refoulement dans la colonne russe laisse à la seconde section un intervalle de quinze pas à franchir ; après avoir essuyé une décharge qui blessa encore un grenadier et tua le cheval que montait l'intrépide major, cette section se précipita, comme la première, sur les Russes en les perçant de ses baïonnettes et en tirant à bout portant. Mais l'impatience des autres sections, qui brûlaient d'en venir aux mains, était telle que celle-ci ne put escalader les murs pour faire place à la troisième : les grenadiers dégagèrent alors la baïonnette pour s'en servir comme de poignards pour frapper les Russes, parce que l'espace ne permettait plus de s'en servir au bout du fusil.

» Ainsi que l'avait prévu le major Henriod, après trois quarts d'heure de pression, pendant lequel temps les Français, couvrant le chemin de cadavres ennemis, avaient à peine gagné deux cents pas, la tête de la colonne russe, cédant forcément, écrasait son centre, contenu par la queue. Pour échapper à cette mort nouvelle et certaine, le centre étouffé franchit ou renversa les murs de droite et de gauche, et se débanda dans le plus grand désordre. »

La nuit étant venue, ce désordre se communiqua dans la colonne russe qui attaquait la colonne française par le fleuve, et qui, ne sachant pas pourquoi les Russes de Doctorof se sauvaient, se sauva à son tour, prise d'une panique dont elle alla répandre la contagion à Stein, où elle arriva plus tard en débandade.

Malgré ce succès, couronnant les efforts des braves du 100e de ligne et la persévérance du reste de la colonne qui luttait de toutes parts, la division Gazan, qui ne pouvait avancer qu'en marchant sur des cadavres et en disputant pied à pied le terrain à des ennemis toujours renouvelés, et qui n'étaient pas encore démoralisés, aurait fini par être écrasée entre ce qui restait devant elle de la colonne Doctorof et le corps de Miloradowitch, qui, l'attaquant sur ses derrières au risque de perdre beaucoup de monde, allaient la presser davantage pour hâter le dénouement, si la division Dupont, accourant à marche forcée, n'était arrivée sur le champ de bataille.

Un feu violent et prolongé, éclatant au delà de Diernstein, raviva l'espérance au cœur de ces braves soldats, que le danger le plus pressant n'avait pas découragés : c'était le général Marchand avec le 9e léger, suivi de près par le 32e de ligne, qui culbutait les troupes russes massées au village de Weissendorf pour défendre la ville. Cette colonne était celle qui avait tiré sur l'escorte du maréchal Mortier quand il avait voulu rentrer dans Diernstein. Mais l'insulte faite au chef du corps fut bien vengée, car, des 1,500 hommes qui la composaient, tout fut détruit ou fait prisonnier.

La brigade Marchand traversa ensuite la ville et, se précipitant derrière les Russes sur le chemin encaissé où ils s'étaient si malencontreusement engagés, acheva l'opération si bien commencée par le major Henriod. Ce qui restait de Russes, pris entre deux feux, lardés à la baïonnette à l'avant et à l'arrière, se mit en déroute, et les têtes des deux colonnes françaises, se reconnaissant à la lueur du combat, s'embrassèrent au milieu des cadavres.

« A ce moment, dit l'ouvrage que je viens de citer, la terreur devient générale parmi les troupes ennemies, et elle est d'autant plus grande que les voiles de la nuit dissimulent aux Russes, et la cause de leur défaite et le nombre de leurs adversaires. Toute cette colonne immense jette en partie ses armes et se précipite confusément, dans toutes les directions, vers Stein et sur la grande route de Moravie. La colonne qui suivait le chemin qui conduit à Loiben partage la terreur de celle de droite, et entraîne dans sa déroute les troupes qui sont en avant de Stein. Dans cette horrible confusion, quelques Russes, pour éclairer leur marche au milieu de l'obscurité, mettent le feu au village de Loiben ; et les cris de plus de cinq cents blessés, qui avaient été déposés dans cet endroit après le combat du matin, mettent le comble à cette scène d'horreur et de destruction.

» Pendant plus de quatre heures, l'armée russe, frappée de cette terreur panique, se trouva dans le désordre le plus complet, sans pouvoir se rallier qu'au delà de la rivière de Krems.

» La cavalerie, placée en arrière, et qui par conséquent n'avait pris aucune part au combat, entraînée par les premiers fuyards, s'était retirée avec tant de précipitation que la route se trouva semée des plumets et des aigrettes qui ornaient les casques et les shakos des cavaliers. »

Et les Français qui les chasseraient par devant (Page 126).

Cette déroute n'empêcha pas Kutusof de s'attribuer la victoire; il est vrai que son rapport ne dit pas qu'elle lui coûtait 6,000 hommes tués, blessés ou prisonniers, en plus des 500 blessés que les Russes avaient brûlés eux-mêmes dans le village de Loiben. Le général Schmidt, deux autres généraux et beaucoup d'officiers supérieurs étaient parmi les morts.

La division Gazan avait perdu plus de 1,200 hommes; la moitié de son effectif était hors de combat, mais, en se battant un contre six, elle s'était couverte de gloire et avait sauvé son honneur et sa liberté.

Surprise du pont du Thabor.

Napoléon, ravi de la conduite de Mortier et de ses soldats, envoya les plus brillantes récompenses aux divisions Gazan et Dupont; mais, furieux qu'on eût été obligé de livrer ce combat qu'il appela fort justement « une journée de massacre », il en attribua la faute à Murat, auquel il adressa une lettre très sévère, lui reprochant, avec plus de dureté que de justice d'ailleurs, la précipitation avec laquelle il s'était avancé sur Vienne sans attendre le corps d'armée de Mortier.

Mais, pour tirer parti de la faute de Murat, il lui enjoignit, puisqu'il était déjà près de Vienne, non pas d'y entrer, mais de longer les murs de la ville et d'enlever le grand pont situé en dehors des faubourgs.

Murat, très affligé de la semonce de son beau-frère et pressé de réparer ses torts, ne s'empara peut-être pas absolument du pont que lui désignait l'Empereur, mais, avec le concours du maréchal Lannes, qui marchait toujours avec lui à l'avant-garde, il se rendit maître du pont du Thabor, sans tirer un coup de fusil, à la faveur d'une ruse dont les Russes prirent bientôt une revanche, du reste, et qui réussit grâce aux bruits d'armistice et de paix qui s'étaient répandus depuis que l'Empereur avait accepté la visite du comte Giulay, qui venait lui faire des propositions dans ce sens.

Cette affaire, assez extraordinaire et qui épargna le nouveau combat qu'il aurait fallu livrer aux 12,000 Autrichiens, commandés par le comte d'Auerpsberg, qui défendaient le grand pont de bois jeté sur plusieurs bras du Danube, a été racontée ainsi à Bourrienne, par le maréchal Lannes, qui en fut l'un des héros :

« Figure-toi que j'étais un jour à me promener avec Murat sur la rive droite du Danube, où étaient nos corps d'armée, quand, arrivés à l'extrémité du pont du Thabor, nous vîmes, sur la rive gauche occupée par les Autrichiens, que l'on exécutait des travaux dans le but évident de faire sauter le pont à l'approche de nos troupes.

» Ils avaient l'air de travailler à notre barbe, mais nous leur avons donné une bonne leçon. Notre plan convenu et bien arrêté, nous revînmes donner des ordres, et je confiai le commandement de ma colonne de grenadiers à un officier dont je connaissais le courage et l'intelligence.

» Nos dispositions prises, je retournai, avec Murat et deux ou trois autres officiers, sur le pont. Là, nous nous avançâmes tout doucement et avec tant de tranquillité qu'on nous prit pour de simples officiers. Nous entrâmes en conversation avec le commandant d'un poste placé au milieu du pont; nous l'entretînmes sans affectation dans les idées d'un armistice qui devait être très prochainement conclu. Tout en causant avec les officiers autrichiens, nous fîmes en sorte de les faire regarder du côté de la rive gauche, et alors, conformément aux ordres que nous avions donnés, ma colonne de grenadiers débusqua sur le pont.

» Les canonniers autrichiens, voyant leurs officiers au milieu de nous, n'osèrent tirer. Ma colonne s'avança au pas redoublé, Murat et moi en tête; nous gagnâmes ainsi la rive gauche. Tous les artifices préparés pour faire sauter le pont furent jetés dans la rivière, et mes hommes s'emparèrent des batteries destinées à défendre la tête du pont. Enfin, nos pauvres diables d'officiers autrichiens furent tout stupéfaits quand je leur dis qu'ils étaient nos prisonniers; il fallut même les bousculer un peu. »

Parmi les officiers qui étaient venus sur le pont avec Lannes et Murat était le général Bertrand, qui, ayant demandé à parler au comte d'Auerpsberg, fut conduit près de lui, accompagné par un officier du génie, le colonel Dode de la Brunerie; ils amusèrent le général autrichien pendant que les grenadiers s'emparaient du pont, si bien que lorsque celui-ci les reconduisit par politesse, il s'aperçut que le pont n'était plus à lui. Alors, confondu d'étonnement, il perdit la tête et mit sa colonne en retraite, aussi hâtivement que si elle avait été battue à plate couture.

Ce succès, peu militaire, mais très important, rendit à Murat les bonnes grâces de l'Empereur, qui ordonna l'entrée à Vienne; la brigade Sébastiani y précéda Murat, qui d'ailleurs n'y fit qu'un court séjour, parce qu'il commandait l'avant-garde et que l'avant-garde n'avait rien à faire dans la capitale de l'Autriche.

Napoléon, qui avait établi son quartier général au palais impérial de Schœnbrunn, voisin de la ville, recueillit les fruits de sa victoire, en s'emparant de l'arsenal qui renfermait cent mille fusils, deux mille canons, d'immenses équipages et approvisionnements de munitions; mais il ne fit point d'entrée solennelle, et se montra plus préoccupé de terminer la guerre par une paix durable que de jouir de son triomphe et d'accepter les honneurs que la ville voulait lui rendre, en reconnaissance de la façon bienveillante dont il l'occupait; celle-ci, en effet, différait tellement des procédés de l'armée russe, que la plupart des Viennois étaient tentés de croire que les Russes étaient les ennemis et les Français les alliés.

Du reste, l'Empereur ne s'endormit pas à Vienne, et il avait ses raisons pour cela, car il était encore entre deux armées : celle de l'archiduc Charles, que poussaient devant eux Ney et Masséna, et celle des deux empereurs Alexandre et François, que Kutusof allait rejoindre vers Brunn et Olmutz.

La première n'était toutefois pas encore à craindre, puisque le 15 novembre elle n'était qu'à Laybach, d'où il lui restait 150 lieues à faire pour gagner Olmutz ; mais Napoléon n'en savait rien, et tout en faisant courir après Kutusof, pour le couper si possible, ou tout au moins arrêter sa marche, il se gardait contre les archiducs, en même temps qu'il projetait de battre les deux empereurs avant la jonction de toutes leurs forces.

En conséquence, il lança en Moravie, après l'avant-garde de Murat, les corps de Lannes et de Soult, et les fit appuyer par le corps de Bernadotte qui, franchissant le Danube à Krems, suivit la même route qu'avait prise Kutusof.

Puis il établit dans Vienne le corps de Mortier, dont les divisions Gazan et Dupont avaient bien mérité quelque repos. Il disposa autour de Vienne les trois divisions du maréchal Davout, dont l'une, celle de Caffarelli, sur la route de Moravie, restait en communication avec Soult, tandis qu'une autre, celle de Gudin, cantonnée en arrière, à Neustadt, pouvait en peu de temps donner la main à Marmont; celui-ci qui allait également se trouver en communication avec Masséna, lequel avait reçu l'ordre de rapprocher considérablement son corps, qui devenait le 8e corps de la grande armée.

C'était une ligne bien étendue, mais Napoléon prenait ses précautions contre toutes les éventualités possibles. Car les archiducs pouvaient agir de deux façons.

Si c'était vers l'Italie, Marmont et Masséna, liés l'un à l'autre et bien vite renforcés par le corps de Davout qui les rejoindrait, étaient en forces pour leur tenir tête.

S'ils arrivaient par Presbourg ou par la Hongrie, Davout, le premier rendu, serait tout de suite rejoint par Marmont qui n'était pas loin et au besoin par Napoléon lui-même, qui pouvait accourir avec sa réserve et rappeler en hâte un des corps de l'armée, destinée à combattre les deux empereurs.

D'une façon comme de l'autre, Napoléon pouvait avoir, du jour au lendemain, plus de 60,000 hommes à opposer à chacune des deux armées ennemies, même si elles attaquaient ensemble, et quel que fût le côté par où celle des archiducs se montrerait.

C'étaient là des dispositions très habiles, mais qui ne coûtaient rien à l'esprit travailleur et au génie inventif de l'Empereur, qui d'ailleurs possédait au suprême degré l'art de diviser ses forces pour les faire vivre plus aisément aussi bien que celui de les concentrer pour les jeter sur l'ennemi.

Combat d'Hollabrunn.

Si Murat n'avait pas perdu de temps, ou du moins s'il ne s'était pas laissé duper, l'armée de Kutusof, coupée de ses communications avec celle des empereurs, aurait sans nul doute éprouvé un désastre avant de s'y réunir, car la route qu'elle suivait depuis Krems rejoignait à Hollabrunn celle que suivait l'armée française.

Murat allait y arriver avant Bagration, qui commandait l'avant-garde de Kutusof, mais celui-ci réussit à arrêter le prince français en se servant de la même ruse qu'il avait employée lui-même au pont du Thabor, c'est-à-dire de l'armistice que, d'après lui, on était en train de signer à Schœnbrunn.

Enivré des éloges des généraux ennemis qui, connaissant son faible, le prirent par la vanité, Murat permit d'abord au corps autrichien de se séparer de l'armée russe, et ensuite signa avec le prince de Wintzingerode une capitulation pour l'armée russe, à la condition pourtant qu'elle serait acceptée par l'Empereur, mais impliquant d'ores et déjà un armistice, qui prendrait fin ou serait prolongé selon la réponse de Napoléon.

Cette réponse fut apportée le lendemain par le général Lemarrois, aide de camp de l'empereur ; elle était négative et particulièrement dure pour Murat ; en voici d'ailleurs la teneur :

« Il m'est impossible de trouver des termes pour vous exprimer mon mécontentement. Vous ne commandez que mon avant-garde et vous n'avez pas le droit de faire d'armistice sans mon ordre. Vous me faites perdre le fruit d'une campagne. Rompez l'armistice sur-le-champ et marchez à l'ennemi. Vous lui ferez déclarer que le général qui a signé cette capitulation n'avait pas le droit de le faire ; qu'il n'y a que l'empereur de Russie qui ait ce droit.

» Si cependant l'empereur de Russie ratifiait ladite convention, je la ratifierais ; mais ce n'est qu'une ruse. Marchez, détruisez l'armée russe, vous êtes en position de prendre ses bagages et son artillerie. L'aide de camp de l'empereur de Russie est un....

» Les officiers ne sont rien quand ils n'ont pas de pouvoirs ; celui-ci n'en avait point. Les Autrichiens se sont laissé jouer pour le passage du pont de Vienne, vous vous laissez jouer par un aide de camp de l'Empereur. »

Tout était à recommencer. Cela ne faisait que 36 heures de perdues, mais ce temps n'avait pas été perdu pour tout le monde ; car, au mépris du traité, dont la condition principale était que les belligérants s'arrêteraient les uns et les autres sur le terrain qu'ils occupaient, Kutusof avait fait prendre de l'avance à son armée, derrière le corps de Bagration qui, après avoir été son avant-garde, était maintenant son arrière-garde.

Lannes fit prévenir Bagration de la rupture de l'armistice, car Murat, aussi furieux d'avoir été dupé qu'humilié de la lettre de l'Empereur, avait à peu près perdu la tête et voulait attaquer le jour même (16 novembre) bien que la nuit, fût très prochaine.

Soult, qui était arrivé avec son corps, demanda instamment qu'on attendît au lendemain matin, mais Murat n'écouta rien et lança sa cavalerie, qui ne put d'ailleurs qu'escarmoucher.

Bagration, bien résolu à tout risquer, jusqu'à laisser anéantir son corps, pour donner le temps au gros de l'armée de prendre de l'avance sur la route de Brunn, avait mis en bataille les 8,000 hommes qu'il commandait, mettant à profit la disposition du terrain qui ne permettait guère le combat qu'entre deux lignes d'infanterie, déployées en face l'une de l'autre.

Lannes lança sur la masse des Russes les grenadiers d'Oudinot appuyés par la division Vandamme, pendant que la division Legrand, du corps de Soult, s'éloignait pour tourner l'ennemi par la droite.

Après un assez long combat de mousqueterie, qui fut meurtrier de part et d'autre, les deux masses d'infanterie marchèrent en avant et s'abordèrent résolument à la baïonnette. Ce fut une boucherie terrible, un combat corps à corps, où l'ardeur française finit par vaincre la ténacité russe ; les grenadiers d'Oudinot, conduits par lui-même et par le général de brigade Laplanche-Mortière, enfoncèrent la ligne des fantassins de Bagration et les repoussèrent en désordre, tuant tout ce qui résistait.

Le carnage eût été plus grand encore si quelques officiers russes, qui parlaient le français, n'avaient sauvé leurs troupes en criant aux soldats de la division Vandamme qui les avaient cernées : « Ne tirez pas, nous sommes Français. »

Ce mensonge, qui épargna bien du sang, ne retarda guère le succès final ; le combat ne se termina pourtant qu'à onze heures du soir après la dispute acharnée du village de Schœngraben, à moitié incendié par les obus, et où les Français trouvèrent 12 pièces de canon et quelques centaines de voitures de bagages.

Les Russes, qui s'étaient battus comme des lions et avaient résisté à des forces très supérieures (il est vrai qu'il n'y eut guère que 10,000 hommes d'engagés), perdirent la moitié de leur effectif y compris 1,800 prisonniers, mais la poursuite de cavalerie du lendemain leur en fit beaucoup d'autres.

De notre côté aussi, les pertes étaient sérieuses, surtout parmi les grenadiers, et ce qui peut en donner une idée, c'est qu'Oudinot fut blessé assez grièvement, ainsi que ses deux aides de camp, Demangeot et Lamotte.

Le lendemain et jours suivants l'armée continua sa route, faisant prisonniers un grand nombre de traînards de l'armée russe et, le 19, elle entrait à Brunn, capitale de la Moravie, place forte bien armée et pourvue d'abondants approvisionnements, que l'ennemi trop pressé ne songea pas même à défendre.

Napoléon, remplaçant l'empereur Alexandre parti avec Kutusof, y installait son quartier général dès le lendemain, et, comme il venait d'apprendre que les archiducs exécutaient par la Hongrie une retraite très allongée qui ne leur permettrait pas d'arriver à temps pour se joindre à l'armée austro-russe, il modifia quelque peu la disposition de ses troupes laissées en arrière ; c'est ainsi qu'il envoya vers Presbourg la division Gudin qui n'avait plus rien à faire sur la route de Styrie, détacha la division Caffarelli du corps de Davout et l'appela pour venir grossir celui de Lannes, enfin plaça la division Friant en avant de Vienne sur la route de Moravie, d'où elle pourrait accourir au premier signal.

La veille d'Austerlitz.

Rassuré sur la marche des archiducs, Napoléon n'était plus si pressé de livrer bataille, et il voulut laisser à son armée, pour se reposer, quelques jours dont elle avait besoin, car elle avait fait cinq cents lieues en trois mois et dans des conditions tout à fait extraordinaires, puisqu'elle n'avait pas laissé en route plus du cinquième de son effectif.

Pour cela il la cantonna autour de Brunn dans des positions qu'il fit étudier par ses généraux ou qu'il étudia lui-même ; en ayant trouvé une à sa convenance, il résolut de ne pas aller plus loin et les marches en avant à la suite de l'ennemi, qu'il avait ordonnées d'abord pour se donner de l'air, furent converties en reconnaissances d'ailleurs multipliées, tant pour se garder que pour surveiller les mouvements de l'ennemi, et dont beaucoup naturellement furent suivies d'escarmouches ou de combats plus ou moins sérieux.

Dans le camp des alliés — sauf dans l'entourage de l'empereur Alexandre, composé de jeunes gens aussi présomptueux qu'inexpérimentés et d'autant plus désireux de voir une grande bataille qu'ils se croyaient sûrs de la gagner — dans le camp des alliés on ne paraissait guère plus pressé, car les deux armées russes ayant opéré leur jonction à Wischau, à moitié chemin entre Brunn et Olmutz, on crut devoir rétrograder jusqu'à Olmutz pour donner aux troupes de Kutusof, fort éprouvées par une retraite plus que laborieuse, la faculté de se refaire à une distance plus grande des Français.

C'est là du reste que se fit, sous les yeux des deux empereurs, la grande concentration, qui comprenait :

L'armée de Kutusof, très affaiblie sans doute, mais déjà aguerrie et comptant encore de 30 à 35,000 hommes;

La seconde armée russe commandée par le général Buxhoewden et à peu près de même importance.

La garde impériale russe, sous les ordres du grand-duc Constantin et forte de 9 à 10,000 hommes, et l'armée autrichienne (environ 15,000 hommes), composée des débris des corps de Kienmayer et de Meerfeld, et d'une belle division de cavalerie, le tout sous les ordres du prince Jean de Lichtenstein. Au total, 124 bataillons d'infanterie, 213 escadrons de cavalerie et 8 régiments de cosaques, soit environ 92,500 combattants.

On attendait encore 10,000 Russes, que devait amener d'un jour à l'autre le général Essen ; pour donner à ces troupes le temps d'arriver et obliger en quelque sorte Napoléon à les attendre, on lui envoya deux plénipotentiaires, les comtes de Stadion et Giulay, qui lui parlèrent de la paix possible et lui demandèrent ses conditions.

L'empereur d'Autriche n'ayant pas grand'chose de bon à attendre d'un allié qui ne faisait guère cas de lui et dont les soldats affectaient de mépriser les siens, désirait sincèrement traiter, mais Alexandre, mal conseillé d'ailleurs, et qui n'écoutait pas les sages avis que certains de ses généraux auraient pu lui donner, n'y songeait pas le moins du monde.

Napoléon, qui avait ses raisons pour cela, se prêta de bonne grâce à ces pourparlers, et envoya, lui aussi, des parlementaires; au fond il n'était pas sans inquiétude sur les agissements de la Prusse qu'il savait capable de jeter sur ses derrières une armée de 150,000 hommes, et il eût très volontiers traité... aux conditions qu'il imposait, mais comme il ne savait pas du tout quelle pouvait être la pensée de l'empereur Alexandre, il envoya son aide de camp, le général Savary, au quartier général russe pour tâcher de la découvrir.

Alexandre répondit par l'envoi du prince Dolgorouki, son aide de camp et l'un des principaux personnages de la coterie présomptueuse qui s'était à peu près emparée de la faveur du tzar. Ce jeune homme parla à Napoléon comme s'il eût parlé à un vaincu, disant que la paix ne pouvait être signée tout de suite que si la France abandonnait l'Italie, et exposa, avec aussi peu de convenance que d'à-propos, les idées caressées par le cabinet russe.

Et comme Napoléon écouta ces énormités avec un sang-froid dédaigneux, qui lui permit de ne pas faire jeter à la porte l'outrecuidant parlementaire, ce jeune homme s'imagina lui avoir fait peur et s'en alla raconter cette chose incroyable dans sa coterie, qui la fit répandre dans

Des milliers de torches apparurent sur la ligne. (Page 142.)

l'armée où elle obtint d'ailleurs beaucoup moins de créance, car il s'y trouvait, surtout parmi les Autrichiens, des généraux et des soldats qui, par une rude expérience, connaissaient déjà Napoléon et l'armée française.

Les généraux prudents qui opinaient pour qu'on attendît, d'une part, l'expiration du délai d'un mois que la Prusse avait demandé pour prendre parti, de l'autre l'arrivée des archiducs qui permettrait de livrer une bataille à trois contre un, ne furent pas écoutés. La jeunesse moscovite, escomptant déjà la victoire, l'emporta ; et l'armée, qui d'ailleurs trouvait difficilement à vivre autour d'Olmutz, se porta en avant sur cinq colonnes commandées par Doctorof, par le comte Langeron, émigré français, par Przibyzewski, par Kollowrath et par le grand-duc Constantin.

L'une de ces colonnes, à la suite de laquelle marchaient l'empereur Alexandre et tous ses jeunes courtisans, surprit à Wischau les avant-postes de la cavalerie du maréchal Soult, qui, après avoir échangé des coups de sabre avec les cosaques, se replia devant trois mille cavaliers et un bataillon d'infanterie, en laissant derrière elle une centaine de prisonniers, qui n'avaient pas eu le temps de monter à cheval.

Cette affaire, où Dolgorouki avait joué un petit rôle, fut célébrée comme une grande victoire qui allait bientôt être complétée par la déroute des Français ; et l'empereur Alexandre, qui venait d'y faire ses premières armes, le crut d'autant mieux que Napoléon paraissait reculer.

A vrai dire, il repliait tous ses avant-postes, mais c'était pour attirer l'ennemi sur le champ de bataille qu'il avait choisi, du jour où il avait deviné — peut-être même connu par suite d'indiscrétions de la noblesse vantarde qui encombrait le quartier général des alliés — le plan mirifique que le général Weirother, un Allemand qui avait capté la confiance des empereurs, avait conçu, pour prendre comme d'un seul coup de filet toute l'armée française.

Ce plan, qui n'était qu'une copie de ceux de Napoléon, sans être toutefois aussi solidement appuyé, consistait à tourner la droite de l'armée française et à passer sur ses derrières, pour la couper de la route de Vienne, sa seule ligne de retraite, alors qu'elle serait vigoureusement attaquée de front et sur sa gauche.

Napoléon eut l'air de se prêter à l'exécution de ce plan, dont le sien était naturellement la contre-partie, en se mettant en position à quelques lieues de Brunn, dans l'angle droit formé par la rencontre des routes de Brunn à Vienne et de Brunn à Olmutz, et en arrière d'un petit ruisseau appelé le Goldbach, qui, tantôt débordant pour former des marécages, tantôt encaissé par une sorte de canalisation, traverse successivement les villages de Girzikowitz, Puntowitz, Kobelnitz, Sokolnitz et Telnitz, avant de se perdre dans les étangs de Satschau et de Menitz, situés à la droite de la position.

Pour donner aux Russes la tentation de le tourner de ce côté, Napoléon n'étendit pas sa droite, que pour la même raison il tint très faible, jusqu'à ces étangs, mais il appuya solidement sa gauche sur les collines boisées qui s'élèvent au delà de la ville d'Olmutz et particulièrement sur un mamelon arrondi, que les vieux soldats qui avaient fait la campagne d'Egypte avaient tout de suite dénommé *le Santon*, d'autant qu'on y voyait encore les restes d'un monument construit par les Turcs lorsqu'ils étaient maîtres du pays.

Sur cette hauteur, que Napoléon avait fait fortifier avec soin, la considérant comme le point d'appui de ses opérations offensives, une batterie de dix-huit pièces de canon, commandée par Senarmont, était établie sous la garde du 17ᵉ régiment d'infanterie légère de la brigade Claparède ; le reste de la division Suchet, dont cette brigade faisait partie, était au pied de la hauteur et rejoignait la division Caffarelli ; ces deux divisions formaient l'aile gauche de l'armée, sous les ordres du maréchal Lannes.

Derrière, et s'étendant presque jusqu'au centre, était Murat avec la cavalerie de réserve, comprenant la division de cuirassiers de d'Hautpoul, la division de cuirassiers de Nansouty, les divisions de dragons des généraux Walther et Beaumont et les divisions de chasseurs des généraux Kellermann et Milhaud.

Le centre, commandé par le maréchal Soult, était composé de la division Vandamme et de la division Saint-Hilaire qui devaient franchir le ruisseau de Goldbach par les villages de Girzikowitz et de Puntowitz.

La droite, intentionnellement négligée, ne comprenait ostensiblement que la division Legrand (du corps de Soult), installée derrière le marécage de Kobelnitz et le château de Sokolnitz, un régiment de cavalerie légère aux ordres du général Margaron et deux bataillons de tirailleurs désignés sous les noms de chasseurs corses et chasseurs du Pô.

Mais, à une lieue et demie en arrière, à Gross-Raigern, était Davout avec la division Friant, la seule qu'il avait pu amener aux ordres de l'Empereur ; encore avait-elle fait trente-six lieues en deux jours et n'arriva-t-elle que dans la soirée du 1ᵉʳ décembre.

Cette armée de première ligne comptait environ 40,000 combattants, mais Napoléon gardait sous sa main et pour la porter à point nommé, là où le besoin s'en ferait sentir, une réserve de 25,000 hommes, composée du corps d'armée de Bernadotte, c'est-à-dire les divisions Drouet et Rivaud, qui étaient accourues à marches forcées d'Iglau, sur la frontière de Bohême, des 10 bataillons de grenadiers d'Oudinot et de la garde impériale.

Cette réserve était disposée en arrière du centre, entre le village de Turns et celui de Schlapanitz, sur deux lignes, en colonnes par bataillon, à distance de déploiement, et avait, dans les intervalles, 40 pièces de canon.

En face du corps de Lannes, Bagration formait la droite de l'armée austro-russe ; près de lui et en face de Murat s'étendait toute la cavalerie autrichienne, commandée par le prince de Lichtenstein, et forte de 82 escadrons.

Le centre, qui occupait le plateau de Pratzen, et communiquait en avant, du côté des étangs, par des pentes rapides, et, en arrière, par une pente très douce avec le village et le château d'Austerlitz, où les deux empereurs avaient leur quartier général, comprenait la garde impériale russe et la colonne de Kollowrath.

Enfin la gauche, qui débordait de beaucoup notre droite, qu'elle avait mission de tourner par le défilé de Sokolnitz et de Kobelnitz, était sous les ordres de Buxhoewden, et comprenait les trois colonnes de Doctorof, de Langeron et de Przibyzewski ; elles occupaient avec le centre, mais provisoirement, le plateau de Pratzen, d'où elles devaient descendre, une fois le mouvement tournant commencé, pour s'engager à la suite des têtes de colonnes.

Telles étaient, le 1er décembre, les positions respectives des deux armées ; mais celles des alliés allaient bientôt être modifiées, car, dès le milieu du jour, leur armée commença le mouvement de flanc destiné à tourner la droite des Français, d'après l'infaillible plan du général Weirother.

Lorsque Napoléon, rentrant à son bivouac après avoir passé en revue les régiments de sa garde et ceux de la réserve, s'aperçut que le mouvement se dessinait très nettement et que le corps de Kienmayer, déjà en mrrche, serait suivi des masses groupées sur le plateau de Pratzen, il fut saisi d'une immense joie et dit à Berthier, son major général : « Avant demain soir, cette armée est à moi. »

En effet, si les Russes s'engageaient à fond sur sa droite, entre l'extrémité de sa ligne et les étangs, et si les troupes qu'il pousserait alors sur le plateau de Pratzen s'en rendaient maîtresses, l'armée austro-russe devait être coupée en deux, une partie rejetée sur la gauche, dans la plaine qui traversait la route d'Olmutz, l'autre vers les étangs où, prise entre deux feux, il lui serait difficile d'échapper à un désastre.

Mais pour lui ces hypothèses étaient devenues des réalités ; il était sûr de la victoire.

Pour mieux pousser encore les Russes dans le piège qu'il leur avait tendu par son contre-plan, il laissa, sans faire sortir personne de ses positions, les colonnes ennemies, qui avaient plus de quatre lieues à faire sur son flanc, défiler presque à portée de fusil de ses grands-gardes, et ordonna à Murat de faire une démonstration timide dans la plaine.

Celui-ci déploya un corps de cavalerie, qui s'avança d'abord avec assurance, mais qui s'arrêta tout d'un coup comme s'il eût été effrayé par les immenses forces de l'ennemi, puis tourna bride et rentra dans ses cantonnements.

Cette retraite simulée, que l'ennemi crut très sincère, l'affermit dans l'idée que l'armée française était incapable de lui échapper, et Kutusof lui-même, qui n'exécutait le plan de Weirother qu'à contre-cœur et par pure courtisanerie, partagea les espérances de l'empereur de Russie et de son entourage.

Celles de Napoléon n'étaient pas moins vivaces, mais heureusement pour lui elles étaient plus fondées, et sa confiance dans le succès était telle qu'il dévoila presque son plan, dans la proclamation suivante qu'il adressa à son armée et qui fut lue dans tous les régiments avant la fin du jour.

« Soldats,

» L'armée russe se présente devant vous pour venger l'armée autrichienne d'Ulm : ce sont ces mêmes bataillons que vous avez battus à Hollabrunn, et que depuis vous avez poursuivis constamment jusqu'ici. Les positions que nous occupons sont formidables, et, pendant qu'ils marcheront pour tourner ma droite, ils me présenteront le flanc.

» Soldats! je dirigerai moi-même vos bataillons; je me tiendrai loin du feu, si, avec votre bravoure accoutumée, vous portez le désordre et la confusion dans les rangs ennemis; mais si la victoire était un moment indécise, vous verriez votre Empereur s'exposer aux premiers coups ; car la victoire ne saurait hésiter, dans cette journée surtout où il y va de l'honneur de l'infanterie française, qui importe tant à l'honneur de toute la nation.

» Que, sous prétexte d'emmener les blessés, on ne dégarnisse pas les rangs, et que chacun soit bien pénétré de cette pensée qu'il faut vaincre ces stipendiés de l'Angleterre, qui sont animés d'une si grande haine contre notre nation.

« Cette victoire finira notre campagne, et nous pourrons reprendre nos quartiers d'hiver, où nous serons rejoints par les nouvelles armées qui se forment en France, et alors la paix que je ferai sera digne de mon peuple, de vous et de moi. »

Dans la baraque qu'il s'était fait construire au milieu de sa garde, sur une hauteur que les soldats appelaient la butte de l'Empereur, Napoléon passa une partie de la soirée avec ses maréchaux, auxquels il donna ses dernières instructions consistant essentiellement en ceci :

Pour Davout, à céder le terrain à droite aussi lentement que possible;

Pour Soult, à se tenir prêt à escalader le plateau de Pratzen, aussitôt que les Russes l'auraient dégarni.

Pour Bernadotte, à prendre en première ligne la place abandonnée par Soult et à tomber sur les derrières des Russes au moment où Davout, arrêtant son mouvement de retraite, les chargerait vigoureusement de front;

Enfin, pour Lannes et Murat, qui devaient agir conjointement sur la gauche, à résister énergiquement aux attaques de Bagration et à protéger le *Santon*, où le général Claparède avait juré à l'Empereur lui-même de tenir jusqu'à la mort.

Resté seul, Napoléon, désireux de juger de l'effet de sa proclamation sur ses soldats, sortit à pied pour visiter incognito quelques-uns de leurs bivouacs; mais il fut vite reconnu : les premiers qui l'aperçurent, voulant éclairer sa marche par la nuit sans lune que le brouillard rendait plus obscure, ramassèrent la paille de leurs bivouacs et en firent des torches qu'ils portèrent allumées au bout de leurs fusils.

Cet exemple fut suivi de proche en proche ; des milliers de torches apparurent sur la ligne, où éclatèrent en même temps des vivats enthousiastes; alors, pour remercier les soldats qui célébraient, par cette illumination spontanée et l'anniversaire de son couronnement et la victoire qui leur était promise pour le lendemain, il demanda son escorte, monta à cheval, et parcourut tout le campement, s'arrêtant un moment devant chaque régiment et causant familièrement avec les hommes, enchantés de le voir d'aussi près.

— « Sire, lui dit un des plus vieux grenadiers, répondant ainsi à une phrase de sa proclamation, tu n'auras pas besoin de t'exposer ; je te promets, au nom de tous les camarades, que tu n'auras à combattre que des yeux, et que nous t'amènerons demain les drapeaux et l'artillerie de l'armée russe, pour célébrer l'anniversaire de ton couronnement. »

Plus ému qu'il ne voulait le paraître, Napoléon revint à son bivouac afin de laisser reposer les soldats qui ne cessaient de l'acclamer.

« Voilà la plus belle soirée de ma vie, dit-il en rentrant dans sa tente, mais je souffre de penser que demain je perdrai bon nombre de ces braves gens. »

L'enthousiasme de l'armée ne s'éteignit pas comme les feux de paille qui l'éclairaient, et les cris de : Vive l'Empereur ! vive Napoléon ! qui retentirent presque toute la nuit et que les échos portèrent dans le camp des Russes, durent leur faire comprendre qu'une armée qui manifestait sa joie aussi véhémentement ne devait pas être aussi facile à vaincre que se l'imaginaient leurs généraux.

Bataille d'Austerlitz.

Si l'armée française ne dormit guère dans la nuit du 1er au 2 décembre, il est à supposer que Napoléon ne dormit pas du tout, car, dès quatre heures du matin, il était à cheval, parcourant le front de bandière ,inspectant une grande partie de ses régiments, qu'il savait exalter d'une seule phrase, en leur rappelant leurs exploits passés, et surveillant, dirigeant lui-même les mouvements qu'ils avaient à faire pour occuper leurs places de bataille.

Au point du jour, mais par un brouillard si intense qu'il faisait encore presque nuit, le canon qui tonna sur notre droite indiqua à Napoléon, en même temps que le bruit de la marche d'une nombreuse colonne, que les Russes n'avaient point abandonné le projet de la déborder et qu'ils tombaient en plein dans le piège qu'il leur avait tendu.

Il revint alors sur la hauteur où il avait bivouaqué, et où étaient alors réunis tous ses maréchaux, sauf Davout, déjà parti à son poste de combat.

C'est de cette hauteur dominant tout le champ de bataille encore noyé dans les brumes, que Napoléon vit apparaître ce brillant soleil d'Austerlitz qui devait éclairer sa gloire, et dont il aima tant à parler depuis.

Lannes, Murat, Soult, Bernadotte, impatients de combattre, demandaient l'ordre d'attaquer, mais Napoléon modéra leur ardeur, voulant laisser aux Russes le temps de s'engager tout à fait dans les bas-fonds marécageux qui bordaient sa droite, pour que leur faute fût irréparable.

En effet, le plateau de Pratzen se dégarnissait à vue d'œil. La colonne de Doctorof, forte de 24 bataillons, avait suivi l'avant-garde de Kienmayer, déjà aux prises avec la nôtre, et s'avançait par Augezd sur Telnitz, pour marcher le long des étangs, à la droite de ce village; celle de Langeron, de 18 bataillons, suivant le mouvement, était en route pour venir s'aligner entre Telnitz et le château de Sokolnitz, et la colonne Przibyzewsky, également forte de 18 bataillons, descendait à son tour dans la direction du château de Sokolnitz.

— « Combien vous faut-il de temps pour couronner les hauteurs de Pratzen? demanda l'Empereur à Soult, qui sollicitait l'ordre de marcher.

— Moins de vingt minutes, si nous partions tout de suite; car le brouillard qui reste encore au fond de la vallée et la fumée des bivouacs qui s'éteignent, déroberont à l'ennemi le mouvement de mes troupes.

— Alors, attendons encore un quart d'heure. »

Par le fait, cette réponse donnait le signal de l'attaque. Mais on se battait déjà sur notre droite, où la division Legrand, trop faible pour résister aux masses qui l'assaillaient, allait reculer un peu plus vite qu'elle n'aurait voulu, en attendant l'appui de la division Friant, restée en arrière, et que Davout amenait en ligne.

Le village de Telnitz, vaillamment défendu par le 3e de ligne et le bataillon des tirailleurs corses, qui avaient repoussé avec pertes les Autrichiens de Kienmayer, dont ils avaient décimé les hussards, ne put tenir, malgré l'aide prêtée par le 26e léger, contre toute la colonne de Doctorof, avec laquelle marchait le général Buxhoewden. Nos fantassins se retirèrent; le régiment de cavalerie légère de Margaron appuya leur retraite, mais, après avoir bravement soutenu plusieurs charges des quatorze escadrons que Kienmayer lança sur lui, il fut obligé de céder le terrain.

Notre droite allait se trouver entièrement débordée, si Buxhoewden, qui s'était fait attendre une heure, n'avait été obligé d'attendre à son tour la colonne Langeron, retardée par une fausse manœuvre de la cavalerie, qui, dirigée à droite quand il lui fallait aller à gauche, passa au milieu pour aller prendre sa place de bataille.

Ce retard permit à Friant d'arriver avec sa division, composée de cinq régiments d'infanterie et six régiments de dragons, mais dont l'effectif était bien diminué par une marche forcée de trente-six heures.

Le 1er régiment de dragons, qui était en tête, chargea les Austro-Russes, qui commençaient à dépasser le Goldbach, et les rejeta dans le village de Telnitz, d'où les repoussa une partie de la brigade Heudelet, c'est-à-dire le 108e de ligne renforcé de trois compagnies de voltigeurs du 15e léger. Malheureusement, le brouillard était si intense sur ces bas-fonds, couverts encore de la fumée du combat, que le 26e léger, croyant tirer sur l'ennemi, fit feu sur le 108e de ligne, qui, dans la crainte d'être tourné, se replia.

Profitant du désordre qui s'ensuivit, le général russe reprit l'offensive avec les vingt-neuf bataillons qu'il avait sous la main et réussit à s'emparer de Telnitz, au moment où Langeron, qui était enfin arrivé, pénétrait dans le village de Sokolnitz, dont Przibyzewski, chef de la troisième colonne russe, occupait le château.

Friant, qui, dans cette journée, fit des efforts héroïques pour seconder Davout, lequel se multipliait de même pour résister à 35,000 hommes avec moins de 10,000 combattants, pour la plupart harassés de fatigue, se met alors à la tête de la brigade Lochet, composée du 48e et du 111e de ligne, pour arrêter la colonne de Langeron qui débouchait du village de Sokolnitz, pendant que Davout lançait les six régiments de dragons de la division Bourcier sur la colonne de Doctorof débouchant de Telnitz.

Ces deux attaques réussirent : la brigade Heudelet entra dans Telnitz, et Friant, repoussant Langeron au delà de Sokolnitz, le rejeta sur l'autre rive du Goldbach.

Laissant le village à la garde du 48e, il court rejoindre la brigade Kister, composée du 33e de ligne et du 15e léger, et la conduit à l'attaque du château de Sokolnitz, qui est enlevé à la baïonnette. Mais il lui fallut revenir bien vite avec le 111e au secours du 48e, réfugié par pelotons dans les maisons du village, dont Langeron occupait les rues.

L'adjudant Abadie prend le drapeau. (Page 150.)

Cela dura ainsi trois heures, pendant lesquelles, avec un acharnement terrible, on se disputa les malheureux villages qui furent pris et repris on ne sait combien de fois, sans que les Russes pussent s'étendre au delà.

Tantôt vainqueurs, tantôt repoussés, mais toujours admirables, les soldats de la division Friant, comme ceux de la division Legrand qui avaient soutenu le premier choc, firent des prodiges de constance et de bravoure, et plus d'une fois Davout dut modérer leur ardeur pour ne pas contrarier les plans de Napoléon, qui lui avait recommandé de céder du terrain et non d'en conquérir.

Tout le monde fit largement son devoir; beaucoup firent plus, et il y eut, au 15e léger notamment, des actes d'héroïsme qui méritent d'être signalés.

Ce régiment, incomplet puisque nous avons vu que ses voltigeurs combattaient avec la brigade Heudelet, et resté seul dans le village de Sokolnitz, s'y trouva un moment accablé par une colonne de 6,000 Russes marchant ensemble pour l'en déloger, et qui se déployait pour l'envelopper à sa sortie. Il parvint à se dégager de cette étreinte de fer, et les lieutenants Deschamps et Brandès, qui portaient les drapeaux des deux bataillons en ligne, défendirent leurs aigles avec une bravoure incroyable, partagée par les vieux sergents de garde au drapeau, qui lardèrent de coups de baïonnette plus de trente grenadiers russes ayant réussi à les entourer.

Mais il fallait songer à la retraite. Le chef de bataillon Dulong, qui commandait alors le régiment, en donna l'ordre; mais, trouvant qu'elle se faisait plus vite qu'il ne voulait et craignant que son mouvement rétrograde ne dégénérât en une déroute, qui eût été désastreuse avec 6,000 hommes derrière soi, il s'arrêta court, saisit le drapeau du 2e bataillon et, le brandissant en l'air, il s'écria : « Soldats, je m'arrête ici. Voyons si vous abandonnerez votre étendard et votre chef. » Cette apostrophe suspendit le mouvement de recul. Se piquant d'émulation et honteux déjà d'avoir fui, les soldats firent comme leur chef, et, sans attendre de commandement, le 2e bataillon fit face en tête, le 1er l'imita un instant après, et les Russes furent contenus assez longtemps pour permettre au 111e, avec lequel Friant se portait successivement sur les points menacés, d'arriver à la rescousse et de les repousser.

Pendant que le terrain se couvrait de morts sur la droite, la lutte était entamée à gauche et au centre; nous parlerons d'abord de la gauche, où le combat, bien qu'ayant pris les proportions d'une vraie bataille, fut plus court.

Pour masquer son mouvement tournant sur notre droite, Kutusof, s'imaginant sans doute que Napoléon n'en verrait rien, avait cru devoir faire attaquer notre gauche dès le matin. Bagration, qui ne manquait pas d'énergie et se trouvait de ce côté, appuyé par les 82 escadrons du prince de Lichtenstein, très désireux de mesurer sa belle cavalerie avec celle de Murat, donna tout de suite à cette attaque un caractère de vigueur extraordinaire, d'autant qu'il lui fallait s'emparer de la position élevée du Santon qu'il avait reçu l'ordre d'occuper, mais où il s'était laissé prévenir par les Français.

Ce procédé n'était pas pour déplaire à Lannes, peu partisan des demi-mesures ; aussi marcha-t-il de l'avant à la première démonstration de l'ennemi, la division Caffarelli d'un côté de la route, la division Suchet de l'autre.

Ces magnifiques soldats défilaient par bataillons avec autant de calme que s'ils eussent été sur un champ de manœuvre. Lichtenstein, pour rompre ce bel ordre, lance les uhlans du grand-duc Constantin sur la division Caffarelli, moins nombreuse que l'autre, bien que Suchet eût un de ses régiments sur le Santon, que Bagration faisait attaquer au même moment.

Kellermann, qui marchait avec sa cavalerie légère en avant de la division Caffarelli, ne jugeant pas opportun de charger, encore moins de recevoir sur place le choc de la cavalerie de la garde russe, qui aurait pu, en le rejetant sur l'infanterie, l'exposer à y mettre le désordre, replie ses escadrons, les fait passer dans les intervalles des bataillons d'infanterie et va les reformer à gauche, pour attendre une occasion favorable.

Elle ne fut pas longue à venir, car les uhlans diminués de plus de quatre cents y compris leur chef, le général Essen, par le feu de mousqueterie qui partit du front de la division, n'osèrent pas aborder la ligne de l'infanterie et se répandirent en désordre à droite et à gauche ; c'est alors qu'il les chargea et les aurait exterminés, si le prince de Lichtenstein n'avait dépêché successivement d'autres régiments de cavalerie pour protéger les uhlans. Murat, de son côté, lança dans la plaine ses divisions de dragons pour soutenir Kellermann et ce fut, pendant une demi-heure, une mêlée de cavalerie indescriptible, qui finit, comme tous les combats de ce genre, par l'abandon du champ de bataille par les belligérants qui, chacun de leur côté, vinrent se rallier en arrière de leur ligne de bataille, laissant le terrain jonché de morts et de mourants, où les Russes dominaient toutefois sensiblement.

Kutusof avait profité de cette mêlée pour disposer en batterie quarante pièces de canon, dont la première décharge anéantit tout le groupe des tambours d'un des régiments de Caffarelli ; Lannes fit répondre à cette furieuse canonnade par le feu de toute son artillerie. Pendant ce duel au canon, le brave général Walhubert a la cuisse brisée par un boulet ; des soldats s'empressent pour l'emporter loin du combat : « Souvenez-vous de l'ordre du jour, leur crie-t-il, et retournez à vos rangs ; il ne faut pas pour un homme en perdre six, je saurai bien mourir tout seul. » Il mourut en effet, mais seulement vingt-quatre heures après et fier de la victoire à laquelle il avait concouru.

La canonnade n'empêche pas Lannes de marcher en avant. Le 13e léger reçoit l'ordre de s'emparer du village de Blaziowitz, dont la moitié était en flammes. Le colonel Castex, qui marche à la tête du 1er bataillon, tombe, frappé d'une balle au front; ses soldats vengent sa mort en s'emparant du village, où ils font des prisonniers.

Après Blaziowitz, Lannes fait enlever successivement les villages de Holubitz et de Kruch, et se trouve en face de l'infanterie de Bagration qui, ayant dû renoncer à s'emparer du Santon, rétrogradait pas à pas.

Lannes rompt alors la ligne unique que formaient ses deux divisions; il dirige la division Suchet obliquement à gauche, la division Caffarelli obliquement à droite, de façon à séparer l'infanterie de Bagration, qu'il bouscule à gauche, de la cavalerie de Lichtenstein, qu'il rejette à droite.

Naturellement, cette cavalerie n'accepte pas cette séparation; elle charge en masse la division Caffarelli, qui l'arrête par le feu de ses fusils plus encore que par ses baïonnettes. Repoussée une première fois, elle recommence l'assaut, qui n'est pas plus heureux; elle se ralliait pour tenter une troisième charge, quand les divisions de cuirassiers des généraux d'Hautpoul et de Nansouty, lancées à propos sur les escadrons russes en train de se reformer, les mirent dans le plus grand désordre, et, les poursuivant l'épée dans les reins, les obligèrent à s'enfuir du côté d'Austerlitz : ils étaient si éprouvés qu'on ne les revit pas de la journée.

Pendant cette mêlée, Suchet avait attaqué l'infanterie de Bagration, qui reculait toujours, mais sans se rompre, et faisait encore assez bonne contenance, quoique perdant beaucoup de monde.

Pour en finir, Lannes appela à lui les cuirassiers qui venaient de refouler les escadrons de Lichtenstein; il les lança sur cette infanterie, qu'ils débandèrent et mirent en fuite en lui faisant 4,000 prisonniers.

Ceux qui échappèrent suivirent Bagration qui, abandonnant le combat dès qu'il avait perdu l'appui de la cavalerie, s'était retiré sur Austerlitz.

De ce côté, tout était fini. Lannes et Murat n'avaient plus qu'à recueillir les équipages de l'armée russe, qui filaient sur la route de Wischau. Ils n'y manquèrent pas, du reste, et augmentèrent ainsi l'immense butin de cette journée.

La bataille du centre n'avait pas été si prompte; il est vrai qu'elle devait être décisive. Le maréchal Soult n'avait demandé que vingt minutes pour couronner le plateau de Pratzen, véritable clef de la position, parce qu'il ne pensait pas que Kutusof, s'apercevant un peu tard qu'il avait été trop vite en besogne, la regarnirait de tout le centre de l'armée austro-russe, immédiatement après l'avoir dégarnie des trois colonnes de Buxhoewden; il y mit une heure, ce qui était déjà fort beau, en l'état des choses. A la vérité, il n'y était pas si solidement installé qu'il ne lui fallût se défendre contre un retour offensif de l'ennemi et livrer un second combat plus terrible que le premier.

Au signal donné par l'Empereur, il avait lancé ses deux divisions qui, d'un pas rapide, gravirent les premières pentes du plateau. La division Vandamme avait passé à gauche du village de Pratzen, la division Saint-Hilaire à droite, sans s'en occuper; elles voulaient arriver et marchaient allègrement sans répondre au feu des vingt-sept bataillons russes et autrichiens que Kutusof avait mis en ligne sur les hauteurs, très précipitamment d'ailleurs, car il ne s'attendait pas à être attaqué sur son centre, au moment où il attaquait lui-même sur les deux ailes. Cependant, il était vite revenu de sa surprise et avait envoyé demander de la cavalerie au prince de Lichtenstein, qui lui avait envoyé immédiatement quatre régiments russes.

Le général Morand, à la tête du 10e léger, était au delà du village et allait se former sur le plateau, quand le général Thiébault, qui le suivait avec sa brigade comprenant le 14e et le 36e de ligne, fut arrêté un moment par une vive fusillade qui éclata sur ses derrières : c'étaient deux bataillons russes qui occupaient le village. Un de ses bataillons resta pour leur tenir tête et les mit vite en déroute, pendant qu'il continuait avec le reste pour appuyer le général Morand, déjà déployé. Il prit place à côté de lui, mit en batterie ses douze pièces de canon, et joignit la brigade Varé, voisine elle-même de la division Vandamme, qui, s'étendant plus à gauche, avait pris position près du petit mamelon de Stari-Winobradi, hauteur qui domine le plateau de Pratzen, et que les Russes avaient fait occuper par cinq bataillons et une nombreuse artillerie. Vandamme fit tourner ce mamelon par le général Schinner et se porta en avant.

On se battait déjà sur la droite, où la brigade Thiébault était aux prises avec les Autrichiens du général Kollowrath, troupes très solides et qui lui firent d'abord beaucoup de mal : le 36e de ligne, dont le colonel La Mothe-Houdard fut blessé, dut céder un peu de terrain, ainsi que le 14e, dont le colonel Mazas fut tué. Mais, le général Saint-Hilaire ayant fait resserrer ses troupes, toute la ligne put reprendre l'offensive ; c'est alors que la brigade Thiébault eut un terrible moment à passer, puisque ses deux colonels étaient hors de combat, que son général eut un cheval tué sous lui, et que Richebourg, son aide de camp, resta sur le champ de bataille.

Pendant ce temps la division Vandamme avait gagné du terrain ; elle touchait presque la première ligne ennemie, qu'elle aborda franchement à la baïonnette après avoir fait sur elle quelques décharges très meurtrières.

Ce choc, qui fut d'ailleurs terrible, précipita la première ligne sur la seconde, et toutes deux se mirent en fuite sur le revers du plateau de Pratzen, du côté d'Austerlitz, en abandonnant leur artillerie.

Vandamme revint alors au mamelon de Stari-Winobradi, le fit enlever par le 4e de ligne, qu'il conduisit lui-même à l'assaut, culbuta les bataillons russes qui le gardaient, et s'empara de leurs canons dont le feu précipita leur déroute.

Tous ces fuyards allaient s'entasser vers Austerlitz, où les deux empereurs, désespérés, essayaient vainement de les arrêter; ce à quoi réussissait un peu mieux Miloradowitch, qui courait à cheval après ses bataillons affolés et s'évertuait à leur faire comprendre que tout n'était pas fini.

C'était vrai : il y avait encore un effort à tenter. Kutusof, bien que blessé d'une balle qui avait ricoché sur sa joue, le tenta, non pas comme il aurait dû le faire, en rappelant les trois colonnes engagées dans les bas-fonds, sur notre droite, et dont il eut seulement une brigade, la brigade Kamenski, que Langeron amena au bruit du combat, mais en appelant à lui la garde impériale russe pour rallier derrière elle son centre suffisamment démoralisé, mais qui fit cependant assez bonne contenance.

La garde impériale était d'ailleurs déjà engagée en première ligne, car Bernadotte, dont les divisions avaient pris la place de celles de Soult, lui avait disputé et enlevé le village de Blaziowitz.

C'est de ce côté que se livra le second combat, auquel prirent part, du côté des ennemis, la garde impériale russe commandée par le grand-duc Constantin, la brigade Kamenski aux ordres de Langeron et tout ce qui restait d'à peu près solide des corps de Kollowrath et de Miloradowitch ; du côté des Français, le corps du maréchal Soult, une partie de la division Drouet, du corps de Bernadotte et quelques régiments de cavalerie de la garde impériale.

Ce dernier effort de l'armée austro-russe fut terrible et coûta cher à la brigade Thiébault, qui, formant l'extrême droite du corps de Soult, se trouva un moment au milieu d'une équerre de feux, entre la ligne reformée des Autrichiens et la brigade du général Langeron.

Cette périlleuse situation donna lieu à des traits d'héroïsme extraordinaire : le 36ᵉ de ligne, déjà si cruellement éprouvé le matin, écrasé par des volées de mitraille reçues à trente pas, est sur le point de plier ; l'adjudant Abadie voyant le moment où son bataillon démoralisé ne pourra plus exécuter le mouvement en équerre commandé par le général pour répondre aux deux faces de l'ennemi, saisit le drapeau et se porte à vingt pas en avant sous une grêle de balles ; puis, s'adressant à ses hommes : « Comme à la manœuvre, s'écrie-t-il, jalonnons la ligne de bataille. »

Raffermi par ce trait d'audace, le bataillon se déploie avec un ordre parfait, les autres l'imitent et la brigade Thiébault se tire de ce mauvais pas en enfonçant la ligne ennemie, mais non pas sans que le général fût blessé.

On choisit, parmi les prisonniers russes qu'on venait de faire, quatre hommes pour le transporter à l'ambulance, mais ce groupe ayant été rencontré par des blessés français capables de marcher et qui se rendaient eux-mêmes à l'ambulance, ces braves gens chassèrent les Russes et, se saisissant du brancard, s'écrièrent avec fierté : « C'est à nous seuls qu'appartient l'honneur de porter notre brave général. »

Tandis que la brigade Thiébault, aidée par le reste de la division Saint-Hilaire, poussait, la baïonnette aux reins, la brigade Kamenski dans les bas-fonds de Sokolnitz, et les Autrichiens de Kollowrath sur les revers du plateau de Pratzen, la division Vandamme, en bataille de l'autre côté du village, avait beaucoup moins de mal à repousser les Austro-Russes. Seulement, il y eut un emballement, dont les suites prolongèrent le combat.

Le premier bataillon du 4e de ligne, dans l'ardeur de la poursuite, s'étant laissé emporter trop loin, le grand-duc Constantin le fit sabrer par un régiment de cavalerie de la garde, qui le culbuta avant qu'il eût eu le temps de se former en carré, et lui enleva son drapeau.

Napoléon, qui arrivait alors sur le plateau avec sa réserve, aperçut ce désordre et dit à Rapp, qui était près de lui, de le faire cesser.

Rapp part aussitôt à la tête des mameluks et des chasseurs de la garde et court sur cette cavalerie qui, ayant avec elle quatre pièces de canon, fait sur lui une décharge à mitraille. Cela ne l'arrête pas ; il dégage les fantassins du 4e de ligne, qui reprennent courage et l'aident à culbuter les cavaliers russes.

Le grand-duc Constantin envoie aussitôt à leur secours les chevaliers-gardes de l'empereur, conduits par leur colonel, le prince Repnin : les chances du combat changent ; les chasseurs de la garde, qui voient tomber, frappé à mort, le brave colonel Morland, sont ramenés... mais Bessières arrive à son tour avec les grenadiers à cheval de la garde ; infanterie, cavalerie, tous reprennent la lutte, et la mêlée devient terrible sous les yeux de l'infanterie de la garde russe qui n'ose tirer, de peur de tuer les siens.

L'avantage reste aux Français, qui infligent des pertes sérieuses aux chevaliers-gardes, et le général Rapp revient blessé auprès de l'Empereur, mais accompagné du prince Repnin, qu'il avait personnellement fait prisonnier.

Pendant ce temps, le 27e léger et les 94e et 95e de ligne de la division Drouet, conduits par le colonel Gérard, aide de camp de Bernadotte, attaquaient l'infanterie de la garde russe et la mettaient en déroute près du village de Kreznowitz en lui faisant beaucoup de prisonniers.

Tout était fini, au centre comme à la gauche ; les empereurs Alexandre et François étaient en fuite, et il n'y avait plus qu'à descendre sur les derrières des colonnes engagées dans les bas-fonds, sur notre droite, pour que le plan de Napoléon fût exécuté de point en point.

Il laissa le corps de Bernadotte sur le plateau de Pratzen et lança le corps de Soult par le chemin qu'avaient pris les Russes le matin, puis le suivit lui-même avec sa réserve, la garde et les grenadiers d'Oudinot, furieux de n'avoir pas tiré un coup de fusil de la journée.

Il n'était guère qu'une heure et demie, mais il était grand temps pour les divisions Friant et Legrand qui, combattant depuis le matin, n'auraient pas résisté une heure de plus. Elles se battirent pourtant encore ; mais elles savaient que l'Empereur arrivait, et elles étaient sûres du succès. Elles l'obtinrent complet : leur dernier effort repoussa les Russes sur toute la ligne, et Friant eut son quatrième cheval tué sous lui, en s'emparant pour la cinquième ou sixième fois de Sokolnitz.

Prises entre deux feux, les colonnes de Prizbyzewski et de Langeron furent bientôt dans le plus grand désordre. Quelques bataillons se sauvèrent en passant sur les étangs, gelés à cette époque, et dont la glace était assez forte pour les porter. Le reste mit bas les armes : partie à Sokolnitz, où Friant était entré; partie vers Kobelnitz, et partie sur la route de Brunn qu'elle avait réussi à gagner, mais où elle fut rattrapée par la cavalerie de Bourcier.

Buxoehwden essaya de résister avec la colonne de Doctorof, grossie des Autrichiens de Kienmayer et des restes de la brigade Kamenski, avec laquelle Langeron s'était retiré sur Telnitz; mais, serré de plus en plus entre les divisions Friant et Legrand d'un côté, les divisions Vandamme et Saint-Hilaire de l'autre, il chercha bientôt son salut dans la fuite et réussit à se sauver personnellement, en marchant avec quatre régiments, par le village d'Augzed, où Vandamme n'était pas encore; mais ses têtes de colonnes y arrivèrent bientôt , repoussèrent les deux derniers régiments qui se mirent en déroute, ainsi que la brigade de Langeron qui les suivait.

Doctorof fit meilleure contenance. Il disposa ses troupes et celles de Kienmayer sur trois lignes : la cavalerie en avant, l'artillerie au milieu et l'infanterie en dernier, décidé qu'il était à tenir bon, en attendant le retour des escadrons qu'il avait envoyés chercher une voie de retraite entre l'étang de Satschau et celui de Menitz.

Mais la division des dragons de Beaumont culbuta ses cavaliers, qui se retirèrent derrière l'artillerie ; celle-ci fit alors feu de toutes ses pièces ; mais elle ne put continuer longtemps, car elle fut enlevée par l'infanterie de Soult qui passa outre et refoula l'infanterie russe sur Telnitz, où elle allait recevoir le feu de la division Friant.

Ce ne fut plus une retraite, mais une déroute. Les Russes n'ayant plus pour fuir qu'un étroit passage entre Telnitz et les étangs, déjà obstrué en partie par l'artillerie qui s'y était embourbée, trois mille hommes n'échappèrent à la mort qu'en mettant bas les armes; ce qui retarda un peu la poursuite. Quelques bataillons parvinrent à se sauver par le

Et quand il s'arrêtait avec intérêt devant les groupes... (Page 154.)

chemin qu'on avait découvert entre les étangs; mais la plupart cherchèrent leur salut sur l'étang de Satschan, déjà encombré par les débris des autres colonnes.

Napoléon, qui descendait alors des hauteurs de Pratzen avec l'artillerie de sa garde, lui ordonna de tirer sur cet étang pour en briser la glace ; mais les boulets ricochaient sur cette surface glacée, et, tout en faisant de grands ravages parmi cette cohue de fuyards, ne remplissaient pas le but qu'on se proposait. Séruzier, alors capitaine, eut l'idée de pointer, sous un angle très élevé, huit obusiers dont les lourds projectiles, tombant presque perpendiculairement, produisirent l'effet désiré. Voyant ce résultat, toutes les batteries se mirent à tirer en l'air au-dessus de l'étang : en un quart d'heure, la glace fut brisée de toutes parts, et des milliers de Russes furent engloutis dans le lac. On n'en a jamais su le nombre exact, mais il fut effrayant : toute une colonne d'artillerie, des régiments entiers, disparurent.

Jamais on n'avait vu pareil désastre; et il eût été plus terrible encore si la nuit, qui était venue, n'avait arrêté la poursuite des fuyards.

Les Russes perdirent plus de 18,000 hommes, tués, noyés ou blessés ; les Autrichiens, infiniment moins nombreux en ligne, quelques milliers seulement. Mais ce succès nous coûtait cher, et l'armée française, qui n'avait guère engagé que 45,000 hommes, en avait 7,000 hors de combat ; ce qui n'explique guère les paroles qu'on a prêtées à Napoléon : « Jamais bataille ne fut moins disputée et plus décisive. »

L'Empereur qui, dans un ordre du jour, avait expressément défendu que les hommes quittassent leurs rangs pour emporter leurs camarades blessés, ne se coucha pas sans avoir parcouru le champ de bataille dans tous les sens, afin de s'assurer par lui-même que tous les blessés seraient relevés et portés aux ambulances, pour y recevoir les soins auxquels ils avaient d'autant plus de droits qu'ils s'étaient plus courageusement battus.

Partout ces braves gens, oubliant leurs douleurs et la soif qui les dévorait, l'accueillirent de leurs vivats; et quand il s'arrêtait avec intérêt devant des groupes, qu'on avait réunis hâtivement pour les délivrer du voisinage des morts, ils lui parlaient avec une familiarité qu'autorisait son émotion, plus véritable qu'on ne pourrait le croire. Car s'il n'était pas tendre, s'il était même brutal pour tout ce qui ne lui était pas directement utile, il aimait beaucoup ses soldats, instruments de sa gloire.

— Êtes-vous bien sûr de la victoire, au moins? lui demandaient les uns.

— Vous devez être satisfait de vos soldats, aujourd'hui, lui disaient les autres.

Mais aucun ne songeait à se plaindre; ils avaient fait leur devoir, la France était victorieuse, et malgré leurs souffrances, dont la vue attristait le visage rayonnant du maître, ils étaient contents et trouvaient des accents joyeux pour saluer le vainqueur.

Grâce à la sollicitude de l'Empereur, tous furent pansés dans la soirée.

Malheureusement, il n'en put être ainsi pour les Russes; ils étaient si nombreux que, quarante-huit heures après, il y en avait encore dont les blessures n'avaient pu être soignées.

Mais ils ne furent point oubliés pour cela. Napoléon leur fit porter des vivres et des rations d'eau-de-vie, et ne s'éloigna pas sans s'être assuré par lui-même que ses ordres allaient être exécutés.

Aussi arriva-t-il fort tard à son quartier général, installé dans la maison de poste de Posoritz, où, acclamé comme il l'avait été la veille et suivi en courant par une multitude de soldats qui, oubliant leurs fatigues, avaient quitté leur bivouac pour lui faire escorte, il fit une véritable entrée triomphale.

Il y trouva le prince Jean de Lichtenstein, qu'il connaissait déjà et qu'il estimait comme un brave soldat, bien que sa cavalerie n'eût pas brillé dans la journée contre celle de Murat.

Lichtenstein, humilié de sa défaite, mais n'ayant rien à se reprocher personnellement, venait, de la part de l'empereur d'Autriche, lui demander, aux avant-postes, une entrevue devant amener la conclusion de la paix.

Napoléon, bien qu'enivré de ses succès, le reçut avec beaucoup de courtoisie, mais n'accepta l'entrevue que pour le surlendemain, disant qu'il n'accorderait pas d'armistice avant d'avoir causé avec l'empereur François.

Évidemment, et c'était tout naturel, il voulait augmenter les résultats de sa victoire et, par conséquent, justifier mieux ses prétentions, en poursuivant l'armée austro-russe.

Mais on perdit du temps, par suite d'une manœuvre maladroite de Murat, qui, trompé par de faux rapports, avait lancé sa cavalerie sur la route d'Olmutz, tandis que l'ennemi se retirait dans la direction de la Hongrie, à la suite des deux empereurs, qui avaient galopé une partie de la nuit pour se réfugier dans le château d'Holitsch, propriété particulière de l'empereur d'Autriche.

Sitôt que la bonne piste fut connue, le maréchal Davout, qui se trouvait le plus à portée, s'y engagea avec la division Friant, renforcée par la division Gudin, qui, malgré sa marche forcée, n'avait pu arriver sur le champ de bataille d'Austerlitz que trois heures après la victoire.

Il atteignit l'ennemi à Gœding, et prit ses dispositions pour l'empêcher d'effectuer le passage de la Morava ; il allait l'attaquer et le mettre évidemment en très mauvaise posture, quand Savary lui apporta contre-ordre de l'Empereur.

L'armistice venait d'être conclu, comme nous le verrons plus loin.

Le lendemain de la bataille, Napoléon porta son quartier général au château d'Austerlitz. C'est de là qu'il adressa ses remerciements à son armée, par la proclamation suivante :

« Soldats,

» Je suis content de vous : vous avez, à la journée d'Austerlitz, justifié tout ce que j'attendais de votre intrépidité. Vous avez décoré vos aigles d'une immortelle gloire. Une armée de cent mille hommes, commandée par les empereurs de Russie et d'Autriche, a été, en moins de quatre heures, ou coupée ou dispersée. Ce qui a échappé à votre fer s'est noyé dans les lacs.

» Quarante drapeaux, les étendards de la garde impériale de Russie, cent vingt pièces de canon, vingt généraux, plus de trente mille prisonniers sont le résultat de cette journée à jamais célèbre. Cette infanterie tant vantée, et en nombre supérieur, n'a pu résister à votre choc, et désormais vous n'avez plus de rivaux à redouter.

» Ainsi, en deux mois, cette troisième coalition a été vaincue et dissoute. La paix ne peut plus être éloignée; mais, comme je l'ai promis à mon peuple avant de passer le Rhin, je ne ferai qu'une paix qui nous donne des garanties et assure des récompenses à nos alliés.

» Soldats, lorsque tout ce qui est nécessaire pour assurer le bonheur et la prospérité de notre patrie sera accompli, je vous ramènerai en France; là, vous serez l'objet de mes plus tendres sollicitudes. Mon peuple vous reverra avec joie, et il vous suffira de dire : « J'étais à la bataille d'Austerlitz » pour que l'on vous réponde : « Voilà un brave. »

Il n'y avait rien d'exagéré dans les chiffres de cette proclamation, sauf celui des prisonniers dont on ne savait pas encore exactement le nombre, et qui ne dépassa pas 25,000 hommes, mais qui eût été bien plus considérable si l'armistice n'avait empêché la poursuite du reste de l'armée russe, que Davout avait presque enveloppé à Gœding.

Par contre, le chiffre des canons était bien au-dessous de la vérité, puisque 280 bouches à feu tombèrent au pouvoir de l'armée française.

Ce n'est pas, comme on l'a dit, le bronze de ces canons, presque tous russes, du reste, qui servit à faire la colonne Vendôme, mais celui des canons autrichiens — et le nombre en était bien plus grand encore — que l'on avait trouvés dans les arsenaux de Vienne.

L'entrevue demandée par l'empereur d'Autriche eut lieu aux avant-postes, près du moulin de Paleny, entre Nasiedlowitz et Urschitz. Napoléon, qui avait eu la politesse d'arriver le premier, reçut François II devant un feu de bivouac, où il l'amena après avoir été lui tendre la main pour descendre de voiture, en s'excusant de le recevoir en pareil lieu.

— Ce sont là, lui dit-il, sur un ton qui n'était point celui du reproche, les palais que Votre Majesté me force d'habiter depuis trois mois.

A quoi l'empereur d'Autriche répondit :

— Ce séjour vous réussit assez bien pour que vous n'ayez pas le droit de m'en vouloir.

La cordialité de l'accueil du vainqueur ayant encouragé le vaincu, les deux souverains eurent ensemble un long entretien, d'où sortit d'abord l'armistice, permettant à l'armée russe de se retirer en Pologne par étapes, puis la paix, dont les préliminaires furent encore longs, puisque le traité ne fut signé à Presbourg que le 26 décembre.

Entre temps, et bien qu'il ne sût pas très bien à quoi s'en tenir sur les sentiments du roi de Prusse, puisqu'il répondit aux félicitations que se hâta de lui apporter M. d'Haugwitz, son ambassadeur : « Votre compliment a changé d'adresse », Napoléon avait consenti à traiter avec lui, pourvu qu'il fût question d'alliance offensive et défensive; et, ratifiant les promesses qu'il avait faites pour obtenir la neutralité de la Prusse, il lui donna le Hanovre en échange du duché de Clèves, de la place de Wesel, sur le Rhin, et de la principauté de Neuchâtel, en Suisse.

Résumons maintenant cette merveilleuse campagne par quelques lignes de Thiers, maître en cet art de dire beaucoup de choses en peu de mots, qui fait les grands historiens :

« Tandis que la guerre de la première coalition avait duré cinq ans, celle de la seconde coalition, deux, la guerre que venait de susciter la troisième avait duré trois mois, tant était devenue irrésistible la puissance de la France révolutionnaire concentrée dans une seule main, et tant cette main était habile et prompte à frapper ceux qu'elle voulait atteindre!

» Les événements s'étaient effectivement passés comme Napoléon les avait tracés d'avance, dans son cabinet, à Boulogne. Il avait pris les Autrichiens à Ulm, presque sans coup férir; il avait écrasé les Russes à Austerlitz, dégagé l'Italie par le seul effet de sa marche offensive sur Vienne, et réduit à de pures imprudences les attaques sur le Hanovre et sur Naples. Celle-ci, notamment, après la bataille d'Austerlitz, n'était qu'une folie désastreuse pour la maison de Bourbon. L'Europe était aux pieds de Napoléon, et la Prusse, entraînée un moment par la coalition, allait se trouver à la merci du capitaine qu'elle avait offensé et trahi. »

Il ne la punit pas tout de suite, parce qu'il avait des projets sur elle; mais elle ne perdit rien pour attendre.

IV

IÉNA-AUERSTÆDT

Nouvelle coalition. — Dispositions hostiles de la Prusse. — Combat de Schleitz. — Combat de Saalfeld. — Mort du prince Louis. — Bataille d'Iéna. — Bataille d'Auerstædt. — Capitulation d'Erfurt. — Combat de Halle. — Occupation de Leipzig, de Wittenberg et de Dessau. — Entrée de Napoléon à Berlin. — Capitulation de Prenzlow. — Capitulation de Lubeck. — Reddition des places de Magdebourg, Stettin et Custrin. — Résultats de la campagne.

La courte campagne de 1805 avait écrasé l'Autriche ; celle de 1806, qui fut plus courte encore et tout aussi glorieuse, n'écrasa pas seulement la Prusse, elle l'anéantit.

Après les batailles d'Iéna et d'Auerstædt, qui se livrèrent le même jour (14 octobre), à quatre lieues de distance; après avoir fait prisonniers, en diverses rencontres, les cent mille hommes qui s'étaient échappés des champs de bataille, Napoléon pouvait supprimer la Prusse et effacer de la carte d'Europe ce royaume à peine assis, formé de pièces et de morceaux par les victoires du grand Frédéric, dont le deuxième successeur se trouvait sans États et sans soldats après un mois de campagne.

Il y songea certainement, et on en serait même à se demander pourquoi il ne l'a pas fait, si l'on ne savait qu'au-dessus des hommes de génie il y a quelque chose qui les dirige : cette chose même qui leur donne le génie.

Instrument dans les mains de la Providence, qui voulait sans doute que notre nation fût punie de l'abandon qu'elle avait fait d'elle-même en jetant aux pieds de Napoléon, qui ne lui donna en échange que de la gloire, son sang, son or et sa liberté, l'Empereur, arbitre des destinées de la Prusse, la laissa vivre, trop faible pour pouvoir lui servir, — car on ne s'appuie pas sur des ruines, — mais trop forte encore pour ne pas redevenir tôt ou tard son ennemie.

Jamais, en effet, elle n'oublia cette journée néfaste où naufragea sa puissance et où elle faillit laisser même son honneur et son nom ; jamais elle ne pardonna à la France l'humiliation de cette double défaite ; et la haine qu'elle lui mit au cœur ne fit que s'accroître avec le temps.

Elle grandit avec les succès qui lui permirent de se relever et lui firent entrevoir l'espoir d'une vengeance prochaine. Waterloo, l'invasion, où elle ne joua d'ailleurs qu'un rôle secondaire, ne furent considérés par elle que comme des palliatifs. Elle ne se contentait pas de panser les blessures de son orgueil avec des victoires partagées, où la plus grande part de gloire n'était pas toujours pour le vainqueur; elle voulait faire oublier la catastrophe d'Iéna par une catastrophe plus grande encore, et, puisqu'elle ne pouvait effacer de l'histoire cette page de honte écrite avec son sang, il fallait, pour que sa haine s'assouvît, pour que sa honte disparût, qu'elle en écrivît d'autres plus cruelles, qui fissent saigner l'orgueil et le cœur des Français.

Elle attendit soixante-quatre ans l'occasion de prendre la revanche qu'elle rêvait; nous savons trop combien elle fut terrible : nous en pleurons encore!

Mais laissons ces humiliations que l'avenir peut corriger, même si, comme nos vainqueurs, nous n'avons pas d'autre génie que la patience, et revenons aux gloires du passé.

Napoléon ne perdit pas son temps. Après le traité de Presbourg, qui amoindrissait l'Autriche de quatre millions d'habitants et de quatre provinces, l'Istrie et la Dalmatie furent ajoutées au royaume d'Italie ; la Bavière, enrichie du Tyrol, et le Wurtemberg, augmenté de la Souabe, devinrent des royautés tributaires.

Ce traité, qui éloignait la Prusse du Rhin et l'Autriche de l'Italie, où elle perdait toute son influence aussi bien que sur la Suisse, inspira à Napoléon une grande pensée : la dissolution du vieil empire germanique créé par Charlemagne. Il y arriva par la constitution de la Confédération du Rhin, qu'il forma des principautés les plus puissantes de l'Allemagne occidentale et centrale, et qui se partagèrent, à l'exclusion de la Prusse et de l'Autriche, les 370 petits États, causes perpétuelles d'anarchie.

C'était certainement un bienfait pour l'Allemagne, et une garantie pour l'équilibre européen, que de placer entre trois grands États militaires, toujours en rivalité, cette vaste confédération qui empêchait leurs États de se toucher; malheureusement, Napoléon ne détruisait l'empire de Charlemagne que pour le refaire à son profit, et rêvait pour lui-même le titre d'empereur d'Allemagne, auquel François II avait été obligé de renoncer.

Il chassa les Bourbons de Naples, dont Masséna conquit le royaume tambour battant avec une armée de 40,000 hommes, et compléta le système de l'Empire en l'entourant de monarchies ou de principautés vassales. Ainsi, son frère Joseph fut roi de Naples et de Sicile; son frère Louis, roi de Hollande; sa sœur Élisa devint duchesse de Lucques; son autre sœur, Pauline, la belle princesse Borghèse, duchesse de Guastalla; Murat, qui avait épousé Caroline, la troisième, eut le grand-duché de Berg; Berthier, la principauté de Neuchâtel; Talleyrand, celle de Bénévent; Bernadotte, celle de Ponte-Corvo.

Pendant qu'il était en train de créer une féodalité nouvelle, mais sans aucun pouvoir politique, Napoléon tailla à pleins ciseaux et se réserva 12 duchés dans les États Vénitiens, 4 dans le royaume de Naples, 3 dans les duchés de Parme, de Plaisance et de Lucques, pour donner des apanages à ses compagnons d'armes et à ses plus dévoués serviteurs; et, afin d'avoir des récompenses pour tous les grades, il garda pour des distributions futures: 34 millions de biens nationaux, 2,400,000 fr. de rente dans les divers États d'Italie, 20 millions de domaines en Pologne, 30 en Hanovre, 5 à 6 millions de revenus en Westphalie.

Cette profusion de dotations accordées à ses généraux, ses ministres et ses soldats exalta le courage, le dévouement de tous, et une nouvelle noblesse se forma par le talent, la bravoure et les services rendus.

C'était une dérivation au principe de l'égalité, mais ce soldat couronné voulait des courtisans sur les marches de son trône; du moins, cette nouvelle aristocratie n'eut aucun privilège et n'eut sur les autres citoyens d'autre avantage que ses titres et ses honneurs; et comme ces titres étaient mérités, le principe révolutionnaire serait resté sauf s'ils n'eussent été héréditaires.

Cette installation de l'Empire de Napoléon, dans la gloire qu'il s'était acquise par ses victoires, n'était pas faite pour plaire à ses ennemis, d'autant plus acharnés qu'ils étaient plus humiliés; l'Angleterre surtout ne désarmait pas.

Un moment, Napoléon avait cru pouvoir faire la paix avec Fox, qui avait remplacé au ministère Pitt, célèbre par sa haine pour la France, et que la nouvelle de la bataille d'Austerlitz avait tué; mais la mort prématurée de Fox rendit le pouvoir aux partisans de la guerre à outrance.

L'Empereur dut songer à une grande alliance continentale. Il ne pouvait compter sur l'Autriche, dont l'humiliation était trop profonde et surtout trop récente; la Russie, irritée de sa défaite d'Austerlitz, mettait son alliance à trop haut prix et ne se livrait qu'à demi : ce n'était donc qu'à la Prusse que Napoléon eût pu associer sa fortune. Il lui avait cédé le Hanovre, dans l'espérance de la détacher de l'Angleterre, qui avait des prétentions, sinon des droits sur ce royaume; mais cette nation vacillante ne lui inspirait aucune confiance : il savait que, la veille d'Austerlitz, elle

Murat qui marchait en avant... (Page 167.)

préparait ses armées sur nos derrières, et n'osait rien attendre d'une cour qui se croyait encore celle du grand Frédéric, bien qu'elle n'adulât qu'un roi faible, sans prestige comme sans volonté, et prêt à se laisser entraîner à l'abîme par une reine belle, romanesque, mais imprudente, qui chevauchait à travers les camps en excitant le courage des soldats, auxquels elle fit croire qu'ils seraient invincibles, commandés par le vieux duc de Brunswick, l'élève du grand Frédéric.

Napoléon pourtant le tenta. Il engagea la Prusse à fonder dans le Nord une confédération semblable à celle du Rhin; mais il fut devancé par l'Angleterre. Une nouvelle coalition s'était formée pour aider la Prusse à repousser la grande armée, qui, sauf la garde impériale revenue à Paris et le corps d'armée de Marmont parti en Dalmatie, était restée en Allemagne : la Russie promettait deux armées, la Suède son appui et l'Angleterre ses subsides. C'était toujours elle qui fournissait l'argent, ce nerf de la guerre; mais jusqu'alors, sauf dans le royaume de Naples, elle n'avait pas encore envoyé un seul de ses régiments.

Dès le 9 août, bien que rien ne fût décidé, puisque Fox vivait encore et que la politique du cabinet anglais n'était pas à la guerre, la Prusse mobilisa ses forces, dispersées dans toutes les parties du royaume et formant un total de 224,000 hommes.

En retranchant les garnisons nécessaires aux places fortes, il restait à faire entrer en ligne, indépendamment d'un corps de réserve de 15,000 hommes placé sous le commandement du duc de Wurtemberg, 154,000 hommes qui furent concentrés en trois armées.

Celle de l'aile droite, forte de 34,000 hommes, sous les ordres du général Rüchel, se rassembla sur les frontières de la Hesse.

Celle du centre, dite armée du roi, bien qu'elle fût commandée par le vieux duc de Brunswick, qui avait alors soixante-douze ans, ayant en sous-ordre le général Kalkreuth qui en avait soixante-neuf, et le feld-maréchal Mollendorf qui en comptait quatre-vingt-deux, comprenait 70,000 hommes réunis autour de Magdebourg.

Enfin celle de l'aile gauche, dite armée de Silésie, parce qu'elle fut recrutée dans cette province, mais qui se concentra en Saxe, afin de décider, moitié par force, moitié par persuasion, l'Électeur de Saxe à fournir son contingent.

Cette armée, qui compta alors 50,000 hommes, y compris 20,000 Saxons, était sous les ordres du prince de Hohenlohe; son avant-garde était commandée par le prince Louis de Prusse, neveu du grand Frédéric, et l'un des plus ardents promoteurs de cette guerre, dont il allait être une des premières victimes.

Cette concentration fut longue, mais moins encore que l'indécision du roi Frédéric-Guillaume, qui ne pouvait se décider à jeter le gant. Cependant, le 21 septembre, il quitta Potsdam avec la reine et transporta son quartier général à Magdebourg. Toute la Prusse considéra ce départ comme une déclaration de guerre, et l'enthousiasme du parti belliqueux, qui avait la reine à sa tête, ne connut plus de bornes.

Napoléon n'avait pas attendu cet événement pour prendre ses précautions. Pour lui, l'invasion de la Saxe et la violation de sa neutralité avaient été la vraie déclaration de guerre; et, comme son armée était toute rendue, il prit des mesures pour en augmenter l'effectif, d'abord en mettant toutes les compagnies au complet, au moyen de renforts partis du camp d'instruction de Mayence, où le maréchal Kellermann commandait un corps de réserve; ensuite, en faisant partir sa garde, dont l'infanterie voyagea en poste, c'est-à-dire au moyen de charrettes qui ne faisaient guère plus de deux ou trois étapes par jour. Puis il écrivit aux rois de Bavière et de Wurtemberg et à tous les princes de la Confédération du Rhin de préparer en hâte leurs contingents, s'élevant ensemble, indépendamment des 15,000 Bavarois postés au camp de Braunau pour se garder de toute surprise du côté de l'Autriche, à une quarantaine de mille hommes; ces troupes devaient former un corps d'armée spécial sous le commandement du prince Jérôme, qui était tout naturellement indiqué, puisque le plus jeune frère de l'Empereur était sur le point d'épouser la princesse Catherine de Wurtemberg.

Quant aux corps français cantonnés en Allemagne et qui devaient seuls former la première ligne, ils reçurent l'ordre de se concentrer de la façon suivante :

Bernadotte, aux environs de Lichtenfels, avec ses avant-postes au delà de Kronach et aux débouchés de Cobourg;

Ney, à Nuremberg;

Davout, aux environs de Bamberg;

Soult, entre Amberg et Bamberg;

Lannes, en avant de Schweinfurt, avec un poste à Kœnigshofen;

Augereau, à Wurzbourg, où devait aussi rejoindre la garde inpériale commandée par Bessières;

Et la réserve de cavalerie, dont Murat accourut prendre le commandement, entre Wurzbourg et Kronach.

L'effectif total, y compris les régiments de marche déjà venus de Mayence et la garde qui allait arriver de Paris, était d'environ 170,000 hommes.

C'était plus qu'il n'en fallait pour battre les armées prussiennes, d'autant qu'elles ne pouvaient pas compter sur le secours des Russes qui, ayant une longue de route à parcourir et n'étant jamais pressés, ne pouvaient guère entrer en ligne avant deux ou trois mois.

Aussi Napoléon était-il sans inquiétude; ce qui ne l'empêcha pas de prendre toutes les précautions nécessaires pour défendre son territoire là où il pouvait être attaqué.

Il quitta Saint-Cloud le 25 septembre pour venir se mettre à la tête de la grande armée : le 28, il était à Mayence, jusqu'où l'avait accompagné l'impératrice Joséphine; le 1er octobre, il passait le Rhin; le 2, il était à Wurzbourg, où l'attendaient beaucoup de généraux et de princes de la Confédération du Rhin, et où il reçut la visite du roi de Wurtemberg.

Le 6, il établissait son quartier général à Bamberg. C'est là qu'il reçut une lettre de dix pages que lui avait adressée le roi de Prusse, mais qui, l'ayant croisé à Mayence, avait perdu du temps à courir après lui; si bien que le délai que lui *accordait* Frédéric-Guillaume pour lui faire une réponse catégorique, expirait le 8.

Napoléon ne lut que les premières pages de cette espèce d'*ultimatum*, rédigé comme un pamphlet et où on le mettait en demeure de repasser le Rhin, d'évacuer le territoire allemand et de renoncer aux couronnes d'Italie, de Naples et de Hollande; sinon, la France était menacée de la colère des armées prussiennes.

— Je plains mon frère le roi de Prusse, dit-il en rejetant ce factum; il n'entend pas le français et n'a sûrement pas lu cette rapsodie.

Puis, s'adressant à Berthier, qui était là avec beaucoup d'autres de ses lieutenants :

— Maréchal, on nous donne un rendez-vous d'honneur pour le 8, et jamais un Français n'y a manqué; mais comme on assure qu'il y a une belle reine qui veut être témoin du combat, soyons courtois et marchons sans nous coucher pour la Saxe.

Les ordres de marche furent aussitôt donnés; mais Napoléon ne répondit à l'insolence du roi de Prusse que par la proclamation suivante qu'il adressa à son armée :

« Soldats,

» L'ordre pour votre rentrée en France était parti, vous vous en étiez déjà rapprochés de plusieurs marches. Des fêtes triomphales vous attendaient, et les préparatifs pour vous recevoir étaient commencés dans la capitale.

» Mais, lorsque nous nous abandonnions à cette trop confiante sécurité, de nouvelles trames s'ourdissaient sous le masque de l'amitié et de l'alliance. Des cris de guerre se sont fait entendre à Berlin; depuis deux mois, nous sommes provoqués tous les jours davantage.

» La même faction, le même esprit de vertige qui, à la faveur de nos dissensions intestines, conduisit il y a quatorze ans les Prussiens au milieu des plaines de la Champagne, domine encore dans leurs conseils. Si ce n'est plus Paris qu'ils veulent brûler et renverser jusque dans ses fondements, c'est aujourd'hui leurs drapeaux qu'ils se vantent de planter dans la capitale de nos alliés; c'est la Saxe qu'ils veulent obliger à renoncer, par une transaction honteuse, à son indépendance, en la rangeant au nombre de leurs provinces; c'est, enfin, vos lauriers qu'ils veulent arracher de votre front.

» Ils veulent que nous évacuions l'Allemagne à l'aspect de leur armée. Les insensés!... qu'ils sachent donc qu'il serait mille fois plus facile de détruire la grande capitale que de flétrir l'honneur des enfants du grand peuple et de ses alliés. Leurs projets furent confondus alors; ils trouvèrent dans les plaines de la Champagne la défaite, la mort et la honte; mais les leçons de l'expérience s'effacent, et il est des hommes chez lesquels le sentiment de la haine et de la jalousie ne meurt jamais.

» Soldats! il n'est aucun de vous qui veuille retourner en France par un autre chemin que celui de l'honneur. Nous ne devons y rentrer que sous des arcs de triomphe.

» Eh quoi! aurions-nous donc bravé les saisons, les mers, les déserts; vaincu l'Europe plusieurs fois coalisée contre nous; porté notre gloire de l'orient à l'occident, pour retourner aujourd'hui dans notre patrie comme des transfuges, après avoir abandonné nos alliés, et pour entendre dire que l'aigle française a fui épouvantée devant des armées prussiennes!...

» Mais déjà ils sont arrivés sur nos avant-postes. Marchons donc, puisque la modération n'a pu les faire sortir de cette étonnante ivresse. Que l'armée prussienne éprouve le même sort qu'elle éprouva il y a quatorze ans! Qu'ils apprennent que, s'il est facile d'acquérir un accroissement de domaines et de puissance avec l'amitié d'un grand peuple, son inimitié, qu'on ne peut provoquer que par l'abandon de tout esprit de sagesse et de raison, est plus terrible que les tempêtes de l'Océan. »

Cet ordre du jour est un peu long, mais Napoléon ne le faisait pas seulement pour ses soldats : c'était sa réponse au roi de Prusse, c'était la déclaration de guerre.

Combat de Schleitz.

Le 8 octobre, dès trois heures du matin, Napoléon quitta Bamberg pour se rendre à Kronach, où il acquit la certitude que tout concourait à l'exécution de son plan, dont il n'avait eu besoin de révéler le secret à personne, puisqu'il allait diriger lui-même les opérations.

Ce plan, l'un des plus beaux qu'il ait jamais conçus et exécutés, était très simple.

Sachant que l'Elbe est la seule protection de la Prusse, et particulièrement de Berlin, du côté où il se trouvait, de même que l'Oder est sa seule ligne de défense du côté de la Russie, il résolut de tourner l'armée prussienne par sa gauche; de la gagner de vitesse sur l'Elbe, de façon à franchir ce fleuve aux points les plus faciles de son cours; de s'emparer de Berlin, puis de précéder les Prussiens sur l'Oder, comme il les aurait précédés sur l'Elbe pour empêcher les Russes d'arriver à leur secours, au cas où ils auraient fait une diligence peu probable, mais qui cependant était possible. Par ce moyen, il empêchait la jonction des armées ennemies et les battrait l'une après l'autre, n'importe où elles lui offriraient la bataille; car il était sûr de les vaincre avec son armée au moins égale en quantité, mais bien supérieure en qualité, puisqu'elle était composée en grande partie de vieux soldats commandés par des généraux jeunes, tandis que l'armée prussienne ne comprenait guère que de jeunes soldats commandés par de vieux généraux.

A cause de cela, le choix du ou des champs de bataille l'inquiétait peu dans son idée première; ce qui lui importait dans cette campagne, c'était d'être le premier sur l'Oder, après avoir été le premier sur l'Elbe.

Pour cela, il fallait d'abord pénétrer en Saxe, non pas par la grande route qui passe par Eisenach, Gotha, Weimar et Erfurt, que les Prussiens ne manqueraient pas de défendre, mais par les défilés de la Franconie, qui conduisaient des sources du Mein à celles de la Saale, en passant au travers de la forêt de Thuringe.

Ces défilés étant précisément au nombre de trois, les trois fractions de l'armée pouvaient s'y engager à la fois et faire route simultanément; toutefois, comme il fallait cacher ses projets et essayer de tromper l'ennemi sur la marche de l'armée, la gauche, composée des corps de Lannes et d'Augereau et forte de 39,000 hommes, fit de bruyantes démonstrations sur la grande route. Mais, sitôt la nuit venue, elle se rabattit en hâte sur Newstadt, pour s'engager dans le défilé qui va de Cobourg à Saalfeld, en passant par Grafenthal.

Le centre, dirigé par Napoléon en personne, et comprenant le corps de Davout, celui de Bernadotte, la cavalerie de réserve de Murat et la garde impériale, soit ensemble 76,000 hommes, prit par le défilé de Kronach à Labenstein et Saalburg, pour se porter ensuite sur Schleitz et Iéna.

Enfin, la droite, composée des corps des maréchaux Soult et Ney et d'une division bavaroise (ensemble 65,000 hommes), marcha par le défilé de Bayreuth à Hof, pour se porter de là sur Plauen et au delà, de façon à tourner toutes les positions que l'ennemi aurait prises sur la rive droite de la Saale.

Murat, qui marchait en avant, éclairant le corps de Bernadotte, traversa le défilé central avec la brigade du général Lasalle, composée des 5e et 7e hussards, la brigade Wathier (4e hussards et 5e chasseurs), et le 13e chasseurs, de la brigade Milhaud. Arrivé à Lobenstein, il envoya un régiment à droite vers Hof, un régiment à gauche vers Saalfeld, pour reconnaître et dégager au besoin les défilés par où allaient déboucher les autres corps de l'armée; puis, après avoir attendu le 27e léger qui le suivait de près, conduit par le général Maison, il continua sa route vers Saalburg.

Deux bataillons d'infanterie, deux escadrons de cavalerie et quelques pièces d'artillerie appartenant à la division du général Tauenzien, composée de 6,000 Prussiens et de 3,000 Saxons, firent mine de vouloir défendre le passage de la Saale, en avant de Saalburg; mais, après un échange de coups de canon et sur une démonstration de quelques compagnies du 27e léger, ils rétrogradèrent sur la division qui était à Schleitz.

Le lendemain, 10 octobre, Murat et Bernadotte la trouvèrent en bataille, en arrière de la ville qu'elle n'occupait pas très fortement : l'artillerie en avant, l'infanterie derrière, et la cavalerie, forte de 2,000 chevaux, sur les ailes.

La brigade du général Maison attaqua et enleva la ville sans beaucoup de difficultés, et les bataillons ennemis se replièrent à la hâte. Murat, qui n'avait sous la main que le 4e régiment de hussards, commandé par le colonel Burthe, le lança sur cette infanterie; mais la cavalerie ennemie s'ébranla pour venir l'appuyer, et, comme elle était bien supérieure en nombre, elle ramena nos hussards.

Murat appela aussitôt le 5e de chasseurs resté en arrière, et, en attendant l'arrivée de l'infanterie légère du général Maison, se mit à la tête des hussards pour reprendre l'offensive : il fut encore ramené, chargea de nouveau, recula encore, et, malgré sa vaillance accoutumée qu'il avait communiquée à ses cavaliers, il aurait fini par succomber sans le secours du 5e chasseurs, qui fournit une charge brillante, pendant que les hussards se reformaient en arrière.

Pour se débarrasser de ces deux régiments qui commençaient à l'inquiéter, le général Tauenzien lança contre eux tout ce qui lui restait de cavalerie, essayant de les déborder d'un côté avec les hussards prussiens, de l'autre avec les dragons rouges de Saxe.

Mais le général Maison arrivait avec cinq compagnies du 27e léger, pour couvrir le flanc de notre cavalerie, et ses hommes, qu'il n'avait pas pris le temps de former en carré, exécutèrent à bout portant un feu si bien nourri que deux cents dragons rouges furent abattus par la première décharge; les autres se hâtèrent de tourner bride. Trois compagnies de voltigeurs du 94e, guidées par le capitaine Razout, frère du colonel, ayant fait au même moment une besogne aussi meurtrière de l'autre côté, les hussards prussiens battirent également en retraite, entraînant avec eux le reste de la cavalerie.

Le général Wathier, à la tête du 4e hussards et du 5e chasseurs, les poursuivit vigoureusement, pendant que toute la brigade Maison, qui avait débouché du village, attaquait résolument l'infanterie; celle-ci ne jugea pas à propos d'attendre le choc et se mit en retraite par le village d'Œtterdoff, où Murat la poursuivit, jusque plus d'une lieue au delà, appuyé par la brigade légère du général Maison.

Sans la nuit qui vint trop vite, la déroute de Tauenzien, qui avait laissé 600 morts sur le champ de bataille, eût été désastreuse. Il n'abandonna que 3 pièces de canon et 400 prisonniers, grâce aux grands bois où ses hommes purent se réfugier; mais la poursuite recommença le lendemain, et Lasalle avec sa brigade de hussards, atteignant un long convoi de bagages dont il sabra l'escorte, s'empara d'un équipage de pont et de 500 caissons ou voitures renfermant d'énormes quantités de munitions et d'approvisionnements.

Ces résultats matériels étaient relativement considérables; mais ce premier combat eut surtout un effet moral immense, bien que se produisant en sens inverse dans les deux armées.

Combat de Saalfeld.

Dans les reconnaissances que la cavalerie de Murat avait faites aux débouchés des défilés de la forêt de Thuringe, elle avait signalé près de Saalfeld la présence d'un corps ennemi considérable.

Napoléon avait donné à Lannes, arrivé le 9 au soir à Grafenthal, l'ordre de l'attaquer le lendemain et de le renseigner au plus tôt sur son importance; car, s'il y avait là 25,000 hommes, il ferait marcher des renforts par Possneck, afin de le prendre en queue.

Lannes, qui était à dix heures du matin à Saalfeld, reconnut qu'il n'avait pas devant lui plus de 10,000 hommes et se fit fort de les refouler, bien qu'il n'eût avec lui que la division Suchet et deux régiments de cavalerie, le 9e et le 10e de hussards.

Il n'y avait que cela, en effet, et même un peu moins : 7,000 fantassins et 2,000 cavaliers, formant l'avant-garde de l'armée de Hohenlohe, commandée par le prince Louis de Prusse qui avait demandé à rester là pour s'opposer à la marche de l'aile gauche des Français, mais n'en avait

Le maréchal des logis riposte alors d'un coup de pointe. (Page 171.)

obtenu l'autorisation qu'à la condition de ne s'engager à fond dans aucun combat avant d'avoir été rejoint par l'avant-garde de l'armée du roi, qui aurait dû s'avancer de ce côté sous les ordres de Blücher, si les deux généraux en chef avaient su ce qu'ils voulaient. Mais ils n'avaient même pas pu se mettre d'accord sur ce qu'ils ne voulaient pas, chacun d'eux prétendant avoir deviné le plan de Napoléon et se faisant fort de le déjouer.

Le prince Louis, qui avait aussi ses idées personnelles, ne tint aucun compte des recommandations qui lui étaient faites, et se mit en bataille sitôt l'approche des Français; de fait, les positions de combat qu'il prit entre Grabe et Wohlsdorf, avec, devant lui, une montagne boisée d'où l'artillerie ennemie pouvait le mitrailler à couvert et, derrière, une rivière, la Schwartza, assez considérable pour empêcher sa retraite, prouvent surabondamment qu'il avait plus de bravoure que de science militaire.

Il appuya sa gauche, composée d'infanterie, à la ville et à la rivière, déploya sa droite, uniquement composée de cavalerie, dans la plaine et attendit l'ennemi.

Il n'eut pas longtemps à attendre. Lannes, disposant son artillerie sur la hauteur qui dominait sa ligne de bataille, commença à le canonner vigoureusement, pendant que Suchet, avec sa première brigade, filait à couvert le long des bois pour tourner sa droite en descendant sur les bords de la Schwartza.

Averti de ce mouvement quand le feu des tirailleurs de Suchet éclata sur ses derrières, le prince Louis comprit, mais un peu tard, le danger de sa situation ; pour assurer le seul point par où il pût battre en retraite, il envoya un bataillon occuper le village de Schwartza, fit monter un autre bataillon avec huit pièces de canon sur la hauteur de Sandberg, qui dominait toute la plaine, et distribua quelques bataillons entre cette hauteur et le village.

Puis, pour essayer d'arrêter le mouvement tournant si vigoureusement dessiné déjà par l'ennemi, il envoya sur les lisières de la forêt les deux régiments saxons de l'Electeur et du prince Xavier; mais comme ces deux régiments marchaient en colonne par bataillons et que rien ne les abritait du feu terrible des tirailleurs français postés dans les bois, il suffit à Lannes de lancer contre eux le 34e de ligne qui, les attaquant à la fois de front et de flanc, les rejeta brutalement dans la plaine.

Au même moment, Lannes fit descendre en masse le reste de la division Suchet pour culbuter l'infanterie ennemie, déjà très ébranlée par la mitraille qu'elle recevait depuis une heure : le prince Louis, se multipliant dans cette journée qui devait être sa dernière, essaya de communiquer à ses troupes une partie de son ardeur, mais ses efforts furent vains. En peu d'instants ses bataillons se débandèrent sous la poussée vigoureuse des troupes françaises, qui les rejetèrent sur les murs de Saalfeld.

Le prince Louis, n'ayant plus à compter sur son infanterie, courut à sa cavalerie qu'il avait laissée inactive, se mit à sa tête et voulut charger l'infanterie française qu'il espérait prendre de flanc, mais le général Treilhard prévint ce mouvement avec ses deux régiments de cavalerie qu'il lança au-devant de ceux du prince Louis; le premier choc fut terrible et d'abord à l'avantage des Prussiens, qui avaient pour eux le nombre, mais nos hussards, ramenés en arrière, reprirent l'offensive et exécutèrent coup sur coup des charges si brillantes, au milieu des escadrons déjà désorganisés de l'ennemi, qu'ils les mirent en désordre et les affaiblirent au point de les obliger à tourner bride du côté des marécages de la Schwartza, où ils les poursuivirent à outrance.

C'est dans cette poursuite que le prince Louis perdit la vie ; serré de près par le maréchal des logis Guindé, du 10e de hussards, qui, ne le connaissant pas et croyant avoir affaire seulement à un général, lui avait déjà crié plusieurs fois de se rendre, il se retourne et lui coupe le visage d'un coup de sabre ; le maréchal des logis riposte alors d'un coup de pointe, qui le renversa mort à bas de son cheval.

La bataille était déjà perdue à ce moment, et ce n'est pas parce que la colonne prussienne était privée de chef que sa débandade devint une déroute affreuse, car déjà depuis une demi-heure chacun se sauvait comme il pouvait.

La mort du prince royal, connue bientôt des généraux français qui s'empressèrent de faire transporter son corps à Saalfeld avec tous les honneurs dus à son rang, permit, au contraire, à un plus grand nombre de soldats de se sauver, car la poursuite fut moins active. Néanmoins, es Prussiens laissèrent sur le champ de bataille trois pièces de canon, six cents morts et un millier de prisonniers ; mais les survivants et les fuyards causèrent un plus grand préjudice à l'armée que la nouvelle même de cette défaite, car ils portèrent la démoralisation partout.

La veille d'Iéna.

La fin tragique du prince Louis de Prusse jeta la consternation dans tous les cantonnements; et les nouvelles, arrivant presque en même temps, des combats malheureux de Schleitz et de Saalfeld augmentèrent le désarroi des généraux en chef.

Le duc de Brunswick se voyant dans le cas d'être tourné, depuis que les Français étaient maîtres de la rive droite de la Saale, et ne voulant pas être coupé de ses communications avec Berlin, prit la résolution de se retirer derrière l'Elbe, et appela à lui le corps de Rüchel qui eût déjà dû le rejoindre à Weimar, s'il avait été obéi comme il aurait dû l'être en raison de son titre de généralissime.

Mais il ne put faire partager son opinion au prince de Hohenlohe qui, malgré les ordres qu'il lui avait déjà donnés de franchir la Saale, persistait à rester de l'autre côté de cette rivière, ayant arrêté dans son esprit que la bataille décisive devait être livrée entre la Saale et l'Elster et n'en voulant pas démordre.

Les défaites successives du général Tauentzien et du prince Louis durent cependant modifier son opinion, car on se décida à adopter un moyen terme ; il fut convenu qu'il concentrerait ses forces sur la Saale, aux environs d'Iéna, pour protéger le mouvement de retraite de Brunswick, qu'il rejoindrait plus tard.

Mais ces tergiversations, qui fatiguaient l'armée par les ordres et contre-ordres qui lui arrivaient chaque jour, firent perdre du temps, et ce n'est que le 13 au matin qu'il commença son mouvement en envoyant une de ses divisions pour s'assurer du défilé de Kosen ; il est vrai que tout le reste suivit le jour même.

Ces marches et contremarches, si fâcheuses pour l'armée prussienne, avaient cependant une contre-partie qui aurait pu lui être avantageuse, si elle avait eu affaire à un ennemi moins habile et moins sûr de lui que Napoléon, car elles l'auraient complètement dérouté.

Mais l'Empereur avait pris ses précautions contre les deux éventualités : soit que ses adversaires voulussent se défendre sur la Saale, ou qu'ils préférassent se retirer sur l'Elbe, pour mieux couvrir Berlin.

Dans l'un ou l'autre cas, la première chose à faire était de s'assurer du passage de la Saale sur les deux points les plus importants, à Naumbourg et à Iéna. Pendant qu'il faisait surveiller le cours de la rivière par la cavalerie de Murat, qui multiplia ses reconnaissances et en poussa jusque dans Leipzig même, il donna l'ordre au maréchal Davout de se porter avec son corps d'armée sur Naumbourg, de s'emparer du pont et de le garder à tout prix, secondé d'ailleurs par Bernadotte qui devait l'y suivre.

Puis il envoya Lannes sur Iéna, où devait le suivre Augereau.

Quant à lui, il resta, avec les corps d'armée de Ney et de Soult, à distance à peu près égale d'Iéna et de Naumbourg, prêt à marcher d'un côté ou de l'autre.

Davout entra le 12 au soir dans Naumbourg, où il trouva des magasins considérables et dont il occupa solidement le pont.

Le 13, Lannes, après avoir refoulé pêle-mêle devant lui, avec des bagages nombreux, les soldats qui les accompagnaient et ceux qui devaient garder les abords d'Iéna, entra dans la ville et établit ses avant-postes au delà, sur une hauteur dont il avait jugé l'occupation très importante, et d'où il aperçut alors toute l'armée du prince de Hohenlohe.

Il fit prévenir aussitôt Napoléon, qui, précédant les quatre mille hommes d'infanterie de sa garde, que le maréchal Lefebvre allait amener de Gera, accourut pour voir par lui-même.

Ayant devant lui une masse de troupes considérable, mais dont il lui était très difficile d'évaluer la force, parce qu'elles étaient échelonnées perpendiculairement au cours de la Saale, le long de la route d'Iéna à Weimar, rivière qui, après être sortie de la gorge du Mühlthal, décrit de nombreux méandres autour d'une série de mamelons derrière lesquels il pouvait y avoir des soldats, l'Empereur dut supposer que l'armée prussienne avait choisi ce terrain comme champ de bataille et voulut y concentrer sans retard ses forces disponibles.

En conséquence, il envoya à Murat l'ordre de rallier immédiatement toute sa cavalerie du côté d'Iéna, fit dire à Ney (qui était à Auma) et à Soult (qui campait à Gera) de s'y trouver le soir même avec leurs corps d'armée, et rappela Bernadotte qui avait dû faire sa jonction avec Davout, en lui enjoignant de s'établir à Dornsbourg, position intermédiaire entre Iéna et Naumbourg, et à quelques lieues seulement de chacune de ces deux villes (quatre de Naumbourg, deux d'Iéna).

Pendant que ses ordres partaient de tous côtés, Napoléon, accompagné de Lannes, monta, par un sentier profondément raviné et très escarpé, sur la hauteur que les tirailleurs de Suchet avaient conquise le matin, pour choisir son champ de bataille, étudier plus soigneusement les positions de l'ennemi et prendre ses dispositions pour lui faire face dans la plaine mamelonnée qu'on voyait de là jusqu'à Weimar à l'est, jusqu'à Dornsbourg et au delà dans la direction du nord.

On se battait encore autour de ce plateau élevé, que les gens du pays ont appelé depuis le Napoléonsberg (montagne de Napoléon), mais qu'on nommait alors le Landgrafenberg, et l'on s'y serait battu bien davantage si le prince de Hohenlohe, pour la première fois depuis l'entrée en campagne, n'avait exécuté ponctuellement et immédiatement les ordres du généralissime. Pour la première fois aussi l'insubordination du prince de Hohenlohe eût été utile à la cause prussienne, en ce qu'elle pouvait éviter un désastre; mais il était fort mal renseigné sur la marche de l'armée française, qu'il croyait sur les routes de Dresde et de Leipzig, s'imaginant que les troupes qu'on lui avait signalées à Iéna étaient seulement les têtes de colonne du corps de Soult, auquel il se promettait de faire payer chèrement les avantages de Schleitz et de Saalfeld, s'il s'avisait de l'attaquer.

En conséquence, il n'avait rien changé à son ordre de bataille, qui était en réalité un ordre de route, et avait seulement fait faire un changement de front vers Iéna au corps du général Tauentzien qui composait alors son extrême gauche; sa gauche, composée de Saxons, gardait le sommet du vaste mamelon autour duquel la route tournait en colimaçon et qu'on appelait à cause de cela la *Schnecke*, tandis que sa droite, échelonnée sur la route, s'étendait jusqu'à Weimar, où elle donnait la main au corps du général Rüchel, qui aurait servi de trait d'union entre les deux armées, si, précisément à ce moment, l'armée du roi n'était partie dans la direction de l'Elbe par la route de Naumbourg, emmenant avec elle une partie de celle de Rüchel.

Il ne restait au prince de Hohenlohe que 18,000 hommes du corps de Rüchel, ce qui lui faisait encore 70,000 combattants à opposer au corps d'armée du maréchal Soult, c'est-à-dire assez pour le battre à l'aise, même s'il était appuyé par le corps d'Augereau; car Hohenlohe admettait encore dans ses calculs qu'Augereau pût arriver à temps pour prendre part au combat et essuyer sa part de défaite.

Plus prévoyant que son chef, le général Tauentzien, qui pourtant avait négligé d'occuper les hauteurs du Landgrafenberg, tout en cantonnant ses avant-postes dans les deux villages de Closewitz et de Kospoda, qui se trouvent au pied, du côté de la plaine, le général Tauentzien comprit bientôt la faute qu'il avait faite, mais il n'était pas en force pour la réparer... d'autant que les tirailleurs avaient été suivis d'un régiment et ce régiment du reste de la division.

Il demanda des renforts au prince de Hohenlohe, qui lui envoya la brigade saxonne du général Cerrini, la brigade prussienne du général Sanitz et un régiment de cavalerie. Mais, au moment où ces troupes se mettaient en marche, le colonel de Massenbach, envoyé par le duc de Brunswick, lui apportait l'ordre absolu de n'engager aucune action sérieuse pour ne pas le gêner dans sa marche vers Naumbourg, et de la protéger efficacement, en gardant les passages de la Saale, notamment celui de Dornbourg qui inspirait des inquiétudes parce qu'on y avait déjà vu des troupes françaises.

Hohenlohe obéit. La brigade Cerrini qui était déjà partie resta près de Tauentzien, qui reçut l'ordre de ne pas bouger, et la brigade Sanitz et d'autres troupes de cavalerie et d'artillerie se portèrent à Nerkwitz, en face de Dornbourg, sous les ordres du général Holzendorf.

Se trouvant suffisamment gardé de ce côté, ainsi que de celui d'Iéna, et ayant cinquante mille hommes le long de la route, prêts à se mettre en ligne d'un côté ou de l'autre par un simple changement de front, Hohenlohe n'en demanda pas davantage; il rentra paisiblement à son quartier général, établi à Capellendorf, près de Weimar, et se disposa à y passer la nuit dans la plus profonde sécurité.

Pendant ce temps, Napoléon, qui n'était pas d'un tempérament à partager sa quiétude, avait arrêté son plan de bataille.

Pour gagner la plaine élevée qui succédait aux hauteurs escarpées bordant le cours de la Saale, de l'autre côté d'Iéna, il n'y avait, à part quelques ravins étroits couverts de bois et à peu près impraticables, il n'y avait qu'une route, celle de Weimar, que l'armée d'Hohenlohe occupait à partir de la Schnecke ; mais engager toutes ses troupes dans la gorge de Mühlthal par où commençait cette route, eût été une imprudence dangereuse, d'autant que les Prussiens pouvaient l'attendre en forces au débouché de cette gorge et l'empêcher de se déployer.

La possession du plateau de Landgrafenberg aplanit et supprima même cette difficulté, grâce aux dispositions heureuses de l'Empereur.

Ce plateau, d'un accès difficile du côté d'Iéna, d'où l'on n'y pouvait arriver que par des sentiers, descendait en pentes douces vers la plaine, et des troupes qui s'y fussent établies pendant la nuit pouvaient se déployer facilement le lendemain matin, en repoussant les avant-postes ennemis pour se faire de la place.

Malheureusement, toute l'armée ne pouvait pas camper sur le plateau ; il n'y avait place que pour le corps de Lannes et pour la garde. Napoléon ordonna de les y faire monter tout de suite en choisissant les sentiers les plus praticables ; il plaça la division Suchet à droite, la division Gazan à gauche ; et au centre, un peu en arrière, les quatre mille fantassins de la garde impériale, qui formèrent avec leur campement un carré au milieu duquel on établit le bivouac de l'Empereur.

Afin de diviser l'attention de l'ennemi et d'appuyer le mouvement de Lannes quand il descendrait du Landgrafenberg pour faire place au corps d'armée de Ney et à la cavalerie de Murat qui prendraient le même chemin, il fit engager le corps d'Augereau dans la gorge de Mühlthal, lui prescrivant de porter sur la route de Weimar, en avant du débouché de la gorge, une de ses divisions pendant que l'autre gagnerait le revers du Landgrafenberg, pour de là tomber sur les derrières du général Tauentzien.

Dans le même but, il donna l'ordre à Soult, dont les divisions arrivaient de Gera, de prendre la droite et de gravir les chemins ravinés qui conduisent de Dornbourg et de Lobstedt sur le village de Closewitz, pour déboucher aussi sur les derrières de Tauentzien.

De cette façon, Napoléon aurait assez de place, une fois les positions de Tauentzien enlevées, pour déployer son armée comme il le voudrait et livrer la bataille.

Mais tout ne s'exécuta pas à point nommé. L'infanterie, la cavalerie montèrent bien au Landgrafenberg, mais l'artillerie ne put passer par les sentiers trop étroits que l'on avait suivis. Napoléon, dévoré d'inquiétude, parcourut à cheval dans tous les sens le flanc de la montagne, et finit par découvrir un chemin moins escarpé que les autres, mais il était encore trop étroit et, dans bien des endroits, des rochers surplombant faisaient obstacle au passage de l'artillerie. Mais, avec un homme pareil, tous les obstacles devaient être vaincus; il manda aussitôt quelques compagnies du génie et les mit en mesure d'élargir la voie en taillant dans le roc.

Pour être sûr que ses ordres seraient exécutés comme il le voulait, sinon aussi vite qu'il le voulait, il dirigea lui-même les travaux, organisa les chantiers, passa près de la moitié de la nuit à courir de l'un à l'autre, encourageant les hommes qu'il éclairait avec une lanterne et il ne se retira que lorsqu'il eut vu rouler les premières pièces de canon qui montèrent avec d'énormes difficultés et traînées chacune par douze chevaux, mais qui arrivèrent avant le matin et prirent leurs places de bataille.

Entre temps, Napoléon était venu au sommet pour essayer de mieux dénombrer l'ennemi par les feux de ses bivouacs ; il vit tous les feux de l'armée de Hohenlohe alignés sur les plateaux bordant la route de Weimar et ceux de l'armée de Brunswick alors en marche sur Freyburg par Naumbourg et qui campait sur la route. Il partagea alors l'erreur du maréchal Lannes, qui croyait avoir affaire aux deux armées prussiennes soudées en avant de Weimar et disposées en équerre, et envoya immédiatement à Davout l'ordre de ne pas se contenter de bien garder le pont de Naumbourg, mais de le franchir s'il le pouvait encore, et de se diriger par Apolda ou par tout autre point, pour tomber sur les derrières de l'ennemi, pendant qu'on l'attaquerait de front.

Cet ordre fut cause de la bataille d'Auerstædt, qui allait se livrer le lendemain en même temps que la bataille d'Iéna, car Napoléon ne savait pas que toute l'armée royale était en marche sur Naumbourg ; l'eût-il su qu'il eût encore été sans inquiétude, car il venait de donner à Bernadotte l'ordre de concourir au mouvement prescrit à Davout, soit en se joignant à lui, s'il n'en était pas éloigné, soit en se jetant sur le flanc des Prussiens, s'il occupait déjà à Dornbourg une position qui lui permît de le faire.

Or, d'une façon comme de l'autre, ces deux corps étaient de taille à faire face aux 66,000 hommes de l'armée du roi.

En cela, du moins, il voyait juste, car, comme on le verra plus loin, le seul corps d'armée de Davout suffit à la vaincre.

Bataille d'Iéna.

Le lendemain, dès quatre heures, Napoléon donnait ses dernières instructions aux maréchaux qui devaient l'aider à gagner la bataille, puis, escorté par des cavaliers portant des torches, il sortit pour voir prendre les armes à ses soldats, et les encourager par sa présence et quelques-

Il répéta devant toutes les brigades. (Page 177.)

unes de ces bonnes paroles qu'il savait si bien trouver pour les animer.

Contrairement à ses habitudes, il ne leur avait point adressé de proclamation, mais pour remplacer l'ordre du jour, il répéta devant toutes les brigades, sinon devant tous les régiments, ces quelques mots qui furent accueillis partout avec enthousiasme :

« Soldats ! l'armée prussienne est coupée comme celle de Mack l'était à Ulm, il y a aujourd'hui un an. Elle ne se bat plus que pour se faire jour et pour regagner ses communications. Notre victoire peut amener l'anéantissement de la monarchie prussienne. Dans une circonstance telle, le corps français qui se laisserait percer ferait échouer les plus vastes desseins, et se déshonorerait à tout jamais. Ne redoutez pas cette célèbre cavalerie, dont vous ferez tomber la réputation ; opposez-lui des carrés hérissés de baïonnettes et recevez-la avec votre fermeté ordinaire. »

Des cris de : En avant! mille fois répétés accueillent de tous côtés cette exhortation ; l'écho, voilé par les brumes du matin, les porte aux avant-postes prussiens en murmures confus, mais assez belliqueux pour qu'on crût devoir prévenir le général Tauentzien que les Français prenaient les armes. Or, ils faisaient mieux que de prendre les armes, car ils étaient déjà en marche, la division Suchet sur le village de Closewitz, la division Gazan sur celui de Kospoda ; mais la nuit était encore si noire qu'on ne les voyait pas.

La première marchait en carré, la face formée par le 17e léger et un bataillon d'élite déployés en une seule ligne, les deux ailes par les 34e et 40e de ligne en colonnes serrées, et le quatrième côté par la brigade Vedel déployée.

La seconde s'avançait sur deux lignes.

Les abords des villages étant fortement occupés, on se fusilla longtemps dans le brouillard ; enfin le général Claparède, commandant la 1re brigade de Suchet, ayant aperçu le bois qui entourait le village de Closewitz, s'y jeta vivement avec le 17e léger, et, après un vigoureux combat corps à corps, s'en empara ainsi que du village, dont il poursuivit les défenseurs en fuite

De son côté, la division Gazan enlevait le village de Kospoda, et plus loin celui de Lutzenrode, qui se trouve entre Kospoda et Closewitz.

Le général Tauentzien avait perdu ses points d'appui, mais ses troupes repliées faisaient maintenant masse avec la brigade saxonne de Cerrini qui fit une magnifique contenance et exécuta des feux de bataillons très meurtriers, mais ne put tenir contre les divisions de Lannes, d'autant que les renforts qu'on lui envoya n'arrivèrent pas par suite de l'entrée en ligne d'Augereau, dont la division Heudelet, débouchant par le Mühlthal, avait déjà dépassé Kospoda, et de Soult, dont la division Saint-Hilaire se jeta entre Tauentzien et Holzendorf, empêchant le corps de ce dernier, accouru de Nerkwitz au bruit du canon, de se montrer sur le champ de bataille.

Faisant un changement de front, elle l'arrêta net, le fit reculer jusqu'en avant de Rodingen où, après un combat d'une heure, elle le coupa en deux et mit la plus grosse part en retraite vers les hauteurs de Stolera ; seul le régiment de Sanitz put rejoindre la ligne prussienne.

Quant au corps de Tauentzien, il se retira dans le plus grand désordre auprès du village de Vierzehn-Heiligen, où il fut poursuivi assez mollement, Napoléon ayant donné l'ordre d'arrêter le mouvement en avant pour attendre le corps d'armée du maréchal Ney, le reste de ceux de Soult et d'Augereau et surtout la grosse cavalerie de Murat, qui n'arrivait pas.

Cette suspension d'hostilités, dès neuf heures du matin, confirma le prince Hohenlohe, toujours à Capellendorf, dans son idée qu'il n'y aurait pas d'action générale ; il se montra d'abord fort mécontent que le général Grawert fût parti sans son ordre avec les 10 bataillons et les 15 escadrons qu'il commandait, pour appuyer le général Tauentzien, se plaignant de ce qu'on fatiguât les troupes par des prises d'armes inutiles ; mais quand il vit que le Landgrafenberg, d'où était déjà descendu le corps du maréchal Lannes et d'où descendait maintenant la garde impériale avec Napoléon, se couvrait de troupes nouvelles ; quand il apprit que le général Holzendorf, sur lequel il comptait pour appuyer sa gauche, avait été repoussé jusqu'à Stolera, il commença à croire que c'était sérieux, et prit ses dispositions pour livrer bataille.

Non seulement il ne blâma plus la marche en avant de Grawert, mais il la fit hâter, et renforça ce général d'une réserve de cinq bataillons sous les ordres du général Dyhernn, et de toute la cavalerie de réserve.

Son centre allait ainsi se trouver fort de 15 bataillons d'infanterie et de 39 escadrons de cavalerie placés devant Vierzenh-Heiligen, sans compter une seconde ligne de 6 bataillons et de 3 escadrons qui se joignirent plus tard à la masse principale.

Sa droite appuyée fortement à la Schnecke, où il laissa la division saxonne du général Niesemeuschel, un régiment prussien et une nombreuse artillerie, avec ordre de défendre jusqu'à la dernière extrémité les rampes de la route de Weimar, allait se composer en outre du corps d'armée de Rüchel, appelé en hâte de Weimar, mais qui arriva un peu tard.

Quant à sa gauche, elle n'existait guère que pour mémoire, car outre les débris du corps de Tauentzien ralliés tant bien que mal et pourvus de nouvelles munitions, elle ne comprenait que celui de Holzendorf réduit déjà à l'impuissance.

Il lui envoya bien l'ordre de se porter en avant pour attaquer les Français sur leur droite, pendant qu'il s'efforcerait lui-même de les arrêter de front, mais l'aide de camp qui porta cet ordre fut pris. Holzendorf essaya pourtant de se faire jour : il n'y gagna que d'être repoussé plus loin et battit définitivement en retraite sur Apolda, où il allait encore rencontrer l'ennemi.

Mais Hohenlohe, qui avait retrouvé de l'énergie dès qu'il s'était agi de se battre, se mit à la tête de toute sa cavalerie et de son artillerie légère et la porta en avant pour contenir les Français déployés sur les plateaux qu'ils avaient conquis le matin et donner le temps à l'infanterie de Grawert de prendre ses places de bataille.

Il était alors dix heures et demie, et en ce moment, Ney, qui toujours impatient de combattre avait précédé son corps d'armée avec sa brigade de cavalerie, le 25e régiment d'infanterie légère et toutes ses compagnies d'élite (grenadiers et voltigeurs), débouchait entre les corps de Lannes et d'Augereau, en face le village de Vierzehn-Heiligen.

Trouvant tout à coup devant lui le prince de Hohenlohe qui accourait avec sa cavalerie, et étant très gêné par le feu d'une douzaine de canons mis en batterie sur une hauteur, Ney n'attendit pas les ordres de l'Empereur pour recommencer le combat et lança le 10e régiment de chasseurs sur cette batterie.

A la faveur d'un bouquet de bois dont ils profitent pour se former, ces cavaliers chargent impétueusement sous le feu de toute la ligne ennemie, gagnent la hauteur, et, sabrant les artilleurs sur leurs pièces, s'emparent de sept canons.

Mais ils ne peuvent profiter de leur prise ; des masses de cuirassiers prussiens se précipitent sur eux et les obligent à la retraite.

Ney lance alors le 3e de hussards, qui exécute la même manœuvre que les chasseurs, en s'aidant du même bouquet de bois, tombe sur le flanc des cuirassiers, les met en désordre et les force à s'en retourner aussi vite qu'ils étaient venus.

Mais ces deux régiments français ne pouvaient lutter longtemps contre les 39 escadrons dont disposait Hohenlohe ; le maréchal Ney ne l'espérait point et c'est avec son infanterie formée en deux carrés qu'il s'opposa alors aux charges réitérées de la cavalerie prussienne.

Furieux d'abord de cette attaque intempestive qui le prenait un peu au dépourvu, étonné qu'elle eût été faite par Ney, qu'il croyait encore en arrière, Napoléon vit tomber sa colère devant l'attitude héroïque de ces deux faibles carrés, qui sans s'émouvoir et ne tirant qu'à bout portant, arrêtaient toute la cavalerie ennemie ; il ne songea plus alors qu'à les secourir ; ordonnant à Lannes et à Augereau de marcher de l'avant chacun de leur côté, il envoya au maréchal Ney les deux seuls régiments de cavalerie qu'il eût sous la main, les réserves de Murat n'étant pas encore arrivées.

Le général Bertrand, qui conduisait ces deux régiments (9e hussards et 21e chasseurs), charge vigoureusement à leur tête et contient la cavalerie prussienne avec l'aide des deux autres régiments déjà sur place ; ce qui permit à Ney de porter à gauche le 25e léger, afin de l'appuyer sur le bois d'Iserstædt, vers lequel Augereau se dirigeait de son côté, de poster ses grenadiers dans le petit bois qui avait déjà protégé ses hussards et ses chasseurs, et de diriger ses voltigeurs sur le village de Vierzehn-Heiligen.

Le 21e léger, lancé en avant par Lannes, y arrivait en même temps, et le maréchal se mettant à la tête des 100e, 103e, 34e, 64e et 88e de ligne, débouchait en face de l'infanterie prussienne de Grawert, laquelle, déployée devant le village, faisait, sur les troupes peu nombreuses qui étaient arrivées à l'occuper, un feu d'enfer dont souffrirent cruellement les trois détachements du maréchal Ney.

Mais Lannes menaçant de déborder les masses prussiennes par leur gauche, Hohenlohe y envoya 10 escadrons de cavalerie, dont les charges, pourtant bien conduites, furent si peu efficaces qu'il fut obligé d'ordonner une conversion par la droite pour éviter d'être tourné.

Sans abandonner tout à fait l'attaque du village de Vierzehn-Heiligen, qu'il incendia de ses obus, sans pouvoir en déloger les Français dont l'artillerie, admirablement servie, éclaircissait à vue d'œil les rangs de son infanterie, Hohenlohe résolut de rester sur la défensive, et de tâcher de conserver ses positions en attendant le corps de Rüchel, qui arrivait à marches forcées, et dont les têtes de colonnes n'étaient pas à une lieue de distance.

Mais il était déjà un peu tard; sur la gauche française, le maréchal Augereau avait fait de rapides progrès, et tandis que la division Heudelet, en colonne sur la route de Weimar, attaquait vigoureusement les Saxons qui défendaient la Schnecke, la division Desjardins débouchait à travers les bois d'Iserstædt, les menaçant de ce côté, après avoir dégagé la gauche de Ney.

Sur la droite française, le maréchal Soult, aprés avoir culbuté devant lui les restes de la brigade Cerrini et du corps de Tauentzien, et obligé le corps de Holzendorf à s'éloigner du champ de bataille, était maître du terrain et son canon grondait sur les flancs des Prussiens.

Voyant le succès de ses deux ailes, assuré de l'arrivée de ses divisions restées en arrière, Napoléon lance alors toutes les troupes rendues sur le terrain, y compris la garde, sur l'armée prussienne déjà bien ébranlée. Nos soldats, électrisés par la victoire, descendirent dans la plaine comme un torrent, balayant tout sur son passage, et malgré les efforts du prince de Hohenlohe qui se multipliait pour essayer de prolonger la résistance de ses troupes, leur promettant la victoire à l'arrivée prochaine des 18,000 hommes de Rüchel; malgré les charges de la cavalerie prussienne, qui fit l'impossible pour arrêter l'élan de notre infanterie, tout céda devant cette irrésistible poussée. Le carnage fut tel, que de certains régiments, qui tinrent mieux que les autres et particulièrement les grenadiers de Hahn et le régiment de Hohenlohe, il ne resta que quelques poignées d'hommes qui avaient mis bas les armes.

La poursuite fut si acharnée, les contacts si fréquents, qu'on faisait des prisonniers à chaque pas, et leur nombre était si grand qu'il retardait la marche de l'armée victorieuse.

C'est au moment où se produisait ce désordre que le général Rüchel apparut avec 18 bataillons d'infanterie, 18 escadrons de cavalerie et une nombreuse artillerie. Navré de cette débandade, qui roulait en flots pressés de chaque côté de lui, menaçant de l'emporter et démoralisant ses soldats, désespéré enfin d'être arrivé trop tard pour empêcher un tel désastre, il essaya cependant de rétablir le combat et se mit en bataille en avant et à droite du village de Capellendorf, plaçant son infanterie sur deux lignes sur le plateau de Sperlingsberg, en l'appuyant à gauche par sa propre cavalerie, à droite par la cavalerie saxonne du général Zeschwitz, seul corps qui ne fût pas débandé, grossie des quelques escadrons prussiens qui n'avaient pas encore abandonné le champ de bataille.

Mais c'est à peine s'il put protéger la déroute de l'armée prussienne de Hohenlohe; en tous cas, il ne put rien pour assurer la retraite des brigades saxonnes des généraux Burgsdorf et Nehroff, qui, après avoir courageusement défendu la Schnecke, traversaient la plaine pour se mettre à l'abri.

Privé presque aussitôt de la cavalerie qui flanquait sa gauche et qui fut dispersée avant de pouvoir tenter une charge, Rüchel avait à peine eu le temps de se déployer qu'il était assailli de front par Ney et la division Suchet, et attaqué en flanc par les troupes de Soult qui jetèrent la terreur parmi ses bataillons; du moins n'eut-il pas la honte de voir la déroute, car il tomba mortellement frappé avant qu'elle eût commencé.

L'arrivée des premiers régiments de la cavalerie de Murat précipita cette déroute, bien que les dragons qui couraient en tête eussent été ramenés par la cavalerie saxonne que le brave général Zeschwitz avait lancée contre eux; mais ils se reformèrent vite, et, appuyés par un autre régiment, firent tourner bride à leurs adversaires, qui prirent la fuite et, en se sauvant dans la même direction que l'infanterie, augmentèrent son désordre.

S'apercevant qu'il jetait la panique parmi les fuyards, qui se croyaient poursuivis par la cavalerie ennemie, Zeschwitz arrêta ses cavaliers qu'il essaya de reformer à l'abri d'un bouquet de bois, pour revenir avec eux soutenir la retraite des brigades saxonnes de Nehroff et de Burgsdorf, qui, de toute l'armée de Hohenlohe, restaient maintenant seules sur le champ de bataille.

Elles y faisaient bonne contenance, marchant de conserve pour se protéger mutuellement, formées en deux carrés qui s'arrêtaient chacun leur tour, pour que, pendant que l'un faisait face à l'enenmi, l'autre pût prendre un peu d'avance; mais ce système ne pouvait être efficace contre la cavalerie de Murat qui, entrée tard en ligne, voulait rattraper le temps perdu et chargeait avec furie.

Les dragons de Klein, revenant de la poursuite du corps débandé de Rüchel, attaquent la brigade Burgsdorf qui les repousse une première fois; mais leur seconde charge défonce son carré au moment même où le général d'Hautpoul, avec ses cuirassiers, pénétrait en vainqueur au milieu du carré de Nehroff, qu'il coupait en tronçons et dont il sabrait les hommes. Beaucoup furent tués; des survivants, les plus agiles se sauvèrent, les autres se rendirent prisonniers.

La cavalerie de Zeschwitz arrivait juste pour assister à ce désastre. Elle n'eut que le temps de faire volte-face pour n'en pas partager les conséquences; ce qui ne l'empêcha pas d'être poursuivie, et si vigoureusement que le général saxon ne put terminer sa retraite qu'avec quatre escadrons.

Murat lança d'ailleurs toute sa cavalerie en avant; le champ de bataille était vide, mais il ne manquait pas de fuyards à ramasser plus loin.

Un peu avant d'arriver à Weimar, Murat, qui se battait toujours comme un chef d'escadron et ne cédait jamais la tête à personne quand on allait à l'ennemi, aperçut des masses de troupes prussiennes, soldats de toutes armes moins affolés que les autres, dont le prince de Hohenlohe avait fini par arrêter la déroute et qu'il essayait de rallier auprès du bois de Veleicht, au sommet de la longue côte qui descend rapidement dans le fond de la vallée de l'Ilm.

Naturellement, il les fit charger. Ces malheureux, dont les frayeurs n'étaient pas encore complètement calmées, prirent à peine le temps de décharger leurs fusils un peu au hasard, et se précipitèrent de toute leur vitesse sur la route : infanterie, cavalerie, artillerie roulèrent pêle-mêle dans les bas-fonds qui aboutissent à Weimar, et le désarroi fut tel que le prince de Hohenlohe faillit être pris.

Murat fit poursuivre mollement cette multitude entassée dans le gouffre et dont sa cavalerie eût fait un carnage effroyable; il pensait à la prendre autrement. Ne laissant qu'une partie de ses cavaliers sur la route, il fait un détour avec les autres, dépasse Weimar et rentre dans la ville pour couper la retraite aux fuyards, dont plus de la moitié se rendit.

Dans cette bataille mémorable, qui pourtant ne fut qu'un des épisodes de la journée du 14 octobre 1806, le nombre des prisonniers dépassa 15,000, et l'armée prussienne, qui perdit 200 canons et tous ses bagages, laissait sur le champ de bataille, où 4,000 Français seulement étaient hors de combat, 12,000 morts ou blessés.

Le reste de l'armée de Hohenlohe, dont il n'y avait plus un régiment, un bataillon ou même une compagnie au complet, fuyait éperdu, mourant de faim, sur toutes les routes de Thuringe, semant la terreur sur son passage.

Bataille d'Auerstædt.

Le succès d'Iéna était complet et Napoléon pouvait se féliciter d'avoir battu, en engageant à peine 50,000 hommes et en improvisant un plan de bataille sur un terrain fort difficile, la plus grande partie de l'armée prussienne, croyant encore qu'il avait eu devant lui l'armée du duc de Brunswick et que le corps de Soult, en marchant sur le flanc de celle du prince de Hohenlohe, l'avait coupée en deux.

Il pensait bien que la portion rejetée hors du champ de bataille avait dû se trouver aux prises, soit avec Bernadotte qui gardait le passage de Dornbourg, soit avec Davout qui défendait le pont de Naumbourg ; il en était même sûr, puisqu'il avait entendu plusieurs fois de ce côté les grondements lointains du canon.

Mais il était sans inquiétude sur l'issue du combat, quelque importance qu'il eût prise, car Davout et Bernadotte pouvaient réunir 50,000 hommes, et ces forces étaient plus que suffisantes pour arrêter le duc de Brunswick si, avec le reste de son armée, il avait essayé de forcer le passage de la Saale, d'un côté ou de l'autre ; il était d'ailleurs persuadé, n'ayant reçu aucun message de ses lieutenants, que cette portion d'armée était en retraite comme l'autre vers Buttelstædt, dans la direction d'Erfurt, où il songeait déjà à la poursuivre vigoureusement.

Il ne connut toute l'étendue de sa victoire qu'assez avant dans la nuit, car avant de rentrer à son quartier général établi à Iéna, que les obus prussiens avaient incendié en partie, il parcourut le champ de bataille pour voir par lui-même si l'on s'occupait des blessés et réconforter par quelques bonnes paroles, et plus encore par sa présence, ceux qu'on n'avait pas encore transportés aux ambulances, habitude dont il ne se départit presque jamais et qui ne contribua pas peu à entretenir l'espèce d'idolâtrie que ses soldats avaient pour lui.

C'est au moment où il allait prendre un repos si bien gagné qu'il apprit que Davout avait livré à Auerstædt une bataille à l'armée royale et qu'il en était sorti vainqueur.

Outre la joie toute naturelle de voir compléter son succès personnel par un second succès qui changeait sa victoire en triomphe, cette nouvelle lui fit éprouver des sentiments divers, c'est-à-dire une grande surprise non de la bataille puisqu'il y comptait et qu'il en avait entendu le

Davout avait le crâne effleuré par un biscaïen. (Page 191.)

canon, mais de l'importance de la bataille, et une violente colère contre Bernadotte qui, pouvant rendre le succès plus facile, avait laissé Davout seul aux prises avec une armée entière, au risque de faire écraser son corps d'armée.

Mais ces deux sentiments, bien que très vifs comme tous ceux qu'éprouvait l'Empereur, s'effacèrent devant celui de la satisfaction, car les résultats étaient immenses.

Voici en effet ce qui s'était passé. On se souvient que dans la journée du 13, le duc de Brunswick avait acheminé son armée vers Naumbourg pour y traverser la Saale et vers Freyburg pour y franchir l'Unsbruth, affluent de cette rivière.

La division qui marchait en tête avait ou devait avoir, car on a prétendu depuis que Brunswick n'y avait pas songé, reçu l'ordre de s'assurer du défilé de Kosen par où il fallait passer pour gagner le pont de Naumbourg; or le général comte Schmettau, qui commandait cette division, prit position à cinq heures du soir sur les hauteurs d'Auerstædt, et se contenta d'envoyer à l'entrée du défilé de Kosen, situé à deux petites lieues de là, une patrouille de cavalerie qui, après avoir échangé quelques coups de pistolet avec les grand'gardes de Davout, revint annoncer que le défilé n'était pas occupé par les Français et que le pont qui le suivait n'était pas détruit. Schmettau crut donc le passage assuré pour le lendemain et en fit avertir Brunswick, qui arrivait alors à Auerstædt avec le roi (la reine n'avait quitté le quartier général que le matin à Weimar) et deux fortes divisions aux ordres du prince d'Orange et du comte Wartensleben.

Les deux autres divisions, commandées par les comtes Kunhein et d'Armin, et formant une réserve de plus de vingt mille combattants sous les ordres du feld-maréchal Kalkreuth, campaient un peu en arrière où se trouvait aussi Blücher, bien qu'il commandât l'avant-garde, qui avait changé de rôle depuis qu'on marchait en sens inverse, mais qui allait reprendre sa position dès le lendemain matin, en éclairant la route des deux divisions qui devaient aller passer à Freyburg.

La division du grand-duc de Weimar, qui composait d'abord en partie cette avant-garde, étant trop éloignée pour arriver à temps, on l'avait remplacée dans la colonne de Blücher par un détachement formé de 7 bataillons d'infanterie et de 22 escadrons de cavalerie empruntés au corps de Rüchel.

L'armée prussienne, forte de 66,000 combattants, bivouaqua donc sur la route, placée sur deux lignes, en avant et en arrière d'Auerstædt; quant à l'armée française, elle ne passa pas la nuit aussi tranquillement.

Si la nouvelle de la non-occupation du défilé de Kosen était encore vraie quand le chef de la patrouille qui venait de le reconnaître fit son rapport au général Schmettau, elle ne l'était plus un quart d'heure après, car le maréchal Davout, mis en éveil précisément par la venue de cette patrouille, y envoya immédiatement un bataillon d'infanterie qui poussa des avant-postes au delà et y vint lui-même pour voir ce qui se passait, accompagné de ses aides de camp, à cause de sa vue qui était très mauvaise et en laquelle il n'avait pas confiance.

De quelques prisonniers faits dans une escarmouche, il apprit que l'armée royale tout entière était déjà arrivée à Auerstædt. Cette nouvelle lui ayant été confirmée par une reconnaissance qui approcha de si près l'ennemi qu'elle lui fit des prisonniers, il envoya à ses généraux de division l'ordre de se tenir prêts à faire prendre les armes à leurs troupes vers le milieu de la nuit et courut à Naumbourg, où le maréchal Bernadotte était encore, le mettre au courant de la situation et lui proposer de se jeter ensemble sur l'armée de Brunswick que l'on croyait alors forte de 80,000 hommes, et qui l'eût été en effet si elle avait eu avec elle tout le corps de Rüchel.

Bernadotte, qui était loin d'avoir de la sympathie pour Davout, répondit que les ordres de l'Empereur l'envoyaient occuper Dornbourg, où une partie de ses troupes était déjà rendue, et où il allait partir lui-même avec le reste.

Davout insista au nom de l'intérêt commun, offrit à Bernadotte le commandement supérieur des deux corps d'armée réunis, avec lesquels il était à peu près sûr de la victoire. Mais Bernadotte ne voulait rien avoir de commun avec son collègue, même la gloire; il resta inflexible, et partit en effet quelques moments après, emmenant même avec lui une division de dragons dont il n'avait pas le droit de disposer seul, puisqu'elle avait été détachée de la réserve de cavalerie pour seconder à la fois le 1er et le 3e corps, entre lesquels elle marchait.

Privé du concours de Bernadotte, amoindri de 900 chevaux qu'il pouvait considérer comme étant sous ses ordres, Davout n'hésita cependant pas une minute et prit ses dispositions de combat.

Il n'avait que 26,000 combattants; mais c'étaient des hommes admirablement disciplinés, pleins d'enthousiasme, ne s'inquiétant pas du nombre des ennemis et commandés par trois divisionnaires de premier mérite : Gudin, Friant et Morand. Avec cela, il ne se faisait pas fort de vaincre l'armée de Brunswick, mais il était sûr de pouvoir lui résister, et il était résolu à défendre le pont de Naumbourg jusqu'à la mort, comme le lui avait prescrit l'Empereur.

Les nouveaux ordres que Napoléon lui envoya au milieu de la nuit modifièrent ses dispositions de combat, et, au lieu de rester sur la défensive, il se dirigea sur Apolda.

La division Gudin, partie avant le jour, sortit du défilé de Kosen vers six heures du matin et prit position sur les hauteurs voisines de Hassenhausen, dominant une sorte de plaine coupée par un ruisseau et bordée de l'autre côté par des hauteurs parallèles.

Comme la route que les Prussiens devaient suivre traverse cette plaine, la division Schmettau était déjà en bataille sur les hauteurs opposées pour protéger la marche des deux divisions qui allaient s'engager sur la route de Freyburg; mais le brouillard était si épais que les adversaires, pourtant fort près l'un de l'autre, ne s'aperçurent point, et que les avant-gardes se heurtèrent l'une contre l'autre sans se reconnaître et se fusillèrent dans l'obscurité.

Du côté des Prussiens, ce fut Blücher avec 600 chevaux qui, après avoir franchi le ruisseau sur un petit pont, se trouva aux prises avec un escadron du 1er régiment de chasseurs, dirigé par le colonel Bourke; nos cavaliers sabrèrent en aveugles, furent sabrés de même et revinrent se mettre sous la protection du 25e de ligne, avec lequel marchait Davout.

Le maréchal fit mettre en batterie, sur la chaussée même, quelques pièces de canon qui mitraillèrent la cavalerie de Blücher, et la firent rétrograder si précipitamment qu'elle abandonna son artillerie, dont une batterie fut enlevée par deux compagnies du 25e de ligne, et qu'elle mit en désordre les 2,000 fantassins qui la suivaient.

L'avantage nous resta dans ce premier combat, qui eut lieu sous les yeux du roi de Prusse; mais ce n'était là que le prélude de la grande bataille qui se préparait.

Davout posta dans le village de Hassenhausen le 85e de ligne, qui fit occuper par de nombreux tirailleurs un petit bois de saules situé à la droite de ce village, et disposa du même côté les trois autres régiments de la division Gudin : 25e, 12e et 21e de ligne; deux déployés sur deux lignes, et le troisième, en colonnes, prêt à former le carré sur le flanc de la division. Le terrain libre à droite du village fut réservé à la division Friant, celui de gauche à la division Morand; mais les lenteurs qu'imposa la traversée du défilé de Kosen, très long et très étroit, mirent ces troupes bien en retard.

Du côté de l'ennemi, il n'y avait encore également qu'une division en ligne, et Schmettau, qui la commandait, voulait attendre l'arrivée de la division Wartensleben pour commencer l'attaque. C'était aussi l'avis de Brunswick; mais le roi qui était pressé d'en finir, et dont l'opinion était partagée par le maréchal de Mollendorf, voulait qu'on s'engageât tout de suite.

La fusillade des tirailleurs français était d'ailleurs si vive et si meurtrière qu'il était devenu impossible de faire autrement. Schmettau déploya alors sa division en face de la division française et vint en forces attaquer le village.

Le brouillard, qui n'était pas encore levé, permit à Blücher de faire, sans être vu, un long détour avec vingt escadrons de cavalerie pour prendre en flanc la division Gudin; mais le 25e, qui était en première ligne, ne lui laissa pas le temps d'approcher : il disposa son bataillon de droite en un carré qui arrêta le premier choc. Le 21e imitant cet exemple, et le 12e ne formant qu'un seul carré de ses deux bataillons, attendirent les charges de la cavalerie prussienne au bout de leurs baïonnettes.

Après les essais infructueux de ses premiers escadrons, qui n'arrivèrent pas jusqu'aux baïonnettes des soldats français, Blücher se mit à la tête de toutes ses forces et recommença une charge générale jusqu'à trois fois, sans pouvoir entamer nos bataillons ni même prendre contact avec eux. Chaque fois ses cavaliers, décimés par une grêle de balles, furent obligés de tourner bride; la dernière fois, ils se sauvèrent à une lieue du champ de bataille, dans la direction d'Eckartsberg, entraînant avec eux leur général, qui avait eu un cheval tué sous lui et était monté vivement sur le cheval d'un trompette.

Il est vrai que cette fuite avait été précipitée par une charge de la brigade de chasseurs que Davout avait tenue en réserve, abritée derrière un petit bois, et qui causa un grand désordre dans les derniers escadrons prussiens.

Il était neuf heures du matin. La division Gudin tenait depuis près de deux heures sans perdre un pouce de terrain, quand la division prussienne du général Wartensleben, débouchant par le village de Gernstadt, entra en ligne et prit position à droite de la division Schmettau, pendant que sa cavalerie lui faisait de la place en repoussant nos tirailleurs vers le village d'Hassenhausen.

Mais les têtes de colonnes de la division Friant apparaissaient sur le champ de bataille, et le 108ᵉ de ligne enlevait à la baïonnette une batterie de six pièces qui gênait le déploiement des autres régiments : ils ne purent cependant secourir la division Gudin, car il leur fallut tenir tête à la division du prince d'Orange qui arrivait tout essoufflée.

Le maréchal Davout, voyant que les efforts de l'ennemi se concentraient sur le village de Hassenhausen, qu'ils voulaient prendre et qui était en effet la clef de la position, fit secourir le 85ᵉ de ligne, qui s'y défendit toute la journée avec une rare opiniâtreté, par la brigade du général Petit; le 21ᵉ entra dans le village, le 12ᵉ prit position à gauche, — sur le terrain réservé à la division Morand, — pour empêcher qu'il ne fût tourné.

Brunswick, qui voulait Hassenhausen à tout prix, appela près de lui une des deux brigades du prince d'Orange et une de celles de Wartensleben, qu'il lança à l'assaut du village avec toute la division Schmettau, pendant que la nombreuse cavalerie de Wartensleben, précédant l'autre brigade, se jetait sur le 12ᵉ de ligne afin de tourner la position. Mais les Français, malgré leur grande infériorité numérique, ne reculèrent pas d'une semelle et répondirent par un feu terrible à l'attaque furibonde des Prussiens.

Le général Schmettau, blessé d'un coup de feu, est emporté mourant du champ de bataille. Le vieux Brunswick, assez mauvais général, mais soldat des plus vaillants, veut prendre sa place à la tête des grenadiers prussiens et les conduire lui-même à l'assaut : un biscaïen lui fait au visage une blessure mortelle. Le maréchal de Mollendorf, plus vieux encore mais aussi brave, prend à son tour le commandement; mais il ne le garde que quelques minutes, et on l'emporte très grièvement frappé.

Cette hécatombe de généraux eut lieu sous les yeux du roi de Prusse, qui eut un cheval tué entre ses jambes, mais ne quitta pas le feu; il comptait sur ses deux divisions de réserve qui n'arrivaient pas, sauf la cavalerie, qui, avec celle de Blücher à peu près ralliée, était en train de se former derrière la division Wartensleben. Ce fut long, car il y avait là 12,000 chevaux; et, pendant ce temps, la division Morand prenait position à gauche de Hassenhausen.

C'était la plus nombreuse du corps de Davout, car elle comptait cinq régiments. L'intrépide Morand ne put cependant mettre en ligne que neuf bataillons, puisqu'il en avait laissé un pour garder le défilé de Kosen.

Le 13e léger, arrivant le premier, se forme aussitôt et se porte en avant un peu trop vivement, car sous la mitraille de l'ennemi il est obligé de se replier un peu, pour chercher un point d'appui sur le 61e de ligne qui n'est point ébranlé par le feu; ce qui permet au 51e, au 17e et au 30e de ligne de se déployer à leur tour.

Tous ensemble ils s'ébranlent, font reculer la division Wartensleben renforcée de la brigade d'Orange et obligent la division Schmettau à reployer ses ailes, dont elle menaçait d'envelopper le village d'Hassenhausen ; mais la cavalerie prussienne est prête à charger : la division Wartensleben s'ouvre subitement pour laisser passer les escadrons que conduit le prince Guillaume.

Le général Morand a le temps de se mettre sur la défensive. Il laisse deux de ses bataillons déployés pour se relier par eux au village et forme les sept autres en carrés. Puis il entre dans un de ces carrés; Davout se met dans un autre et tous les deux, changeant de carré après chaque charge pour réconforter tous leurs hommes par leur présence, dirigent cette défense, qui fut magnifique.

Le prince Guillaume essaya dix fois d'entamer ces carrés intrépides, jamais il n'en put approcher à plus de trente pas, et là il essuyait une décharge si meurtrière que ses hommes tournaient bride, laissant à chaque fois sur le terrain des cadavres de chevaux qui finirent par constituer une barrière naturelle, facilitant singulièrement la défense de l'infanterie française.

Après deux heures d'essais infructueux, la cavalerie prussienne, sensiblement diminuée, se retire derrière l'infanterie que Morand va attaquer vigoureusement.

Rompant ses carrés, il forme ses bataillons en colonnes d'attaque, qui se jettent sur la division Wartensleben et la font descendre des hauteurs jusqu'au bord du ruisseau, qu'elle franchit en désordre.

Au même moment Friant oblige la brigade d'Orange à se retirer; il la poursuit avec une de ses brigades et, avec l'autre, menace le flanc de la division Schmettau qui, réduite de près de moitié par le feu de la division Gudin et débordée sur ses ailes, est obligée de lâcher pied à son tour et de renoncer au village d'Hassenhausen si vaillamment défendu.

Il ne restait plus au roi de Prusse que ses deux divisions de réserve qui n'avaient pas encore tiré un coup de fusil, mais, contrairement à l'avis de Blücher qui aurait voulu faire une tentative désespérée avec ces deux divisions fraîches et toute la cavalerie, il ne les employa qu'à protéger la retraite, qui commença d'abord en assez bon ordre, d'autant que les troupes françaises, harassées de fatigue à la suite d'un combat de six heures où elles avaient toujours été en ligne, n'étaient plus en haleine pour poursuivre.

Davout, qui, apercevant le matin, pendant qu'il attendait anxieusement Morand, la division Dupont en position vers Camburg, avait déjà fait demander à Bernadotte de lui en envoyer seulement une brigade, le fit prier alors de faire poursuivre l'ennemi en retraite par les régiments qu'il avait à Apolda; mais Bernadotte resta aussi sourd à deux heures qu'il l'avait été à dix.

Obligé de renoncer à recueillir les fruits d'une victoire si chèrement achetée, Davout ne voulut cependant pas laisser retirer l'ennemi sans lui faire la conduite. Les généraux Morand et Gudin étaient blessés; lui-même avait le crâne effleuré par le biscaïen qui avait emporté son chapeau; mais les soldats étaient pleins d'entrain et il pouvait demander encore de grands efforts à la division Friant, qui n'avait pas beaucoup souffert; malheureusement elle se trouvait à la droite, où tout avait déjà plié devant elle, et ce n'était pas de ce côté qu'il fallait marcher pour le moment.

Le maréchal Kalkreuth, qui avait promis au roi de Prusse d'assurer la retraite par la route de Weimar, avait posté, au moulin d'Emsen, deux bataillons d'infanterie légère avec de l'artillerie; sur les hauteurs à droite de Sulza, en avant et en arrière du défilé du ruisseau d'Ems, quatre bataillons de la garde royale; en arrière de Tauchwitz, trois bataillons; enfin lui-même s'était porté en arrière de Gernstadt avec treize bataillons d'infanterie, une nombreuse artillerie et quinze escadrons de cavalerie.

Les détachements ne tinrent pas longtemps et c'est contre la petite armée de Kalkreuth, aussi nombreuse encore que les troupes dont il disposait, que Davout concentra ses efforts.

Renforcé par trois bataillons de grenadiers, commandés par le prince Henri de Prusse, qui gardaient sa droite, par les quatre bataillons de la garde qu'il appela à lui pour protéger sa gauche, Kalkreuth essaya de livrer bataille, et se déploya en arrière du village de Tauchwitz, couvrant son front du petit ruisseau qui coule de Popel à Rehausen; mais l'élan des troupes françaises qui marchaient de front l'obligea à rétrograder, en s'arrêtant le plus souvent possible pour faire face à l'ennemi, de façon à gagner du temps.

De position en position, il fut repoussé jusque sur les hauteurs d'Eckartsberg, où il se mit encore une fois en bataille avec toute son artillerie.

Davout, parcourant rapidement le front de ses troupes, leur demanda comme un dernier effort l'enlèvement de cette position, sans quoi la bataille ne serait pas décisive. Ces braves gens lui répondirent en prenant le pas gymnastique. Le maréchal dirigea la division Friant sur la gauche de l'ennemi et la division Morand sur la droite, de façon à tourner la position, et lui-même se mit à la tête de la division Gudin, pour l'attaquer de front.

Le 12e et le 21e de ligne, guidés par le général Petit, escaladèrent au pas de course le plateau d'Eckartsberg sous une grêle de balles et de mitraille, et abordèrent les Prussiens à la baïonnette sans tirer un coup de fusil; la deuxième brigade, enlevée par le général Graudeau-Dabancourt, ayant secondé le mouvement, les Prussiens s'enfuirent avec tant de précipitation qu'ils ne prirent pas le temps d'enclouer leurs canons, et que le général Petit fit tirer sur eux avec une batterie de vingt pièces, qui n'eut besoin pour cela que de faire un changement de front.

Le maréchal Kalkreuth, entraîné dans le désordre de ses bataillons, n'essaya plus de les rallier; car, débordé sur ses ailes par Friant d'un côté, par Morand de l'autre, il courait les chances de les faire envelopper.

Si, à ce moment, Davout avait eu sous la main la division de dragons emmenée la veille par Bernadotte, il aurait peut-être anéanti la réserve de Kalkreuth, et, en tous cas, il eût fait une grande quantité de prisonniers, puisque rien qu'avec la brigade Vialames, qui ne poursuivit l'ennemi que jusqu'à Buttelstædt, il en fit plus de trois mille.

Ce qui prouve d'ailleurs le désarroi des Prussiens, c'est que pour se sauver ils furent obligés d'abandonner presque toute leur artillerie, et que 115 pièces de canon tombèrent au pouvoir de Davout, dont le corps d'armée n'en possédait que 44.

La victoire était donc complète, mais elle fut terriblement disputée. L'armée royale perdit près de 15,000 hommes tant tués que blessés, et le corps de Davout eut 7,000 hommes hors de combat; d'un côté comme de l'autre, c'était le quart de l'effectif, chiffre énorme qui n'avait pas été atteint même à Marengo.

Les suites de cette journée glorieuse, qui valut à Davout le titre de duc d'Auerstædt, furent désastreuses pour l'armée prussienne dont la

Il se lance sur la tête du pont. (Page 198.)

retraite, commencée en assez bon ordre, dégénéra bientôt en un sauve-qui-peut effroyable.

On se dirigea d'abord sur Weimar, où le roi de Prusse espérait faire sa jonction avec l'armée de Hohenlohe, qu'il ignorait avoir été battue en même temps que la sienne; mais, chemin faisant, on aperçut les troupes de Bernadotte qui, ayant passé la Saale à Dornbourg, étaient en avant d'Apolda, et cette circonstance fit changer la direction en même temps que l'allure, qui devint plus précipitée.

Plus loin, on rencontra par bandes affolées les fuyards de l'armée du prince de Hohenlohe, qui racontèrent que tout était perdu et jetèrent la panique parmi les bataillons qui marchaient encore avec un peu d'ordre.

En moins d'une demi-heure, les bandes de fuyards, qui avaient jonché les chemins de leurs fusils, de leurs sacs et de leurs shakos, ne faisant qu'augmenter, le désordre fut partout; la route de Weimar fut abandonnée pour celle de Sommerda, où la débandade fut telle que c'est à grand'peine que le roi de Prusse put se faire accompagner d'un escadron de cavalerie.

De son côté, du reste, le prince de Hohenlohe n'était pas plus heureux, car, ayant quitté le champ de bataille d'Iéna avec quinze cents cavaliers, il n'en avait pas deux cents derrière lui quand il arriva le lendemain matin à Tennstadt.

L'armée prussienne était complètement démoralisée, et il n'y avait qu'à la poursuivre pour la prendre tout entière; ce n'était même pas absolument nécessaire, puisque les troupes de Bernadotte, sans bouger de place, firent des prisonniers : les trois bataillons que Kalkreuth avait postés du côté d'Apolda pour soutenir sa marche en arrière, ne sachant plus que devenir après la prise du plateau d'Eckartsberg et voyant des troupes françaises, se dirigèrent vers elles pour leur rendre leurs armes.

Un fait plus caractéristique encore est ce qui arriva au capitaine Lesеur, aide de camp du général Drouet. Se rendant auprès de son général avec quelques cavaliers d'ordonnance, il rencontra quatre compagnies d'infanterie prussienne qui marchaient affolées, sans savoir où elles allaient ; il leur crie de se rendre, et elles se rendent à discrétion. Ainsi une douzaine de cavaliers eurent à emmener plus de quatre cents prisonniers, qui n'auraient pas eu cent pas à faire pour gagner la lisière d'un bois, par où ils auraient très bien pu se sauver.

Mais des soldats démoralisés par la défaite en arrivent à ne plus posséder même l'instinct de la conservation.

Capitulation d'Erfurt.

Napoléon ne devait pas connaître exactement l'état moral de l'armée prussienne, mais il savait bien qu'il en aurait très bon marché s'il pouvait la joindre sans retard. En conséquence, laissant reposer quelques jours à Naumbourg, à Iéna et à Weimar les corps de Davout, de Lannes et d'Augereau, qui avaient beaucoup souffert dans la journée du 14, il lança les autres à la poursuite de l'ennemi.

Murat, qui avait couché à Weimar, eut ordre de continuer sa route sur Erfurt, où le suivrait le maréchal Ney avec son corps d'armée; Soult dut poursuivre les restes de l'armée battue à Auerstædt par Sommerda, Greussen, Sondershausen et Nordhausen, à travers la Thuringe et au besoin jusqu'aux montagnes du Hartz; quant à Bernadotte, en même temps qu'une lettre sévère de l'Empereur, qui dut le faire beaucoup souffrir s'il ne pensait pas déjà à trahir sa patrie, il reçut l'ordre d'aller franchir l'Elbe à Dessau, en passant par Halle.

Pendant que ces ordres s'exécutaient, Napoléon réunit dans une salle de l'Université d'Iéna les 300 officiers saxons qui avaient été faits prisonniers, leur qu'il déclara faisait la guerre à la Prusse et non à la Saxe, et leur rendit leur liberté, à la seule condition qu'ils ne serviraient plus contre la France.

Cette proposition fut accueillie par les officiers avec de tels transports de reconnaissance, que Napoléon crut pouvoir étendre sa générosité aux 5,000 sous-officiers et soldats saxons qui étaient en son pouvoir, et cette solution fournit un prétexte tout naturel à ceux qui servaient encore la Prusse — sans le moindre enthousiasme, d'ailleurs — pour rentrer dans leurs foyers.

De ce fait, l'armée ennemie fut affaiblie de plus de 20,000 hommes, y compris le duc de Weimar, bien qu'il fût commandant d'un corps exclusivement prussien.

Cependant Murat n'avait pas perdu une minute; vers midi il investissait Erfurt avec sa cavalerie, et bien que les troupes de Ney ne fussent pas encore arrivées, il somma la place de se rendre.

Mais ayant appris que le maréchal de Mollendorf, dangereusement blessé la veille à Auerstædt, était dans la ville, il fit accompagner son parlementaire par son chirurgien, qui se mit aux ordres du malade.

La place, sans être bien forte, était entourée de murailles en bon état et aurait pu se défendre si elle avait eu une garnison sérieuse; mais les milliers de soldats qui l'encombraient étaient des fuyards démoralisés ou des blessés, et des 6 généraux qui s'y trouvaient alors, aucun n'était en état d'organiser la résistance, pas un même n'eût osé la conseiller

Par la capitulation qui fut signée le soir même, à onze heures, Murat et Ney firent 15,000 prisonniers dont plus de 6,000 blessés et s'emparèrent de 120 pièces de canon formant un parc d'artillerie parfaitement outillé et richement approvisionné, ainsi que d'immenses magasins.

Le général Clarke, nommé gouverneur de la ville et citadelle d'Erfurt, vint en prendre possession immédiatement.

Combat de Greussen.

Pendant qu'il restait devant Erfurt, Murat avait envoyé le général Klein avec ses dragons pour barrer les routes aux détachements qui fuyaient isolément; dans l'après-midi du 15, il était à Weissensée, ville située entre Sommerda, où le roi de Prusse avait couché la veille, et Sondershausen, où il devait coucher le soir, et il l'y aurait peut-être pris, car il y était arrivé avant lui, s'il ne s'était laissé duper par Blücher, qui lui affirma sur sa parole qu'un armistice venait d'être signé.

Klein, excellent soldat, mais mince diplomate, ne supposant pas d'ailleurs qu'une ruse de guerre pût s'appuyer sur un serment et croyant à l'honneur personnel du général Blücher, laissa la route libre au corps prussien dans lequel se trouvaient le roi de Prusse et le maréchal Kalkreuth.

Ce subterfuge sauva pour un jour les restes de l'armée prussienne, mais il ne réussit pas le lendemain à Greussen, où Soult atteignit l'arrière-garde du maréchal Kalkreuth.

Moins crédule que Klein, le maréchal Soult répondit à Kalkreuth, qui lui avait fait demander une entrevue pour gagner du temps, qu'il était impossible que l'Empereur eût commis la faute de donner à l'ennemi qu'il venait de battre le temps de se rallier, et qu'il ne croirait à l'armistice que quand il lui aurait été notifié officiellement ; « d'ici là, conclut-il, notre métier est de vous faire le plus de mal que nous pourrons ; déposez les armes, et j'attendrai dans cette situation les ordres de l'Empereur. »

Naturellement ce n'était point du tout l'affaire de Kalkreuth et les hostilités, suspendues un instant, reprirent aussitôt. Soult fit enlever le village de Greussen, où il ramassa beaucoup de prisonniers, de chevaux et de canons, et les Prussiens, à qui la défense du village avait coûté beaucoup de monde, quittèrent la route pour se jeter dans les chemins de traverse, où il leur paraissait plus facile d'échapper à l'étreinte des Français.

La poursuite continua pourtant le lendemain et jours suivants à une marche de distance et sans autres contacts que ceux de l'arrière-garde prussienne et de l'avant-garde française, et le maréchal Soult arrivait devant Magdebourg au moment même où l'arrière-garde ennemie se mettait à l'abri derrière les murailles de la ville ; mais il avait pris, chemin faisant, 1,200 prisonniers, 30 pièces de canon et 300 caissons.

Presque en même temps, Ney et Murat y arrivaient d'un autre côté, chassant devant eux les débris de l'ancienne armée du prince de Hohenlohe, auquel le roi de Prusse venait de donner le commandement en chef de tout ce qui lui restait de ses deux magnifiques armées, moins la réserve qui restait toujours sous les ordres directs du maréchal Kalkreuth.

Combat de Halle.

Le matin de la bataille d'Auerstædt, le duc de Brunswick avait envoyé au prince Eugène de Wurtemberg, qui commandait un corps de réserve de plus de 20,000 hommes, l'ordre de se porter sur Halle, au-devant de l'armée prussienne qui se dirigeait sur l'Elbe.

Ayant appris la défaite de cette armée, il était resté dans sa position, prêt à en recueillir les débris, pensant qu'elle se rallierait sur lui, car il ne la supposait pas assez délabrée pour être obligée de se réfugier à l'abri des murs de Magdebourg.

Le corps de Bernadotte, qui se dirigeait de ce côté pour gagner l'Elbe à Dessau, devait forcément l'y rencontrer, et c'est ce qui arriva, le 17 au matin, à la division Dupont qui marchait en avant.

Le général Dupont voulut reconnaître lui-même la position et la trouva difficile : pour arriver à la ville, il fallait s'engager sur un pont très long, jeté sur plusieurs bras de la Saale et les prairies qui les séparent. Ce pont, dont l'abord était défendu par une troupe d'infanterie, était garni d'artillerie, et sur les îlots on avait établi des batteries dont les canons prenaient en enfilade la route par où il fallait arriver. Au delà du pont, et en avant de la ville dont les portes étaient barricadées, se trouvait un nouveau détachement d'infanterie; de plus, on apercevait en arrière, sur les hauteurs qui dominent la ville, le corps d'armée du prince de Wurtemberg, rangé en bataille.

Il fallait donc enlever le pont, forcer les portes de la ville, s'en emparer et la traverser avant de se présenter devant les forces principales de l'ennemi, avec des troupes déjà fatiguées.

En présence de ces difficultés, bien grandes pour une division de trois régiments ne comptant pas cinq mille combattants, Dupont aurait voulu attendre la division Drouet, qui marchait sur sa gauche et devait franchir la Saale entre Halle et Giebchenstein.

Mais ses soldats, qui avaient passé toute la journée du 14 l'arme au pied, entre les deux batailles, dont ils entendaient la canonnade sans pouvoir tirer un coup de fusil, étaient impatients de prendre à leur tour une part active aux opérations de la campagne et demandaient instamment à combattre, fussent-ils un contre quatre, ce qui était à peu près le cas.

Devant cette impatience de bon augure, le général Dupont n'hésite plus et prend ses dispositions pour l'attaque : il déploie sur sa droite le 32e de ligne, sur sa gauche le 9e léger, et avec le 96e de ligne commandé par le colonel Barrois et disposé en colonne sur la route, il se lance sur la tête du pont, bouscule l'infanterie qui le défendait, la poursuit sur le pont la baïonnette aux reins ; et les grenadiers du 96e, accompagnés d'un détachement de cinquante cavaliers que Bernadotte avait envoyé à Dupont, qui n'avait pas d'autre cavalerie, pénètrent dans la ville pêle-mêle avec les fuyards.

Ce petit escadron, guidé par les capitaines d'état-major Berton et Pernet qui l'avaient amené, charge sur la place principale et y fait trois cents prisonniers ; les autres parviennent à se sauver, et le général Dupont fait fermer les portes derrière eux pour donner à ses hommes le temps de se reposer un moment.

Les Prussiens, du reste, n'avaient pas envie d'attaquer. Le prince de Wurtemberg gardait la défensive, placé sur les hauteurs qui dominaient la ville, d'autant qu'il voyait arriver sur sa droite la brigade de cavalerie du général Tilly, précédant la division Drouet.

Naturellement il fit face de ce côté et se développa sur un front très étendu pour couvrir de ses feux les trois régiments qui arrivaient sur lui en colonnes par échelons.

Après une fusillade très nourrie, le 27e léger, qui formait le premier échelon, perça les lignes prussiennes qui se refermèrent sur lui ; un moment sa situation fut compromise et les Prussiens osèrent lui proposer de se rendre, mais le 94e et le 95e de ligne n'étaient pas loin. Attaqué par eux à la baïonnette, l'ennemi plia, et rompit ses lignes. Le général Werlé, qui était avec le 27e léger, lui fit faire un changement de front, et le portant vivement à la droite, déborda de ce côté les Prussiens qui, pris alors entre deux feux, renoncèrent à se défendre ; près de 2,000 hommes mirent bas les armes.

Pendant ce temps-là, les trois régiments du général Dupont attaquaient vigoureusement le centre et la gauche du prince de Wurtemberg qui lui opposaient 12,000 fusils et les accueillirent par un feu terrible. Le 9e léger, porté en avant, recula un moment sous la pluie des balles et de la mitraille et fut ramené jusqu'à la porte de Halle, par où les autres régiments commençaient seulement à sortir. Mais le colonel Darricau, à la tête du 32e, se lança comme un ouragan sur les Prussiens qui remontèrent sur les hauteurs plus vite qu'ils n'en étaient descendus.

Poursuivis avec acharnement par les deux régiments français, ils jetèrent, en voulant s'appuyer sur elles, un grand désordre dans leurs propres lignes, qu'un bataillon du 96e menaçait de tourner et attaquait déjà par le flanc.

Aussi malheureux sur son aile gauche que sur sa droite, le prince de Wurtemberg ne pouvait guère compter sur son centre, au milieu duquel les divisions Dupont et Drouet étaient sur le point de se donner la main ; il ordonna la retraite commencée déjà en partie et qu'il croyait avoir assurée sur Zorbig et Radegast, avec sa réserve et sa cavalerie, qu'il avait formée à l'abri du canon.

Mais cette cavalerie, qui eût été beaucoup mieux placée sur les flancs de l'infanterie, pour la défendre, fut surprise par une charge du 4e hussards guidé par le colonel Gérard, aide de camp de Bernadotte, et lâcha pied, laissant sans soutien deux régiments d'infanterie que le colonel Pécheur, avec le 95e de ligne, ne tarda pas à mettre en fuite.

Bernadotte, qui avait ordre de se porter sur Dessau, ne fit pas poursuivre à outrance la colonne du prince de Wurtemberg, qui se dirigeait pourtant de ce côté, amoindrie de 5,000 prisonniers, de 35 pièces de canon et d'un millier d'hommes, qu'elle avait laissés morts ou blessés sur le champ de bataille.

Ce succès coûtait cher à la division Dupont et particulièrement au 32e de ligne, qui, pendant un moment, eut à soutenir un effort terrible. Sur les 700 Français mis hors de combat, plus de 200 lui appartenaient; ce qui fit dire à Napoléon, quelques jours après, en passant devant ce régiment : « Encore du 32e! Je croyais qu'il n'en restait plus. »

Entrée à Berlin

Ce qui restait de l'armée prussienne et même la réserve étant en débandade complète, rien ne pouvait plus retarder l'occupation de Berlin, dont les abords n'étaient plus défendus et ne pouvaient l'être par les différents corps prussiens réfugiés sur divers points, et qui n'auraient pas le temps de se rallier pour essayer de s'opposer au passage de l'Elbe.

Toute l'armée française, sauf les corps de Ney et de Soult, restés pour investir Magdebourg, reçut l'ordre de se porter sur le fleuve et de le franchir.

Bernadotte passa à Barby, sur un pont de bateaux qu'il fit jeter ; Lannes sur le pont de Dessau, que le prince de Wurtemberg avait fait sauter, mais qu'il fit rétablir et qui servit aussi au passage du corps d'Augereau ; enfin Davout, qui devait avoir l'honneur d'entrer le premier à Berlin, en raison de sa victoire d'Auerstædt, se dirigea par Leipzig pour passer l'Elbe à Wittenberg, où Napoléon passa ensuite avec la garde, qui s'était renforcée de sa cavalerie et d'une douzaine de bataillons de grenadiers et de voltigeurs.

Bien qu'il fût pressé d'arriver à Berlin, pour lancer de là ses troupes sur l'Oder, il resta un jour entier à Wittenberg, afin d'organiser la ville en place de dépôt, comme il avait fait déjà d'Erfurt, et il en donna le commandement au général Lemarrois, l'un de ses aides de camp.

Le 20 octobre, six jours après la double bataille d'Iéna-Auerstædt, toute l'armée française était sur l'Elbe; le 25, le corps d'armée du maréchal Davout prenait possession de Berlin, où Napoléon faisait une entrée triomphale le 28, le jour même où Hohenlohe capitulait à Prenzlow.

Ce qu'il n'avait pas voulu faire l'année précédente à Vienne, capitale conquise, mais qu'il avait à peine visitée, Napoléon voulut le faire à Berlin, et, en imitant Alexandre, César et les conquérants fameux, entrer en maître dans une capitale ennemie; soit qu'il éprouvât le besoin de frapper un grand coup en Europe par la nouvelle de ce spectacle éclatant, soit qu'il voulût associer à sa gloire les soldats qui s'étaient dévoués à sa victoire, soit aussi et très probablement pour donner à son immense orgueil les satisfactions que sa fausse modestie d'antan ne pouvait plus lui faire éprouver.

Le lendemain de son entrée à Berlin, Napoléon fit mettre à l'ordre du jour de l'armée la proclamation suivante, qui résumait les opérations accomplies et annonçait celles qui restaient à faire :

« Soldats,

» Vous avez justifié mon attente et répondu dignement à la confiance du peuple français. Vous avez supporté les privations et les fatigues avec autant de courage que vous avez montré d'intrépidité et de sang-froid au milieu des combats. Vous êtes les dignes défenseurs de l'honneur de ma couronne et de la gloire du grand peuple. Tant que vous serez animés de cet esprit, rien ne pourra vous résister. Je ne sais désormais à quelle arme je dois donner la préférence... Vous êtes tous de bons soldats. Voici le résultat de nos travaux :

» Une des premières puissances militaires de l'Europe, qui osa naguère nous proposer une hautaine capitulation, est anéantie. Les forêts, les défilés de la Franconie, la Saale, l'Elbe, que nos pères n'eussent pas traversés en sept ans, nous les avons traversés en sept jours, et livré dans l'intervalle quatre combats et une grande bataille.

» Nous avons précédé à Potsdam, à Berlin, la renommée de nos victoires. Nous avons fait 60,000 prisonniers, pris 65 drapeaux, parmi lesquels ceux des gardes du roi de Prusse, 600 pièces de canon, 3 forteresses, plus de 20 généraux; cependant, plus de la moitié de vous regrettent de n'avoir pas tiré un coup de fusil. Toutes les provinces de la monarchie prussienne, jusqu'à l'Oder, sont en notre pouvoir.

Le combat fut acharné et sanglant. (Page 207.)

» Soldats! les Russes se vantent de venir à nous. Nous marcherons à leur rencontre; nous leur épargnerons la moitié du chemin : ils retrouveront Austerlitz au milieu de la Prusse. Une nation qui a aussitôt oublié la générosité dont nous avons usé envers elle après cette bataille, où son empereur, sa cour, les débris de son armée n'ont dû leur salut qu'à la capitulation que nous leur avons accordée, est une nation qui ne saurait lutter avec succès contre nous.

» Cependant, tandis que nous marchons au-devant des Russes, de nouvelles armées, formées dans l'intérieur de l'Empire, viennent prendre notre place pour garder nos conquêtes. Mon peuple tout entier s'est levé, indigné de la honteuse capitulation que les ministres prussiens, dans leur délire, nous ont proposée. Nos routes et nos villes frontières sont remplies de conscrits qui brûlent de marcher sur vos traces.

» Nous ne serons plus désormais les jouets d'une paix traîtresse, et nous ne poserons plus les armes que nous n'ayons obligé les Anglais, ces éternels ennemis de notre nation, à renoncer au projet de troubler le continent et à la tyrannie des mers.

» Soldats! je ne puis mieux vous exprimer les sentiments que j'éprouve pour vous qu'en vous disant que je porte dans mon cœur l'amour que vous me montrez tous les jours. »

Capitulation de Prenzlow.

Cependant, toute l'armée n'était pas dans Berlin. Lannes était avec son corps d'armée à Spandau, qu'il avait occupé sans résistance. Davout, laissant le corps d'Augereau à Berlin avec la garde, allait se diriger sur Francfort-sur-l'Oder. Ney et Soult complétaient l'investissement de Magdebourg, et Murat, ainsi que Lannes, qui le suivait et qui était lui-même suivi par Bernadotte, couraient après le prince de Hohenlohe, qui avait quitté cette ville.

Ne voulant pas rester dans Magdebourg, pauvrement approvisionnée, avec des troupes en déroute qui auraient gêné la défense de la place bien plus qu'elles n'auraient augmenté le nombre des défenseurs utiles, le prince de Hohenlohe s'était décidé à continuer sa retraite vers l'Oder avant l'investissement complet de la place.

Laissant à Magdebourg une vingtaine de mille hommes, il partit avec un nombre à peu près égal et se dirigea sur Stettin, où il avait donné rendez-vous à l'ancien corps du duc de Weimar, commandé maintenant par le général Winning et qui comptait 13 ou 14,000 hommes, ainsi qu'à Blücher, lequel avec les débris de son ancienne avant-garde et les restes du corps d'armée que le prince de Wurtemberg avait laissé battre à Halle, pouvait avoir rassemblé à peu près 20,000 combattants.

Si ces trois corps réunis à Stettin avaient pu passer dans la Prusse Orientale, où il y avait encore une vingtaine de mille hommes autour du roi qui s'y était réfugié, la Prusse se serait vue encore en possession d'une armée de75,000 hommes, laquelle, réunie aux deux armées russes attendues de ce côté, aurait pu jouer un rôle considérable.

Mais Napoléon ne l'entendait pas ainsi et c'est pourquoi, aux ordres déjà donnés à ses lieutenants de poursuivre les débris de l'armée prussienne, il ajouta celui donné à Soult de laisser le corps de Ney tout seul pour assiéger Magdebourg et d'aller joindre Bernadotte pour poursuivre avec lui le corps de Winning, pendant que Lannes et Murat s'attachaient à celui de Hohenlohe, scindé en trois colonnes, dont l'une, commandée par le général Schimmelpfennig, devait d'abord côtoyer le Havel, puis plus tard le canal de Finow, et, marchant sur la droite de l'armée principale, protéger son flanc jusqu'à Stettin.

La colonne principale, dirigée par Hohen lohe, marchait à une distance à peu près égale de l'Elbe et de la colonne de droite, et devait gagner Stettin par Genthm, Rathenau, Gransée et Prenzlow.

Enfin la cavalerie cheminait sur les bords de l'Elbe, où les fourrages ne lui manquaient pas, et, après les avoir quittés pour se diriger vers le nord, devait aboutir à Prenzlow, par Wittstoch, Miow et Strelitz.

Partie le 22 octobre, cette armée, très indisciplinée par suite de la démoralisation apportée dans ses rangs par les défaites, et marchant dans un pays pauvre où il fallait beaucoup d'habileté pour la faire vivre, cette armée n'allait pas vite et faisait tout au plus sept ou huit lieues par jour; aussi Murat l'eut-il bientôt rattrapée, et, le 25 au soir, il pouvait écrire à Napoléon : « Je suis enfin sur l'ennemi. »

Dès le lendemain, vers trois heures et demie, il prenait contact, à Zehdenick, avec le corps de Schimmelpfennig et, sans attendre l'arrivée des divisions de dragons de Grouchy et de Beaumont, il le chargeait avec la brigade de hussards de Lasalle.

Très inférieur en nombre, Lasalle fut d'abord ramené, mais ses hussards recommencèrent l'attaque et occupèrent assez longtemps l'ennemi pour donner le temps aux dragons d'arriver.

Ceux-ci culbutèrent la cavalerie ennemie, lui tuèrent 300 hommes, en firent prisonniers près d'un millier et mirent l'infanterie dans un tel désordre qu'elle n'eut d'autre ressource que de s'éparpiller dans les bois.

Hohenlohe, en apprenant cet engagement, quitta immédiatement Gransée où il se trouvait à ce moment, et, au lieu de suivre tout droit par Templin, fit un crochet par Furstenberg pour essayer de rallier au moins la cavalerie, d'ailleurs très nombreuse, de son corps de flanqueurs ;

mais cette cavalerie, qui s'était enlizée dans des marais, était dans un affreux désordre, à commencer par le régiment de la reine, qui avait perdu son étendard brodé par la souveraine et dont le colonel était resté prisonnier.

Pendant que Hohenlohe couchait à Furstenberg, Murat gagnait Templin, suivi par le corps de Lannes qui faisait marcher ses hommes jour et nuit pour que ses têtes de colonnes ne perdissent pas de vue les derniers escadrons de l'avant-garde.

Le lendemain, pendant que Lasalle se dirigeait avec ses hussards sur Prenzlow, Murat détacha le 13e chasseurs avec le général Milhaud sur Boitzenburg, à la sortie du défilé que les Prussiens devaient prendre pour gagner Prenzlow.

Une brigade de cavalerie ennemie s'engagea derrière ce régiment à Wichsmannsdorf, pour essayer de le couper, mais les dragons de Grouchy se jetèrent sur cette cavalerie, la dispersèrent, et contraignirent le régiment des gendarmes du roi, qu'ils avaient acculé à un lac, à solliciter leur clémence.

500 hommes d'élite mirent pied à terre et donnèrent leurs magnifiques chevaux aux dragons, qui se remontèrent immédiatement.

Pendant ce temps, Milhaud, arrivé à Boitzenburg, faisait manger à ses chasseurs les vivres préparés en abondance pour les Prussiens par le seigneur du village, M. d'Arnim, de sorte que lorsque ces malheureux qui marchaient depuis le matin sans nourriture arrivèrent, ils ne trouvèrent plus que ce que nos soldats n'avaient pu ni dévorer ni emporter.

Cette circonstance démoralisa plus encore les Prussiens que l'échec de Wichmannsdorf, qui consterna pourtant Hohenlohe, et lorsqu'ils arrivèrent à Prenzlow, ils étaient déjà à moitié vaincus.

Les Français d'ailleurs y étaient presque en même temps qu'eux, et attaqués en flanc par les hussards de Lasalle, poursuivis en queue par les dragons de Grouchy, ils entrèrent dans la ville beaucoup plus vite qu'ils n'auraient voulu, et non sans dommage, car les dragons de Pritwitz, mis en déroute par les cavaliers français, en culbutèrent des centaines dans les rues de la ville.

L'infanterie affolée, ne se voyant pas en sûreté dans Prenzlow, traverse la ville, et Hohenlohe la réunit comme il peut sur une colline dominant la route de Stettin.

Murat, qui n'avait pas voulu faire charger sa cavalerie dans les rues, pour ne pas sacrifier inutilement des gens qui ne pouvaient pas faire autrement que de se rendre, fit envelopper cette cohue et envoya immédiatement le général Belliard sommer le prince de Hohenlohe de mettre bas les armes.

Le général prussien, croyant n'avoir affaire qu'à quatre ou cinq mille cavaliers, refuse d'abord; mais, apercevant les premiers régiments du maréchal Lannes qui venaient prendre position devant lui, il n'hésite plus et signe une capitulation que Murat, plus généreux encore que vaniteux, lui rendit aussi douce que possible, permettant à ses hommes de défiler devant les siens, sans être obligés de jeter leurs armes en passant devant l'état-major.

Il défila ainsi 16,000 hommes d'infanterie, presque tous de la garde royale ou des corps d'élite, 6 régiments de cavalerie et 64 pièces de canon attelées.

Ce n'étaient pas là toutes les forces du prince de Hohenlohe; quelques bataillons d'infanterie, qui s'étaient échappés de Prenzlow, étaient en effet allés rejoindre le corps de cavalerie qui, ayant marché sur la gauche du corps principal, avait évité la capitulation.

Le lendemain, le général Milhaud fut envoyé après eux avec le 13e chasseurs et le 9e dragons : il les atteignit à Passewalk; et la démoralisation était telle parmi les Prussiens que 4 bataillons d'infanterie, 6 régiments de cavalerie, avec le parc d'artillerie légère composé de 30 canons, de 60 caissons, de 60 chariots de munitions et de 1,500 canonniers à cheval, mirent bas les armes devant 900 cavaliers français.

Une preuve encore plus évidente de cette démoralisation est la capitulation de Stettin, place très forte ayant 6,000 hommes de garnison, défendue par plus de 200 pièces de canon, et qui se rendit à la première sommation du général Lasalle; celui-ci, qui n'avait avec lui que deux régiments de hussards, aurait été très embarrassé pour recueillir ses prisonniers, si quelques bataillons du corps de Lannes n'étaient arrivés dans la nuit pour l'y aider, ou plus exactement pour s'en charger.

On trouve encore un fait plus extraordinaire dans une lettre que le maréchal Lannes écrivait à l'Empereur, de Stettin, le 2 novembre :

« Trois hussards s'étaient égarés du côté de Gartz; ils se sont trouvés au milieu d'un escadron ennemi. Ils ont couru à lui en le couchant en joue, et lui disant qu'un régiment le cernait et qu'il fallait sur-le-champ mettre pied à terre. Le commandant de cet escadron a fait mettre pied à terre et a rendu les armes à ces trois hussards, qui ont conduit ici l'escadron prisonnier de guerre. »

Il était temps pour le maréchal que cette campagne, où les prisonniers se ramassaient de tous côtés par milliers, prît fin; car son corps d'armée, obligé de fournir des escortes pour tous les prisonniers, était déjà amoindri de plusieurs régiments.

Mais, de ce côté, il n'y avait plus rien à faire; de toute l'armée prussienne, il ne restait à anéantir que le corps de Blücher, et c'est Bernadotte et Soult qui en étaient chargés, mais avec le concours de Murat, qui ne laissait pas reposer volontiers sa cavalerie.

Capitulation de Lubeck.

Blücher, qui s'était tenu en communication avec Hohenlohe jusqu'à l'affaire de Zehdenick, avait marché de Gransée sur Neustrelitz, où il arriva le 30 octobre, et fait sa jonction avec le corps du général Winning. Il se trouvait commander ainsi environ 22,000 hommes, avec lesquels il espérait gagner la Baltique, où il pensait trouver des bateaux pour les embarquer et les passer de cette façon dans la Prusse orientale.

A Waren, près du lac de Muritz, où cette jonction fut effectuée, Blücher apprit que la route de Stralsund était déjà interceptée par la cavalerie de Murat; il songea alors à rebrousser chemin pour se jeter dans Magdebourg, mais il sut non seulement que Magdebourg était étroitement investie, mais qu'entre cette ville et lui se trouvaient deux corps d'armée français.

L'affaire d'Anklam, qui survint le lendemain, lui apprit en outre qu'il n'évoluerait pas facilement. Dans cette affaire, 4,000 Prussiens, commandés par le général Bila, avaient été culbutés par la brigade de dragons du général Becker, dans une plaine située en avant de la ville; réfugiés dans Anklam, les dragons y entraient en même temps qu'eux, et, les sabrant sans relâche, les avaient obligés de capituler.

Voulant à tout prix éviter le même sort, Blücher se décida à marcher sur Lubeck et à violer la neutralité de cette ville libre, pour se mettre à l'abri derrière ses murailles.

Il marcha ainsi pendant six jours, égrenant peu à peu son armée, perdant du monde dans des combats d'arrière-garde, et particulièrement à Schwerin, à Wismar, où il laissa beaucoup de prisonniers, mais plus encore par la désertion ; car ses soldats, fatigués de marcher toujours sans prendre une nourriture suffisante, se sauvaient à travers les bois, au risque de tomber au pouvoir des Français, dont la poursuite ne se ralentissait pas.

Le 6 novembre, malgré les protestations de la municipalité de Lubeck, il entra dans la ville comme en pays conquis et s'y mit en état de défense. La place n'était pas très forte et les murailles en étaient assez mal entretenues, mais Blücher s'y crut en sûreté ou du moins en bonne position pour se défendre, quand il fut certain de n'être pas tourné.

En effet, Lubeck touche à la frontière danoise et cette frontière était gardée par un corps d'armée. Blücher avait fait prévenir le chef de ce corps que, s'il laissait violer sa neutralité par les Français, il la violerait lui-même à son tour pour se réfugier dans le Holstein ; ce général ayant répondu qu'il ferait tuer ses hommes jusqu'au dernier plutôt que de souffrir une violation de territoire, Blücher se crut tranquille ; il avait toujours une porte pour exécuter sa retraite, et les Français ne pouvaient l'attaquer que de deux côtés à la fois.

Ils ne s'en firent pas faute; dès le lendemain matin, ils étaient devant Lubeck et Bernadotte faisait attaquer la Burg-Thor, sans attendre que Soult fût prêt à lancer ses colonnes contre la Muhlen-Thor; le combat fut acharné et sanglant et dura plus de trois heures, mais la Burg-Thor tomba au pouvoir de la division Drouet, grâce aux prodiges de valeur du 27e léger et du 94e de ligne, et les divisions Rivaud et Dupont entrèrent à leur tour dans la ville ; la Muhlen-Thor, attaquée à la fois intérieurement par la brigade Pacthod, de la division Rivaud, et extérieurement par le 6e léger avec lequel marchaient Soult et Murat, ne put résister longtemps, et ses défenseurs, au nombre de 2,000, furent obligés de mettre bas les armes.

4,000 autres Prussiens se rendirent par pelotons, par compagnies, après avoir essayé de se défendre derrière des barricades, ou enfermés dans des maisons; le reste se sauva avec Blücher, sauf un millier qui restèrent morts ou blessés dans les rues de la ville devenue un véritable champ de carnage, en attendant qu'elle devînt un champ de pillage, car les prisonniers qu'on ne surveillait guère se mirent à piller les maisons et il fut bien difficile d'empêcher nos soldats vainqueurs de les imiter.

Blücher, abandonnant toute son artillerie, courut avec ce qui lui restait d'infanterie rejoindre sa cavalerie, forte de 4,000 chevaux, qu'il n'avait point fait entrer dans la ville et qui l'attendait près de Schwartau, sur la route de Neustadt et d'Oldenbourg.

La nuit étant venue, on ne le poursuivit pas tout de suite, d'autant qu'il s'était retiré sur le territoire danois et que les généraux français avaient besoin de se concerter pour convenir de ce qu'il y avait à faire.

Soult, Murat et Bernadotte, réunis en conseil pendant la nuit du 6 au 7, décidèrent de ne tenir aucun compte de la neutralité danoise, puisque Blücher l'avait violée, après avoir violé celle de la ville de Lubeck ; et, à la pointe du jour, la division Drouet, suivie de la division Dupont et appuyée de la brigade de hussards du général Lasalle et de la division de cuirassiers du général d'Hautpoul, attaquait les troupes de Blücher.

Surprise dans Schwartau, l'infanterie prussienne, bien que comptant encore près de 5,000 hommes, fut obligée de mettre bas les armes, mais pendant le combat qui précéda et dont le 27e léger fit tous les frais du côté des Français, Blücher se sauva à Ratkau avec toute sa cavalerie : il fallut l'y poursuivre; ce fut Murat qui s'en chargea; Blücher, acculé, ne pouvait plus que signer la capitulation qui lui fut proposée. Il demanda cependant et obtint, d'ailleurs, que l'on mettrait sur l'acte qu'il se rendait faute de munitions.

Il aurait même pu dire faute de soldats, ce qui eût été plus exact, car il ne lui restait plus que sa cavalerie ; il est vrai que l'on comprit dans la capitulation tout le matériel et tous les soldats pris à Lubeck et à Schwartau.

Après cette capitulation, qui nous encombrait de plus de 15,000 prisonniers, mais nous valait 6 à 7 mille chevaux et 45 pièces d'artillerie attelées, de toutes les forces prussiennes il ne restait pas un corps d'armée et Murat pouvait écrire à Napoléon : « Le combat finit faute de combattants. »

Ce n'était cependant pas tout à fait exact, car si la place de Custrin s'était rendue le 1er novembre au maréchal Davout avec ses 4,000 hommes de garnison, ses 90 pièces de canon et ses immenses magasins, il y avait encore 22,000 hommes à Magdebourg, place beaucoup plus considérable, puisqu'elle comptait près de 800 canons en batterie sur ses fortifications.

Il est vrai que cette place, admirablement approvisionnée en munitions de toutes sortes, possédant un magnifique équipage de pontonniers et un immense matériel d'artillerie, se rendit le lendemain 8 novembre au maréchal Ney, sur une simple menace de bombardement.

Ainsi, il y avait juste un mois que la campagne était commencée, et le résultat de cette campagne était la suppression de la monarchie prussienne, qui n'existait plus guère que de nom, et l'anéantissement de l'armée de Frédéric-Guillaume, qui avait perdu tout son matériel de guerre en canons, fusils, munitions, et plus de 20,000 chevaux propres à remonter la cavalerie ennemie.

Des 160,000 combattants qui faisaient l'orgueil de la Prusse au commencement d'octobre, et qui devaient si bien faire repasser le Rhin plus vite que le pas aux soldats de Napoléon, il ne restait pas une compagnie entière; de la frontière de l'ouest jusqu'à l'Oder, on n'eût pas trouvé quatre hommes et un caporal : 25,000 hommes étaient tués ou blessés ; 100,000 étaient prisonniers de guerre; 20,000 Saxons, déjà prisonniers pour la plupart, étaient rentrés dans leurs foyers. Le reste avait disparu pendant les désordres de la déroute, et l'on compte que près de 15,000 Prussiens, jetant leurs fusils et leurs gibernes sur les routes, abandonnant leurs uniformes dans les fermes où on les recueillait, avaient regagné leurs villages, sans paraître se douter qu'ils avaient déserté devant l'ennemi.

« Et c'est, dit Thiers, qu'il faut toujours citer, ce rapide anéantissement de la puissance prussienne qui rend si merveilleuse la campagne que nous venons de raconter.

Les sapeurs ouvrirent un chemin à coups de hache. (Page 216.)

» Que 160,000 Français, parvenus à la perfection militaire par quinze ans de guerres, eussent vaincu 160,000 Prussiens énervés par une longue paix, le miracle n'était pas grand! Mais c'est un événement étonnant que cette marche oblique de l'armée française, combinée de telle manière que l'armée prussienne, constamment débordée pendant une retraite de deux cents lieues, de Hof à Stettin, n'arrivât à l'Oder que le jour même où ce fleuve était occupé, fût détruite ou prise jusqu'au dernier homme, et qu'en un mois le roi d'une grande monarchie, le second successeur du grand Frédéric, se vît sans soldats et sans États!

» C'est, disons-nous, un événement étonnant, quand on songe surtout qu'il ne s'agissait pas ici de Macédoniens battant des Perses lâches et ignorants, mais d'une armée européenne battant une autre armée européenne, toutes deux instruites et braves.

» Quant aux Prussiens, si l'on veut avoir le secret de cette déroute inouïe, après laquelle les armées et les places se rendaient à la sommation de quelques hussards ou de quelques compagnies d'infanterie légère, on le trouvera dans la démoralisation qui suit ordinairement une présomption folle!

» Après avoir nié, non pas les victoires des Français, qui n'étaient pas niables, mais leur supériorité militaire, les Prussiens en furent tellement saisis à la première rencontre, qu'ils ne crurent plus la résistance possible et s'enfuirent en jetant leurs armes. Ils furent atterrés et l'Europe le fut avec eux. Elle frémit tout entière après Iéna, plus encore qu'après Austerlitz; car, après Austerlitz, la confiance dans l'armée prussienne restait du moins aux ennemis de la France. Après Iéna, le continent entier semblait appartenir à l'armée française.

» Les soldats du grand Frédéric avaient été la dernière ressource de l'envie : ces soldats vaincus, il ne restait à l'envie que cette autre ressource, la seule, hélas! qui ne lui manque jamais, de prédire les fautes d'un génie désormais irrésistible, de prétendre qu'à de tels succès aucune raison humaine ne pourrait tenir; et il est malheureusement vrai que le génie, après avoir désespéré l'envie par ses succès, se charge lui-même de la consoler par ses fautes. »

Mais Napoléon n'en était pas encore là, et bien des hommes devaient encore mourir pour l'honneur de la France, avant que des centaines de mille ne fussent immolés pour sa gloire personnelle.

V

EYLAU

Continuation de la campagne. — Le blocus continental. — Occupation de la Pologne prussienne. — Combat de Czarnowo. — Combats de Nazielsk et de Kolozomb. — Bataille de Pultusk. — Combat de Golymin. — Combat de Soldau. — Les quartiers d'hiver. — Combat de Mohrungen. — Combat de Bergfried. — Combat de Walters-dorf. — Combat de Hoff. — Combat de Heilsberg. — Combat de Ziegelhoff. — Bataille d'Eylau.

Après l'anéantissement des deux armées prussiennes et l'occupation de tout le royaume, sauf la province orientale, on pouvait croire la guerre finie; car il ne restait plus au roi Frédéric-Guillaume, retiré à Kœnigsberg, que 20 à 25,000 hommes, dont le commandant suprême, le général Lestocq, ne pouvait même constituer un corps d'armée, puisqu'ils étaient enfermés par petits groupes dans quelques places fortes de la Silésie et du duché de Varsovie, et particulièrement Glogau, Breslau, Brieg et Kœnigsberg.

Le roi de Prusse, ouvrant enfin les yeux sur sa situation, qui ne pouvait guère être plus lamentable, s'était en effet affranchi des influences de la reine, dont les aspirations belliqueuses n'avaient pas été éteintes par les revers, et avait sollicité un armistice qui fut négocié à Charlottenbourg et signé le 16 novembre.

Cet armistice, que Napoléon avait accordé moyennant la reddition de presque toutes les places silésiennes qu'il n'occupait pas encore, devait être suivi à bref délai d'un traité de paix que le roi de Prusse aurait bien voulu conclure, mais que la Russie l'empêcha de signer, en lui affirmant que rien n'était désespéré, que ses provinces perdues seraient reconquises aussi bien que sa capitale, puisqu'elle arrivait à son secours avec 120,000 hommes.

Ce secours devait-il être suffisant pour repousser la grande armée? Il était permis à Frédéric-Guillaume d'en douter, après la campagne qui s'était terminée, l'année précédente, par le coup de tonnerre d'Austerlitz; et, tout en appréciant la bravoure de l'armée russe, il en doutait bien certainement, puisque personnellement il était prêt aux plus grands sacrifices pour essayer de reconstituer son royaume. Mais le parti de la guerre, qui dominait encore à sa cour, lui prouva qu'il était lié avec l'empereur de Russie et ne pouvait traiter sans lui.

Napoléon ne s'était jamais fait d'illusion sur l'issue des négociations; l'armistice, qui permettait à ses troupes surmenées de se refaire dans de bons cantonnements, lui servait plus qu'à son ennemi, et, si le roi de Prusse ne s'était pas dérobé, il aurait demandé des conditions à peu près inacceptables, c'est-à-dire non seulement l'abandon immédiat des places de Silésie, telles que Breslau, Glogau, Schweidnitz et Glatz, mais encore Dantzig, Graudentz, Thorn, Varsovie et toute la ligne de la Vistule, dont il voulait faire le point de départ de ses opérations futures; car il n'était pas prêt à déposer les armes et voulait recueillir comme il l'entendait les fruits de sa victoire.

En attendant les Russes, au-devant desquels il marchait d'ailleurs, ainsi qu'il l'avait annoncé à ses soldats, c'est l'Angleterre qu'il voulait frapper, et par un moyen violent qu'il croyait déjà en son pouvoir et qui ne pouvait jamais l'être que partiellement, c'est-à-dire en fermant le continent tout entier à son immense commerce.

Austerlitz lui avait livré toute l'Italie et l'Adriatique; l'Espagne et la Turquie, placées dans son alliance, lui donnaient le reste des rivages de la Méditerranée; Iéna venait de lui assurer les côtes de la mer du Nord et une partie de celles de la Baltique : il n'avait plus — et la besogne était plus d'à moitié faite — qu'à s'emparer de l'Oder et de la Vistule pour occuper l'embouchure de tous les grands fleuves européens et faire périr de pléthore les Anglais, qu'il ne pouvait atteindre par la mer, et qui venaient de dénoncer le blocus de toutes les côtes du Nord, depuis Brest jusqu'à Hambourg.

Il répondit à cette monstrueuse extension des droits de la guerre par la déclaration, datée de Berlin du 21 novembre, qui mettait les Iles Britanniques en état de blocus.

Par ce décret fameux, et dont les conséquences furent désastreuses, tout commerce avec l'Angleterre était formellement interdit, et non seulement les marchandises anglaises étaient confisquées, mais toute lettre pour l'Angleterre était détruite, et tout Anglais arrêté sur le continent était prisonnier de guerre.

Le blocus continental une fois en vigueur, — autant qu'il pouvait l'être, car il ne le fut jamais qu'imparfaitement — Napoléon, qui avait lancé tous ses corps d'armée sur la Vistule, pensa à rétablir le royaume de Pologne, dont la Russie, la Prusse et l'Autriche s'étaient partagé les territoires, mais il prit ses précautions vis-à-vis de l'Autriche avec laquelle il n'était pas en guerre pour le moment et qu'il avait besoin de ménager, en lui offrant la Silésie comme dédommagement de la part de Pologne qu'elle perdrait.

L'Autriche qui, en toute autre circonstance, eût été si heureuse de reprendre la Silésie que le grand Frédéric avait enlevée à Marie-Thérèse, fit une réponse évasive et continua secrètement ses armements.

Du reste, les espérances de Napoléon ne se réalisèrent point, comme il avait eu lieu de le croire par l'accueil qui lui fut fait à Posen, où il entra le 25 novembre.

Murat envoyé à Varsovie, où il se montra le 27 novembre avec le 1er régiment de chasseurs et la division de dragons du général Beaumont, y fut reçu aussi avec enthousiasme, mais Napoléon ne pouvait proclamer l'indépendance de la Pologne que si un soulèvement général se produisait; or le soulèvement ne se produisit pas.

La noblesse, très désireuse de secouer le joug des Prussiens, ne voulait cependant pas se compromettre avant que Napoléon se fût engagé à fond avec les Polonais ; une députation des plus qualifiés vint trouver Murat et lui dit que le seul moyen de provoquer une insurrection générale était que l'Empereur rétablît immédiatement le royaume de Pologne comme il existait avant 1773 en y plaçant solennellement un des princes de sa famille ; par ce moyen les Polonais, sûrs de n'être pas abandonnés, se dévoueraient corps et âme à leur nouveau roi et à l'alliance de la France.

Incidemment les membres de la députation ajoutèrent que le nouveau roi d'une nation de cavaliers était tout désigné et tout rendu ; ce ne pouvait être que le vaillant général de cavalerie qui avait rendu illustre le nom de Murat.

Murat fut extrêmement flatté de cette combinaison qui répondait à son plus ardent désir, mais Napoléon n'aimait pas les conditions, et bien que Murat se fût bien gardé, dans la relation qu'il lui fit de la démarche des nobles de Varsovie, de dire qu'il eût été question de lui, il comprit du premier coup où l'on en voulait venir, et fut d'autant plus mécontent de la défiance montrée par les Polonais que, pour garder sa situation nette vis-à-vis de l'Autriche, il ne pouvait s'engager le premier ; aussi répondit-il à Murat par la lettre suivante :

« Dites aux Polonais que ce n'est point avec ces calculs, avec ces précautions personnelles qu'on affranchit sa patrie tombée sous le joug étranger ; que c'est au contraire en se soulevant tous ensemble, aveuglément, sans réserve, et avec la résolution de sacrifier sa fortune et sa vie, qu'on peut avoir, non pas la certitude, mais la simple espérance de la délivrer.

» Je ne suis pas venu ici mendier un trône pour ma famille, car je ne manque pas de trônes à donner ; je suis venu, dans l'intérêt de l'équilibre européen, tenter une entreprise des plus difficiles à laquelle les Polonais ont plus à gagner que personne, puisque c'est de leur existence nationale qu'il s'agit, en même temps que des intérêts de l'Europe.

» Si, à force de dévouement, ils me secondent assez pour que je réussisse, je leur accorderai l'indépendance, sinon je ne ferai rien, et je les laisserai sous leurs maîtres Prussiens et Russes.

» Je ne rencontre pas ici, à Posen, dans la noblesse de province, toutes les vues méticuleuses de la noblesse de la capitale. J'y trouve franchise, élan, patriotisme, ce qu'il faut enfin pour sauver la Pologne, et tout ce que je cherche vainement chez les grands seigneurs de Varsovie. »

Peut-être, si Napoléon eût été tout de suite à Varsovie, que les grands seigneurs de la capitale se fussent montrés aussi ardents que ceux de Posen, mais il n'y arriva que le 18 décembre, et l'accueil qu'il y reçut, bien que fort enthousiaste, ne fut pas de nature à motiver l'acte de haute politique qu'il rêvait.

Fort éloigné de sa base d'opérations, craignant une attaque de flanc des Autrichiens, bien qu'il eût solidement assuré ses derrières, Napoléon abandonna momentanément cette grande question de l'indépendance de la Pologne et ne compta plus que sur lui-même.

Du reste, les hostilités allaient bientôt recommencer. 120,000 Russes venaient d'atteindre la Narew, affluent de la Vistule; il fallait d'abord les couper de la mer, par où devaient arriver les secours anglais, et des Prussiens qui gardaient Dantzig et Kœnigsberg.

Combat de Czarnowo.

Les troupes de Napoléon avaient déjà franchi la Vistule. Davout, pour se rendre sur les bords de la Narew, avait jeté deux ponts de bateaux à Praza sous le feu de troupes russes appartenant à l'armée de Benningsen, et Ney avait rétabli le pont de Thorn, après un brillant combat où le colonel Savary s'était couvert de gloire à la tête du 14e de ligne appartenant au corps du maréchal Augereau, contre les Prussiens du général Lestocq, qui fut obligé d'évacuer la ville avec les 15,000 hommes qu'il avait pu réunir en recueillant les garnisons des places fortes abandonnées.

Ces deux passages avaient suffi pour toute l'armée, qui avait pris position de la façon suivante :

La droite, composée du corps de Davout, appuyé de celui de Lannes, de la garde et de la réserve de cavalerie de Murat, le long de la Narew ;

Le centre, comprenant les corps de Soult et d'Augereau, vis-à-vis de Plock et à Modlin, confluent de la Narew et de la Vistule.

Enfin la gauche, composée des corps de Ney, de Bernadotte et de la réserve de cavalerie de Bessières forte de trois divisions : dragons de Grouchy, cuirassiers d'Hautpoul et dragons de Sahuc, en avant de Thorn.

Les Russes, qu'il s'agissait de séparer définitivement des Prussiens, étaient retranchés dans l'angle formé par la réunion de la Narew et de l'Ukra ; il y avait là quatre fortes divisions formant l'armée, d'environ 50,000 hommes, du général Benningsen ; la division du comte Tolstoy occupait le sommet de l'angle à Czarnowo ; la division du général Sacken, placée en arrière près de Lopaczim, défendait les bords de l'Ukra ; la division du général Sedmaratzki, également en arrière, mais vers Zebraski, gardait le cours de la Narew, et la division du prince Gallitzin, encore plus en arrière, était en réserve à Pultusk.

Quant à l'autre armée russe, aux ordres du général Buxhoewden, elle était à une grande distance entre la Narew et le Bug, et ses quatre divisions, très éparpillées, auraient même été incapables de se soutenir l'une l'autre.

Le général Benningsen ne pouvait donc pas compter sur son collègue, avec lequel d'ailleurs il s'entendait fort mal, pour le cas où il serait attaqué.

Il le fut le 23 décembre. Napoléon, après avoir donné ordre à sa gauche de se porter rapidement de Thorn à Biezim sur le cours supérieur de l'Ukra et aux deux corps de son centre de quitter Plock et Modlin pour se concentrer à Plonsk sur l'Ukra, Napoléon vint prendre le commandement de sa droite, qui s'était déjà assurée du pont d'Okumin pour franchir la Narew.

Mais pour occuper l'ennemi des deux côtés, il fallait aussi franchir l'Ukra. On profita d'une île qui partage la rivière en deux bras. Le premier pont fut jeté sans difficulté, mais pour le second il fallait s'attendre à combattre.

En effet, les Russes étaient en forces sur l'autre rive, bordée de taillis et de fourrés qu'ils avaient remplis de tirailleurs ; au delà, sur un promontoire qui s'étend entre les villages de Czarnowo et de Pomichowo, ils avaient sept bataillons en position avec une nombreuse artillerie, et plus loin encore en réserve deux bataillons d'infanterie et toute leur cavalerie.

Quelques compagnies de voltigeurs passèrent le second bras sur des barques amenées par les marins de la garde et délogèrent des fourrés les tirailleurs russes, dont le feu gênait considérablement les travailleurs occupés à l'établissement du pont. Ces barques allant et venant d'une rive à l'autre, le 17e de ligne et le 13e léger eurent le temps de passer sur l'autre bord sans y être inquiétés d'ailleurs, car la nuit étant venue, les Russes crurent l'attaque remise au lendemain.

Il n'en était rien cependant ; en effet, sitôt que le pont de bateaux fut praticable, c'est-à-dire à sept heures du soir, le reste de la division Morand le franchit en colonnes serrées et l'on marcha de l'avant à travers les fourrés, dans lesquels les sapeurs ouvrirent un chemin à coups de haches.

Une fois en plaine, le 13e léger se déploya en tirailleurs, ainsi que tous les voltigeurs de la division, pour être moins maltraités par le feu général de l'ennemi, lequel, malgré cette précaution, eût été insoutenable, n'eût été l'obscurité qui obligeait les Russes à envoyer leurs balles et leur mitraille un peu au hasard.

Le 17e de ligne, enlevé par le colonel Lanusse, se porta en colonne d'attaque sur les batteries russes, et il était déjà maître de plusieurs canons lorsque les Russes, le prenant en flanc, l'obligèrent à rétrograder; mais il n'alla pas loin; renforcé par le 30e de ligne venant prendre la place du 13e léger qui manquait de munitions, il reprit l'offensive, emporta le village de Czarnowo, au moment même où le général Petit, avec 400 hommes d'élite, et secondé par l'artillerie de la brigade Gauthier qui qui tirait de l'autre rive, attaquait les retranchements que les Russes avaient élevés près de l'Ukra, vis-à-vis de Pomichowo.

Les 51e et 61e régiments de ligne, suivant le 17e pour l'appuyer, débouchèrent sur le plateau au milieu de l'infanterie russe qui lâcha pied, mais avec autant d'ordre qu'il était possible de le faire dans un combat de nuit.

Jugeant bien à la lenteur de leur retraite que les Russes essaieraient de reprendre leurs positions primitives, Davout fit soutenir le général Petit par la seconde brigade de la division Gudin, et donna l'ordre d'attendre de pied ferme.

Par trois fois les Russes revinrent en masse attaquer les lignes françaises ; à chaque tentative on les laissa approcher jusqu'à vingt pas, les arrêtant alors sur place par un feu terrible, suivi d'une charge à la baïonnette qui les rejetait en désordre dans la plaine.

Ils finirent par se lasser de leurs insuccès et s'enfuirent vers Nasielsk, laissant sur le champ de bataille toute leur artillerie, ainsi que 1,800 hommes morts, blessés ou prisonniers.

Le colonel Savary tomba sous les lances des Cosaques. (Page 218.)

Combats de Nasielsk et de Kolozomb.

L'obscurité de ce combat de nuit n'ayant pas permis de savoir au juste où se retirait l'ennemi, Napoléon donna l'ordre à la cavalerie de réserve, commandée par le général Nansouty, en l'absence de Murat resté malade à Varsovie, de remonter l'Ukra sur ses deux rives jusqu'à Kolozomb, où les Russes pouvaient être en forces, et d'y rester pour y prêter assistance, le cas échéant, à Soult ou à Augereau, dont les corps devaient se rencontrer à Plonsk, situé vis-à-vis.

Il prescrivit au maréchal Lannes de franchir l'Ukra à Czarnowo et de longer la Narew jusqu'à Pultusk.

Quant à lui, il marcha, avec la garde et le corps de Davout, directement sur Nasielsk; seulement, comme la division Morand avait besoin de se remettre des fatigues que lui avait fait éprouver le combat de Czarnowo, c'est elle qui marcha en queue de colonne et la division Friant qui prit la tête.

Dans l'après-midi, Friant prit contact avec la division russe du général Tolstoy, qui ne se mit d'ailleurs en position que pour donner à tous les détachements postés le long de l'Ukra le temps de la rallier.

Tolstoy aurait voulu surtout recueillir les bataillons venant de Borkowo et que poursuivait la cavalerie de réserve; mais Friant l'obligea à une retraite précipitée par une charge de ses dragons, qui ramassèrent quelques centaines de prisonniers, des canons et quantité de bagages.

Le même jour (24 décembre), le maréchal Augereau forçait le passage de l'Ukra en attaquant à la fois les ponts de Kolozomb et de Sochoczyn. Sur le premier de ces ponts, le colonel Savary, qui marchait en tête avec son régiment, le brave 14e de ligne, trouva une mort glorieuse, tombant sous les lances des cosaques au moment même où il mettait le pied sur la rive conquise.

A Sochoczyn, le pont ne put être rétabli; mais un gué que l'on trouva dans le voisinage permit d'effectuer le passage.

Bataille de Pultusk.

Tout semblait aller au gré de Napoléon, et ses ordres étaient exécutés ponctuellement par ses lieutenants; mais il ne commandait pas aux éléments, et le dégel qui survint et rendit toutes les routes impraticables l'empêcha, sinon de poursuivre l'ennemi, puisqu'on marchait quand même, en triplant les attelages de l'artillerie, mais de le gagner de vitesse; car les hommes, dans la boue jusqu'aux genoux, mettaient deux ou trois heures pour faire une lieue.

Le service des reconnaissances était devenu à peu près impossible, et Napoléon, n'ayant aucun moyen de se renseigner sur la marche de l'ennemi, était dans une incertitude qui paralysait encore ses mouvements.

Il lui semblait bien tout naturel que les Russes se retirassent de sa gauche à sa droite, et c'est pourquoi il avait envoyé Lannes à Pultusk, et pourquoi aussi il le fit renforcer de ce côté par la division Gudin, du corps de Davout.

Mais il avait devant lui, dans la direction de Golymin, un rassemblement considérable, et on lui annonçait comme certaine la marche d'un corps de 20,000 Russes qui se retiraient de l'Ukra sur Golymin.

Il continua donc à marcher dans cette direction avec le corps de Davout diminué de la division Gudin, le corps d'Augereau, la garde et la réserve, tandis que les corps de Ney, de Bernadotte et la cavalerie de Bessières continuaient, par Brezun, Soldau et Mlawa, le mouvement qu'il jugeait devoir les porter sur le flanc des Russes.

Seulement les Russes n'étaient pas de ce côté, ou ils n'y étaient qu'en partie. En effet, il n'y avait vers Golymin que la moitié de la division Sacken, quelques bataillons de la division Galitzin et la division Doctorof, avant-garde de l'armée de Buxhoewden; tout le reste de l'armée du général Benningsen, c'est-à-dire 43,000 combattants, était à Pultusk.

Lannes, qui y arriva le matin du 26, avec 17 ou 18,000 hommes, y compris les dragons du général Becker, reconnut tout de suite qu'il était en présence de forces très supérieures; mais il n'était pas homme à s'inquiéter du nombre des ennemis, et ses soldats, remplis d'élan d'ailleurs, avaient une telle confiance en lui qu'ils se croyaient sûrs de vaincre dès qu'il les commandait.

Il avait bien été avisé que la division Gudin, conduite par le général d'Aultanne, venait derrière lui pour le soutenir: c'était sans doute un renfort de 5 à 6,000 hommes; mais, vu le pitoyable état des chemins, il ne comptait pas qu'elle pourrait arriver avant la fin de la journée, c'est-à-dire probablement trop tard.

Aussi, immobilisant la division Gazan, qu'il gardait comme réserve pour assurer sa retraite au cas où la fortune ne favoriserait pas ses efforts, il se prépara à combattre avec la seule division Suchet et une demi-douzaine de canons de petit calibre qu'il avait réussi à traîner dans les boues, en prenant les attelages des autres pièces, qu'il avait laissées en route.

L'armée russe était en bataille, le dos tourné à la ville de Pultusk, sur un plateau où l'on montait en pente douce d'une plaine assez vaste, mais dont le dégel persistant avait détrempé les terres au point d'en faire une véritable fondrière. Tout son front, où la cavalerie se montrait entre chaque division, était couvert d'une ligne de bouches à feu; l'une de ses ailes s'appuyait au pont qui traverse la rivière, l'autre à un bouquet de bois; son centre était soutenu en arrière par une forte réserve.

Lannes, à couvert dans la forêt qui précédait la plaine, plaça la division Gazan en réserve sur la lisière de cette forêt et disposa la division Suchet en trois colonnes d'attaque qui débouchèrent de la forêt: l'une à droite, composée du 17e léger et de la cavalerie légère du général Treilhard, sous les ordres du général Claparède; la deuxième au centre, sous le général Vedel, composée du 64e de ligne et du 1er bataillon du 88e de ligne; la troisième enfin à gauche, sous les ordres du général

Reille, et comprenant le 34e de ligne, le second bataillon du 88e et les dragons du général Becker.

Ces trois petites colonnes, remplies d'ardeur, escaladèrent les pentes du plateau aussi vite que le permettait le mauvais état du terrain, et l'impétuosité relative de leur attaque fut récompensée d'abord par des avantages signalés; car les Russes reculèrent si vite vers l'extrémité du plateau, lequel forme un escarpement abrupt du côté de Pultusk et de la rivière, que les troupes du général Bagowouth, qui occupaient ce point extrême, allaient être précipitées si le mouvement se continuait.

Le général Benningsen lança alors sa réserve, qui, abordant de flanc la brigade Claparède, arrêta son élan. Lannes répondit à cette diversion en portant la brigade Vedel au secours de Claparède : se mettant à la tête de cette brigade, il prit en flanc les Russes accourus au secours du général Bagowouth, les bouscula les uns sur les autres, et aurait mis fin à la lutte de ce côté si une bourrasque de neige n'eût fait perdre un temps précieux, dont les Russes profitèrent pour changer en une retraite presque réglée cette bousculade qui s'annonçait désastreuse.

Aveuglé par cette bourrasque, le 1er bataillon du 88e de ligne ne vit pas la cavalerie russe qui s'élançait sur lui et qui le culbuta avant qu'il eût eu le temps de se former en carré. Le désordre ne fut pas long cependant, car le capitaine Voisin releva le courage de ces fantassins, qui s'étaient jetés à plat ventre pour éviter les coups de sabre.

Ceux-ci, vivement relevés aussitôt la charge passée, et profitant à leur tour de l'embarras des Russes, enlizés comme eux dans une mare de boue et ne pouvant plus faire mouvoir leurs chevaux, se jetèrent sur cette cavalerie à la baïonnette et en firent un massacre effroyable.

C'était à peu près fini de ce côté, car il n'y avait plus qu'à contenir les Russes, dans le cas peu probable où ils essaieraient de prendre l'offensive ; mais sur notre gauche on se battait toujours et l'on devait s'y battre encore pendant plus de deux heures, car le général Reille éprouvait de grandes difficultés à débusquer les Russes du bois auquel ils appuyaient leur droite, d'autant qu'ils avaient là des batteries qui, démasquées subitement, causèrent de grands ravages dans les rangs du 34e de ligne ; il y réussit pourtant, mais alors il dut soutenir les attaques des Russes qui tentèrent plusieurs fois avec acharnement de reprendre le point d'appui qu'ils avaient perdu.

Si Lannes, qui selon son habitude s'était porté au plus fort du combat, avait été bien sûr que sa droite n'avait pas grand'chose à craindre d'un retour offensif de l'ennemi ; s'il avait été certain que le général d'Aultanne arriverait à temps pour le soutenir, il eût fait entrer en ligne la division Gazan, qui brûlait de combattre, et terminé la bataille par une victoire, car il n'y avait plus qu'un effort à faire pour précipiter les Russes dans la Narew.

Mais il n'était sûr de rien et était inquiété sur sa gauche par la division russe du général Tolstoy qu'il apercevait de loin bordant le ravin de Moczin, et faisant un crochet pour essayer de le tourner : aussi se contenta-t-il de conserver ses avantages sans en chercher de nouveaux.

Du reste, la journée allait finir ; il coucherait sur ses positions et il recommencerait dès le lendemain matin les opérations aidé des renforts que Davout, qu'il avait fait prévenir de la position critique où il se trouvait, ne manquerait pas de lui envoyer.

L'impétueux Lannes ne tarda pas à regretter d'avoir été si prudent, car, une demi-heure après, un grand mouvement se produisait à l'extrême droite des Russes. C'était d'Aultanne qui arrivait avec 5,000 hommes et seulement deux pièces de quatre, le reste de son artillerie étant resté dans les boues.

Lannes ne pouvait le voir, un bouquet de bois se trouvant entre eux deux, et plus il marchait de l'avant, plus il se séparait de lui, mais il savait bien qu'il ferait de bonne besogne et se prépara à le seconder.

Benningsen, à la vue de ce renfort dont il ne connaissait pas l'importance, sentit que tout était perdu. Il fit commencer la retraite par le pont de Pultusk et, pour la masquer, poussa en avant toute sa droite et une partie de son centre.

Ces troupes s'ébranlèrent en poussant des cris sauvages, s'imaginant, par suite d'une superstition de leur pays, que le vent qui soufflait en tempête et fouettait le visage des Français de rafales de pluie et de neige leur présageait la victoire. Elles se jetèrent sans grand ordre, mais avec une impétuosité irrésistible, dans l'intervalle laissé entre la division Gudin et le corps de Lannes.

Surpris par cette invasion, paralysés par la tempête, les soldats de Lannes furent un moment débordés, et ceux de la division Gudin reculèrent; mais ils reprirent leur sang-froid en présence de la cavalerie russe qui, rendant l'attaque plus régulière, leur permettait une de ces défenses savantes et terribles qui leur réussissaient toujours.

Le 34e de ligne, de la division Suchet, le 85e, de la division Gudin, se formèrent en carrés et arrêtèrent, avant qu'elle ne vint sur leurs baïonnettes, cette cavalerie déjà fort dispersée, qui rebroussa chemin, entraînant avec elle toute l'infanterie, qui disparut derrière les pentes du plateau.

Tout le terrain qui domine Pultusk était au pouvoir des Français; il ne restait qu'un effort à faire pour jeter les Russes dans la Narew, mais Lannes ne voulut pas le faire avant d'avoir opéré sa jonction avec le général d'Aultanne, encore assez éloigné de lui.

Puis la nuit était venue et la pluie mêlée de neige continuait ; on décida d'attendre au lendemain.

Mais la retraite commencée par Benningsen à la faveur du dernier engagement s'était continuée pendant la nuit et le lendemain il n'y avait plus de Russes sur le champ de bataille, sauf 3,000 hommes morts ou blessés et 2,000 prisonniers.

Cette journée d'efforts héroïques coûtait cher à Lannes, qui avait eu 1,500 hommes hors de combat, mais c'était une véritable victoire puisque avec 18,000 hommes il avait mis en fuite une armée de 43,000, qui avait abandonné presque toute son artillerie.

Benningsen s'en attribua pourtant la gloire ; il eut l'audace d'écrire à l'empereur de Russie qu'il venait de remporter une victoire signalée sur l'empereur Napoléon, commandant en personne les trois corps d'armée des maréchaux Davout, Lannes et Suchet, et toute la cavalerie du prince Murat.

Il serait assez difficile de dire plus de mensonges en moins de lignes, mais l'histoire militaire s'écrit le plus généralement ainsi.

Combat de Golymin.

Pendant que Lannes surmenait ses soldats pour vaincre à Pultusk, Davout et Augereau rencontraient les Russes vers Golymin.

Le combat ne fut pas des plus glorieux, certes, car les deux divisions de Davout et les deux divisions d'Augereau étaient bien supérieures en nombre au corps de Doctorof, simplement renforcé d'une brigade de Sacken et des bataillons détachés de Galitzin ; elle n'en fut que plus décisive.

Du reste, nos maréchaux n'étaient pas hommes à employer tout leur monde pour une besogne relativement facile, et ils n'engagèrent qu'une faible partie de leurs troupes.

Arrivant devant Golymin par la route de Pultusk, Davout avait à enlever les bois qui précèdent le village de ce côté et qui étaient occupés par tous les détachements de l'armée de Benningsen : il lança dessus quelques bataillons d'infanterie qui, pénétrant sous le couvert pour se soustraire à la mitraille, luttèrent corps à corps avec l'ennemi et l'obligèrent à la retraite, que le général Rapp, avec une partie de la cavalerie, accéléra en tournant les bois. Il culbuta cette infanterie qui se retira précipitamment sur Golymin, où était la division Doctorof, mais non sans se défendre, car Rapp eut le bras cassé dans la mêlée.

Augereau, qui venait par la gauche, c'est-à-dire par la route de Lopaczim, avait à s'emparer du village de Ruskowo, situé au milieu d'une plaine marécageuse semée de bouquets de bois remplis de tirailleurs; son avant-garde suffit toutefois pour enlever ce village qui barrait sa route, et il arriva devant Golymin en même temps que Davout.

Doctorof se défendit du mieux qu'il put et perdit beaucoup de monde, mais il fut obligé de battre en retraite en abandonnant presque toute son artillerie.

Combat de Soldau.

Le même jour encore, et presque à la même heure, pendant que Bessières, en éclairant les corps de Soult et de Bernadotte qui ne joignirent pas l'ennemi, culbutait à Brezun une partie des Prussiens de Lestocq, auxquels il fit de nombreux prisonniers, le maréchal Ney rencontrait le reste à Soldau, c'est-à-dire une dizaine de mille hommes.

L'attaque directe de Soldau pouvant présenter des surprises fâcheuses, d'autant que le bourg, situé au milieu d'un marais impraticable, n'était accessible que par une chaussée de quinze cents mètres, entremêlée de petits ponts que les Prussiens avaient eu le soin de couper, Ney avait dirigé la division Marchand sur Mlawa afin de tourner la position; mais son impétuosité ordinaire l'empêcha d'attendre le résultat de cette prudente manœuvre, et, bien que la chaussée fût défendue par 6,000 Prussiens et deux batteries d'artillerie, dont le feu la prenait en enfilade et en écharpe, il s'y précipita avec le 69e et le 96e de ligne, qui, malgré le feu terrible de l'ennemi, ne quittèrent le pas de course que pour donner le temps aux sapeurs et aux soldats du génie de jeter des madriers sur les débris des ponts.

Ces braves soldats, stimulés par l'exemple du maréchal, enlevèrent la première batterie et culbutèrent si bien les bataillons qui la soutenaient que ceux-ci, se jetant sur les suivants, les obligèrent à faire volte-face et à rentrer en courant dans Soldau. Il faut croire cependant que les Français ne couraient pas moins vite, car ils entrèrent dans le village pêle-mêle avec les fuyards.

Mais, là, ils eurent à se battre plus sérieusement. Les Prussiens, méprisés par les Russes depuis Iéna, comme les Autrichiens l'avaient été après Ulm, tinrent à prouver qu'ils n'étaient pas des lâches. Maison par maison, ils défendirent le bourg de Soldau; et quand, la nuit venue, ils durent se retirer, Lestocq, qui parvint à les rallier à peu de distance, leur fit jurer qu'ils reprendraient la position perdue.

Ils ne purent tenir leur serment, mais ils n'eurent rien à se reprocher.

A quatre reprises, de sept heures à minuit, ils s'élancèrent sur Soldau à la baïonnette avec une impétuosité sans égale; mais les Français étaient encore leurs maîtres dans ce genre de lutte, et, chaque fois, ils furent repoussés avec des pertes énormes en morts, en blessés et en prisonniers.

Décimés et désespérés, ils battirent définitivement en retraite, renonçant à faire leur jonction avec l'armée russe.

Ainsi, dans cette journée du 26 octobre, on s'était battu en quatre endroits différents, sur une étendue de vingt-cinq lieues; l'ennemi était repoussé sur tous les points, et l'armée russe, avant d'avoir opéré sa jonction sous les ordres suprêmes du général Kamenski, était déjà affaiblie de 20,000 hommes et de 80 pièces de canon de gros calibre. Mais le temps devenant de plus en plus affreux, les chemins impraticables, et la campagne impossible pour une armée qui triomphait surtout par les savantes manœuvres de son chef, et qui aurait anéanti celle de Benningsen si elle avait pu seulement la poursuivre, Napoléon se décida à prendre ses quartiers d'hiver et rechercha avec soin les cantonnements où ses soldats pourraient se reposer et être à l'abri des rigueurs de la mauvaise saison.

Couverts par un rideau de cavalerie qui protégeait les cantonnements d'infanterie à deux ou trois kilomètres en avant, les régiments furent disséminés dans les villages, autour du quartier général de leur chef de corps, sur lequel ils devaient se concentrer à la première apparition de l'ennemi.

Ces quartiers généraux étaient établis : pour Lannes, à Sierock, au confluent de la Narew et du Bug; pour Davout, à Pultusk ;pour Soult, qui avait avec lui la réserve de cavalerie, à Golymin; pour Augereau, à Plonsk; pour Ney, à Mlawa; et pour Bernadotte, dont le corps avait mission de garder la basse Vistule et de couvrir le siège de Dantzig, qu'on allait être obligé d'entreprendre, à Osterode.

Ces cantonnements, quoique admirablement étudiés dans toutes leurs dispositions de détail, puisque chaque corps d'armée, tout en pouvant se porter rapidement sur le point menacé, avait pour base une rivière qui lui permettait d'utiliser les transports par eau, et sur les bords de laquelle il avait ses hôpitaux et ses dépôts, ces cantonnements avaient cependant un défaut considérable : la trop grande étendue de leur front.

Ce défaut en quelque sorte inévitable, car il fallait couvrir beaucoup de terrain pour loger et nourrir tant de monde, avait sa contre-partie dans l'esprit de Napoléon : par la position qu'il occupait, il tendait un piège à l'ennemi.

Le combat fut surtout acharné et meurtrier au cimetière. (Page 232.)

Combat de Mohrungen.

En restant si éloigné de Dantzig, Napoléon voulait donner aux Russes la tentation d'exécuter le fameux mouvement tournant, dont il avait déjà donné l'exemple à leur détriment, à tous ses ennemis, et qui semblait devoir leur permettre de se placer entre lui et la ville menacée, car il comptait tirer parti de leur marche sur son flanc, pour les attirer sur un champ de bataille habilement choisi en vue de les jeter plus facilement à la mer.

Il ne tint pas à grand'chose que cette combinaison réussit, et c'est seulement une lettre interceptée qui la fit avorter.

L'armée russe, qui s'était péniblement réunie et qui n'avait pas encore été rejointe par la réserve du général Essen, était alors commandée en chef par Benningsen, récompensé ainsi de la prétendue victoire qu'il affirmait avoir remportée à Pultusk sur Napoléon lui-même.

Cette nomination, accompagnée du cordon de l'ordre de Saint-Georges, avait nécessairement amené le rappel du général Kamenski, de sorte que le général Buxhoewden, qui ne s'entendait pas du tout avec son collègue et ne voulait pas être placé sous ses ordres, profita de l'occasion pour quitterl'armée.

Resté seul maître, Benningsen ne manqua pas de tomber dans le piège que lui tendait Napoléon, seulement il se mit en marche plus tôt que ne l'espérait l'Empereur.

Profitant du rideau de forêts et de lacs qui séparait le front des deux armées, il exécuta son mouvement de flanc par la droite, pour venir envelopper la gauche des Français et l'anéantir avant qu'elle eût pu être secourue.

Remontant la Narew jusqu'à Tykoczin, passant le Bober près de Goniondz et traversant la ligne des lacs près du lac Spirding, par Arys, Rhein, Rastenburg et Bischoffein, il arrivait le 22 janvier à Heilsberg sur l'Alle avec sept divisions s'élevant à 80,000 hommes, ce qui lui faisait une armée de 90,000, avec le corps prussien de Lestocq : il avait laissé à Goniondz une division sous les ordres du général Sedmaratzki, chargée de garder le passage du Bober et de se mettre en communication avec la réserve du général Essen qu'il attendait toujours.

Le maréchal Ney, qui était à Hohenstein, au confluent de la Passarge et de l'Alle, et qui envoyait très loin, jusqu'aux portes de Kœnigsberg même, des réquisitions chercher des vivres pour ses soldats, ne pouvait manquer de connaître bientôt les mouvements de l'armée russe.

En effet, une de ses patrouilles lui signala qu'une forte colonne ennemie se disposait à franchir la Passarge aux environs de Deppen, pour se diriger vers Liebstadt et au delà, afin de surprendre les cantonnements de Bernadotte.

Le maréchal Ney fit aussitôt prévenir son collègue, en lui indiquant la belle position d'Osterode, où il se joindrait à lui, si besoin était, pour s'opposer aux Russes; sans perdre une minute, il rappela ses avant-postes et concentra toutes ses forces sur Hohenstein, poste bien choisi d'où il pouvait donner la main soit à Bernadotte, soit à Soult, selon que l'un ou l'autre serait attaqué.

Bernadotte, dont le front était trop étendu pour pouvoir faire une concentration rapide, appela toutes ses troupes de droite au plateau d'Osterode, et celles de gauche à Mohrungen, où il se porta lui-même pour étudier les dispositions de l'ennemi, dont toute l'armée était alors réunie (c'était le 25 janvier) à Liebstadt.

La tête de colonne, forte de 16,000 hommes, sous les ordres du général Markof, approchait même du village de Pfarrers-Feldchen, qu'occupait déjà son avant-garde, forte de trois bataillons.

Arrivant, vers midi, devant ce village, peu distant de Mohrungen, avec des troupes qui avaient marché toute la nuit, Bernadotte, bien que très inférieur en forces, n'hésita pas une minute, et lança un bataillon du 9e léger sur le village pour enlever d'abord ce point d'appui à l'ennemi.

Le premier choc fut terrible, et le brave bataillon y perdit son aigle, mais il le reconquit bien vite et repoussa les Russes à la baïonnette; ceux-ci reçurent successivement des renforts et reprirent plusieurs fois l'offensive, mais appuyés, eux aussi, par deux nouveaux bataillons, les Français restèrent définitivement maîtres du village.

Le gros de la colonne russe était en bataille en arrière, protégé sur son front par une artillerie nombreuse, appuyé à droite sur des bois, à gauche à un lac.

Bernadotte mit en ligne de bataille le 8e de ligne, le 94e de ligne et le 27e léger et s'avança contre les Russes qui restaient sur leurs positions avantageuses, en faisant pleuvoir sur lui une grêle de mitraille.

On ne sait quel eût été le résultat de cette attaque audacieuse, si le général Dupont n'était arrivé alors par le village de Georgenthal, et, débouchant sur la droite des Russes avec le 32e et le 96e de ligne, n'eût rendu leur situation très périlleuse.

Incapables de résister à cette double attaque, ils n'attendirent pas l'approche du général Dupont, et abandonnèrent précipitamment le champ de bataille, où ils laissèrent 1,800 des leurs, tant tués que blessés ou prisonniers.

Combat de Bergfried.

Apprenant à la fois et ce succès et la marche des Russes, dont seule la hâte pouvait l'étonner, Napoléon n'eut pas à établir son plan, qui était arrêté d'avance. Il n'eut qu'à prendre les dispositions nécessaires pour le faire réussir. Il envoya l'ordre à tous ses corps d'armée de se concentrer sur celui de Soult, sauf cependant à Bernadotte qui devait d'abord reculer pas à pas devant l'ennemi, sans accepter le combat, afin de l'engager davantage, de façon qu'il présentât non seulement le flanc, mais aussi ses derrières à l'armée française.

Le point de ralliement était Allenstein. Chacun s'y rendit de son côté, et Murat, à peine convalescent, voulut monter à cheval et marcher avec sa cavalerie, en avant du corps de Soult.

Napoléon partit le 30 décembre de Varsovie, où il laissait Duroc avec la réserve de grenadiers du général Oudinot, comme il laissait aussi le corps du maréchal Lannes à Sierock, pour faire face au besoin aux divisions russes du général Essen qui étaient signalées entre la Narew et le Bug. Il ne pouvait réunir que 74,000 hommes; car ses corps d'armée, réduits par les combats, les maladies, les fatigues de l'hivernage, présentaient alors l'effectif suivant : la garde, 6,000 hommes; la cavalerie de Murat, 10,000 hommes; le corps d'armée de Davout, 18,000 hommes; celui de Soult, 20,000; celui d'Augereau, 10,000, et celui de Ney, 10,000.

Il y avait bien encore 12,000 hommes sous les ordres de Bernadotte; mais il ne fallait pas trop compter sur leur concours, puisque, au contraire, une partie en devait être en quelque sorte sacrifiée pour l'exécution du plan général, au moyen duquel tout pouvait être terminé en une seule bataille.

Et Napoléon avait ce plan si fort à cœur que, bien qu'il eût déjà fait expliquer à Bernadotte le rôle qu'il avait à jouer, il lui envoya, par écrit, des explications très détaillées où il lui disait comment il devait se dérober devant l'ennemi; comment il devait rejoindre la grande armée en masquant ses mouvements au moyen de sa cavalerie légère, qui ferait de grands feux sur ses derrières.

Malheureusement, cette dépêche, beaucoup trop circonstanciée, ne parvint point à Bernadotte, l'officier d'état-major qui la portait ayant été pris par un parti de cosaques; et c'est le général Benningsen qui la lut et en fit son profit, en mettant immédiatement en retraite son armée, dont l'aile droite était déjà tournée.

Aussi, le 3 février au soir, Napoléon, dont tous les corps d'armée avaient déjà dépassé Allenstein, fut-il très surpris de reconnaître toute l'armée russe rangée sur les positions de Jonkowo, comme si elle y attendait la bataille.

L'Empereur se prépara à la lui livrer dès le lendemain matin, non pas seulement avec le corps de Soult, la garde et la cavalerie de Murat, qu'il avait sous la main à Gettkendorf, mais avec ceux de Ney et d'Augereau qui étaient sur sa gauche, et auxquels il envoya l'ordre de le rejoindre pendant la nuit, et celui de Davout qui n'était pas loin sur sa droite.

En attendant, pour affaiblir la position de l'ennemi, il résolut dès le soir même de lui enlever un de ses points d'appui et de s'ouvrir, par le pont de Brieg, un chemin pour déboucher sur ses derrières.

Soult, qui reçut l'ordre d'enlever coûte que coûte ce pont, défendu par 12 bataillons russes et 15 pièces de canon, s'y porta avec les divisions Leval et Legrand.

Le 24e léger, le 4e de ligne, soutenus en réserve par un bataillon du 28e, suffirent à cette besogne, qui fut rapide mais terrible; elle coûta 1,200 hommes aux Russes, qui, lâchant pied sous les efforts des assaillants, se replièrent en désordre, abandonnant toutes leurs positions, y compris les hauteurs dominant le village de Jonkowo.

Celui-ci fut enlevé peu de temps après par la division Saint-Hilaire ; les Russes avaient perdu tout appui sur leur gauche, et comme le maréchal Davout, qui arriva d'assez bonne heure sur le terrain, les avait chassés du bois où ils appuyaient leur droite, il ne pouvait y avoir aucun doute sur le résultat de la bataille du lendemain.

Benningsen le comprit aussi bien que nos généraux; aussi s'chappa-t-il pendant la nuit, ne laissant sur son front qu'un petit rideau de troupes destiné à masquer sa retraite.

Combat de Waltersdorf.

Les desseins de Napoléon avaient avorté, et lui-même n'en ignorait point la cause; car Benningsen, dans la joie qu'il ressentait d'avoir échappé à un désastre, avait publié partout, comme un fait d'armes considérable, la capture de l'aide de camp français porteur de la dépêche destinée à Bernadotte.

Mais, ne voulant pas avoir quitté ses cantonnements inutilement, l'Empereur lança tout son monde à la poursuite de l'ennemi qui marchait beaucoup plus vite, maintenant qu'il s'agissait de se sauver, qu'il ne l'avait fait quand il avait la prétention de tourner l'armée française.

Bernadotte reçut l'ordre de rallier franchement, puisqu'il n'était plus nécessaire de ruser; mais, averti trop tard, il fut toujours à trois marches en arrière. Ney, qui était comme lui sur la gauche, mais plus près, s'étendit un peu pour arrêter une colonne qui n'avait pu rejoindre le gros de l'armée russe.

Cette colonne, qu'il rencontra le 5 février près de Waltersdorf, était le corps d'armée prussien du général Lestocq, qui dut en sacrifier près de la moitié pour sauver l'autre. Laissant en effet une arrière-garde de 4,000 hommes pour essayer d'arrêter les Français, il continua sa marche avec le gros de sa colonne.

Ces troupes se défendirent de leur mieux, mais elles ne pouvaient pas faire l'impossible. Ney les fit d'abord sabrer par la cavalerie de Lasalle et une division de dragons qui marchaient avec lui, puis il les chargea avec son infanterie, qui en peu de temps les enveloppa.

Il ne put s'échapper qu'une partie de la cavalerie; un millier d'hommes furent tués ou blessés; on fit 2,500 prisonniers et on s'empara de 16 pièces de canon et des bagages.

Ney aurait facilement anéanti en quelques jours le reste du corps de Lestocq, mais Napoléon, qui tenait plus à livrer une grande bataille qu'à faire des prisonniers, lui prescrivit de ne pas le poursuivre à fond, mais, tout en le contenant, de marcher au plus près sur la gauche de l'armée.

Après nombre d'escarmouches d'arrière-garde, où les cavaliers de Ney firent encore des centaines de prisonniers, Lestocq finit par rejoindre l'armée russe sur le champ de bataille d'Eylau, mais n'ayant plus avec lui que 9 bataillons d'infanterie et 29 escadrons de cavalerie qui, ajoutés aux 126 bataillons, aux 195 escadrons et aux 21 batteries d'artillerie du général Benningsen, formaient un ensemble de 85,000 combattants.

Ces troupes, à commencer par le général, n'eussent pas mieux demandé que de ne pas combattre, mais on n'échappait pas facilement à Napoléon quand on était si près de lui, et il n'y avait qu'une journée de marche entre l'armée russe qui fuyait, et l'armée française qui la poursuivait.

Combat de Heilsberg.

Le soir du 5 février, Napoléon avait son quartier général à Arensdorf; celui du général Benningsen était à Heilsberg, mais il n'y coucha pas, car trouvant l'avant-garde française trop près de lui, il se mit pendant la nuit en marche sur Landsberg, moins une division qui resta à Heilsberg, où elle fut bientôt attaquée par le maréchal Davout.

En arrivant le 6 devant cette petite ville avec la division Morand, Davout établit quelques batteries d'artillerie sur les hauteurs qui la dominent et fit jeter au faubourg un pont de chevalets, sur lequel passa le 13ᵉ de ligne qui devait attaquer la ville par la rive gauche, pendant que le 17ᵉ attaquerait le faubourg.

Les deux attaques simultanées ayant obtenu un plein succès, les Russes firent leur retraite en bon ordre pour rejoindre le gros de l'armée par la route de Landsberg, mais la division Friant, qui avait fait un crochet pour tourner la ville, les poursuivit vigoureusement. Les chasseurs de la brigade Marulaz ayant rompu les rangs de l'arrière-garde, celle-ci se trouva coupée de la colonne qu'elle était chargée de protéger, et pas un seul homme n'en réchappa. 1,500 hommes mirent bas les armes après avoir eu quelques centaines de tués ou blessés.

Combat de Hoff

Afin de permettre à son armée se reposer à Landsberg pendant la nuit du 6 au 7, Benningsen laissa à Hoff une arrière-garde composée de 12 bataillons d'infanterie légère et d'une très nombreuse cavalerie, dans le but de contenir l'avant-garde française.

Cette infanterie se mit en bataille en avant de la ville, sa droite appuyée au village de Gross-Glandau et sa gauche à des bois.

Murat, qui arriva le premier avec ses hussards et ses chasseurs, les fit charger immédiatement; la cavalerie ennemie se porta au-devant d'eux et les escadrons se sabrèrent sans avantage marqué d'un côté ou de l'autre, jusqu'au moment où les dragons de Klein, prenant part au combat, obligèrent les Russes à une retraite précipitée.

Mais l'infanterie était encore intacte et, malgré leurs efforts, ni la cavalerie légère, ni les dragons ne purent l'ébranler. Murat lança alors les cuirassiers du général d'Hautpoul. Le 1er régiment, à la tête duquel il chargea lui-même, partit d'abord seul; mais, arrêté dans son élan par toute la cavalerie russe qui le prit en flanc, il fut ramené: les autres régiments de la division s'ébranlèrent alors aux cris de « Vive l'Empereur! Rallions-nous au prince! » et s'élancèrent sur l'infanterie russe dont ils enfoncèrent la ligne. De deux régiments qu'ils coupèrent de la colonne, la moitié fut tuée ou blessée, le reste se rendit.

Les autres bataillons auraient peut-être tenu encore, mais au même instant la division Legrand, du corps du maréchal Soult, enlevait le village de Gross-Glandau et occupait celui de Hoff; alors ils lâchèrent pied, mais sans désordre, et se rallièrent bientôt à 10 nouveaux bataillons que Benningsen envoya de Landsberg pour reprendre cette position qui assurait la tranquillité de la nuit à ses soldats.

Mais ce renfort fut insuffisant et pendant que l'infanterie du général Legrand lui livrait un combat très vif, la colonne russe fut heurtée de flanc par une seconde charge des cuirassiers d'Hautpoul, qui en firent un carnage affreux.

Les Russes perdirent encore 2,000 hommes dans ce combat d'arrière-garde, livré en pure perte, car Benningsen, ne s'estimant pas en sûreté à Landsberg, continua sa marche sur Eylau, où il arriva dans la matinée du 7, mais qu'il dépassa un peu pour installer son armée sur les hauteurs voisines, entre les villages de Schmoditten et de Serpalen.

Combats de Ziegelhoff et d'Eylau.

Suivi pas à pas par l'armée française, Benningsen vit bien qu'il serait obligé de livrer une bataille ; voulant toutefois que son armée prît une nuit de repos, il la fit couvrir par une arrière-garde de 15,000 hommes commandée par le prince Bagration et pourvue d'une nombreuse artillerie.

Cette petite armée se mit en position sur le plateau de Ziegelhoff, à un kilomètre en avant de la ville d'Eylau, entre les bois de Schwechen et Tenknittin.

Le maréchal Soult, qui suivait de près la cavalerie de Murat, arriva dans l'après-midi devant cette position, qu'il résolut d'enlever sur-le-champ. Il lança contre elle la brigade Levasseur, composée du 46e et du 18e de ligne, pendant que la brigade Viviès prenait à droite pour essayer de la tourner ; trois régiments russes commandés par le général Markoff se portèrent à sa rencontre, mais ils furent bientôt obligés de rebrousser chemin devant l'impétuosité de nos soldats.

Cette impétuosité les empêcha de se garder suffisamment sur leur flanc, car la cavalerie ennemie, les chargeant par la gauche, mit en désordre un des bataillons du 18e de ligne qui, n'ayant pas eu le temps de former le carré, fut terriblement sabré et perdit même son drapeau.

Voyant ce désordre, le général Klein enleva ses dragons, et chargeant à son tour les cavaliers ennemis, leur fit tourner bride, les obligeant à regagner Eylau.

Rétabli par cette diversion, le combat se continua à notre avantage et la brigade Levasseur, gravissant le plateau, culbuta la première ligne russe ; la seconde, mise en désordre par la retraite de la première et menacée sur sa gauche par le 4e et le 28e de ligne composant la division Viviès, abandonna la position pour se réfugier dans Eylau.

Viviès la poursuivit avec ardeur, se sentant appuyé par le reste de la division Leval qui venait derrière lui avec le maréchal Soult, et qui entra dans la ville la baïonnette au canon.

Les Russes, très supérieurs en force, la défendirent rue par rue et pour ainsi dire maison par maison ; le combat fut partout opiniâtre, mais il fut surtout acharné et meurtrier au cimetière, où la brigade Viviès se trouva engagée contre une division entière, retranchée dans le cimetière et dans une église voisine.

Il s'accomplit là des prodiges de valeur et le 28e de ligne eut 700 hommes hors de combat, mais le cimetière et l'église furent enlevés à dix heures

C'était un duel d'artillerie. (Page 235.)

du soir. Le reste de la ville, dont les rues étaient jonchées de cadavres, était déjà au pouvoir du maréchal Soult, et ses soldats y firent beaucoup de prisonniers en s'installant dans les maisons où ils devaient prendre leurs cantonnements.

Ce combat terrible, le plus sanglant que les Russes eussent eu à soutenir depuis trois jours, n'était pourtant que le prélude de la grande bataille qui devait se livrer le lendemain.

Bataille d'Eylau.

Les Russes ayant perdu le point d'appui sur lequel ils paraissaient compter, il était à craindre qu'ils ne continuassent à marcher de nuit pour en chercher un autre, mais des reconnaissances ayant signalé les feux de leurs bivouacs, Napoléon prit ses dispositions pour le lendemain.

Ne pouvant guère compter sur le maréchal Ney, qui était bien éloigné et qui, s'il arrivait sur le champ de bataille, y paraîtrait en même temps que les Prussiens qu'il était chargé de contenir; encore moins sur le corps de Bernadotte qui était à trente lieues de distance, l'Empereur n'avait à sa disposition que les corps de Soult et d'Augereau, sous la main avec la cavalerie de Murat et la garde, et le corps de Davout, qui arriverait certainement sur sa droite. Ces corps, affaiblis par les derniers combats et par les traînards qui avaient quitté leurs rangs à la suite des marches forcées, ne présentaient plus qu'un effectif de 53 à 54,000 hommes; mais malgré leurs fatigues, malgré les privations de toute nature qu'ils avaient endurées et devaient supporter encore, ces hommes étaient capables de tout et Napoléon le savait bien.

Il savait aussi qu'il avait près de 20,000 hommes de moins que Benningsen, dont l'armée comptait encore 72,000 combattants, déduction faite des 10,000 hommes qu'elle avait perdus dans les combats d'arrière-garde et des 8,000 Prussiens de Lestocq, qui n'étaient pas encore arrivés et ne rejoindraient que si Ney, qui marchait derrière eux, arrivait lui-même; c'est pouquoi il prit ses dispositions en conséquence, mettant son armée en bataille sur un ordre mince, ce que lui permettaient d'ailleurs les deux points d'appui qu'il avait choisis pour couvrir ses flancs, la ville d'Eylau à gauche, le village de Rothenen à droite.

Retirant toute l'artillerie de ses divisions et même de sa réserve, pour couvrir sa ligne par des batteries comptant ensemble 200 canons, quand l'ennemi en avait deux fois plus, il plaça la division Legrand en avant et un peu à gauche de la ville ; la division Leval, moitié à gauche sur une éminence surmontée d'un moulin, moitié à droite dans le cimetière où l'on s'était battu avec tant de fureur, et la division Saint-Hilaire, troisième du corps de Soult, encore plus à droite au village de Rothenen.

Le corps d'armée d'Augereau, le plus faible de tous, puisqu'il avait à peine 7,000 hommes en ligne, fut placé en arrière d'Eylau, dans l'intervalle,qui séparait la ville du village de Rothenen.

En seconde ligne était la garde, infanterie et cavalerie, et une partie de la cavalerie de Murat, c'est-à-dire les divisions Grouchy et Klein, au centre ; les cuirassiers d'Hautpoul, à gauche, ayant devant eux la cavalerie légère de Lasalle.

Quant à la division de dragons du général Milhaud, elle fut portée sur la droite de la division Saint-Hilaire, un peu en arrière de Rothenen, et s'appuyant sur le village de Zehsen, pour pouvoir se relier plus facilement avec le corps du maréchal Davout qui devait arriver par le hameau de Serpalen.

Au point du jour, toutes les troupes françaises, sauf celles de Davout, étaient en position. Les Russes l'étaient aussi, occupant un plateau mamelonné, où ils s'étaient rangés en bataille sur deux lignes, ayant leur front couvert par trois cents bouches à feu, disposées par batteries nombreuses, sur les parties saillantes du terrain ; leur gauche, comme leur droite, n'ayant pas d'appuis naturels, étaient flanquées de cavalerie et s'arc-boutaient chacune sur une division d'infanterie, en colonnes serrées ; en arrière, et entre ces deux divisions, était postée une forte réserve en artillerie et en cavalerie.

Napoléon, à cheval depuis longtemps déjà, était à peine rendu dans le cimetière, où il voulait s'établir pour diriger ses troupes, que la bataille commença par cette canonnade terrible, restée célèbre dans l'histoire. Aux trois cents bouches à feu des Russes les deux cents canons français répondirent, et cela dura ainsi plusieurs heures, et à une distance très courte sans que les deux armées manifestassent le moindre signe de faiblesse sous la pluie de mitraille et de boulets : d'un côté comme de l'autre on serrait les rangs pour boucher les vides causés par la mort, et tout était dit.

C'était un duel d'artillerie et Napoléon l'acceptait d'autant plus volontiers qu'il avait pris ses précautions en conséquence. Il avait un tiers de moins de pièces en batterie que l'ennemi, mais outre que ses canonniers étaient plus expérimentés et ses pièces meilleures, son front était relativement très étendu et ses troupes dispersées sur peu d'épaisseur pouvaient s'abriter aux deux extrémités de leur ligne derrière des bâtiments qui les protégeaient, tandis que les Russes, disposés en masses profondes, offraient plus de prise aux boulets français, qui emportaient quelquefois des files entières.

Aussi se lassèrent-ils les premiers de recevoir la mort sans pouvoir la rendre.

Presque toute leur droite se forma en colonnes et s'élança à l'attaque de l'éminence surmontée d'un moulin qu'occupait une brigade de la division Leval, mais elle fut repoussée si vigoureusement qu'elle n'osa pas renouveler l'entreprise. Cependant elle ne fut pas poursuivie, car Napoléon ne voulait pousser aucun de ses corps sur l'ennemi avant l'arrivée de Davout, qui devait faire une diversion du côté de Serpalen.

La division Friant, qui marchait en tête, ne tarda pas à paraître; elle repoussa brutalement les cosaques qui se présentèrent devant elle et occupa le village.

Mais les Russes ne lui donnèrent pas le temps d'attendre les autres divisions et Benningsen lança sur elle toute la masse de cavalerie qui gardait son flanc gauche. Friant, trouvant sur le terrain des parcs à moutons entourés de solides palissades en bois, fit entrer dans cette sorte de retranchements ses trois régiments qui, protégés ainsi contre la cavalerie, purent la fusiller à bout portant sans en être exposés à ses coups.

La cavalerie se replia, mais revint bientôt soutenue par toute la division d'infanterie qui servait de ce côté d'arc-boutant à l'armée russe. Cette division voulait reprendre le village de Serpallen, mais Friant était résolu à l'empêcher, et bien qu'il n'eût pas 5,000 hommes à opposer à plus de 10,000, il leur tint tête et avec succès — puisqu'il les obligea à se réfugier en arrière de Serpalen, sur les hauteurs voisines de Klein-Sansgarten — jusqu'au moment où la division Morand entra en ligne.

Davout, qui arrivait avec, se mit à la tête de la brigade Ricard qu'il déploya au delà et à gauche de Serpalen, pendant que la seconde brigade, composée du 51ᵉ et du 61ᵉ de ligne, prenait position à droite du village, de façon à pouvoir prêter la main, selon le besoin, ou à la brigade Ricard, ou à la division Friant qui marchait à l'ennemi, vers Klein-Sansgarten, où Benningsen venait d'établir une batterie formidable et où il envoyait de nouvelles troupes.

Pour que Davout n'eût pas à soutenir tout le poids de la bataille, Napoléon donna l'ordre à la division Saint-Hilaire, qui était à Rothenen, de se porter en avant du côté de Serpalen pour se joindre à la division Morand ; puis, au maréchal Augereau de faire avancer ses deux faibles divisions commandées par les généraux Desjardins et Heudelet, et de les déployer de façon à former avec les troupes de Saint-Hilaire une ligne oblique s'étendant de Rothenen au cimetière d'Eylau.

Ce mouvement, qui devait empêcher Davout, malgré le renfort qu'il venait de recevoir par l'arrivée au pas de course de la division Gudin, d'être écrasé sous le poids de la moitié de l'armée russe qu'il avait déjà contre lui, pouvait aussi, s'il réussissait, culbuter l'ennemi en renversant sa gauche sur son centre.

Malheureusement, au moment même où les troupes d'Augereau marchant par division, une brigade déployée, l'autre formée en carré, débouchaient dans la plaine, une rafale de neige, qu'un vent violent leur fouettait au visage et qui dura plus d'une demi-heure, leur déroba complètement la vue du champ de bataille.

Marchant au hasard, car elles marchaient quand même, ces troupes perdirent le contact avec la division Saint-Hilaire, obliquèrent trop à gauche et laissèrent entre cette division et elles un espace considérable, où les Russes, que la rafale de neige n'aveuglait pas, se jetèrent en masses.

Pris entre la droite de l'ennemi, commandée par le général Tutschakoff, le centre obéissant au général Doctorof et la réserve qui démasqua aussitôt une batterie de 72 pièces de canon, le corps d'Augereau fut taillé en pièces : en un quart d'heure il perdit 4,000 hommes, plus de la moitié de son effectif ; le général Desjardins fut tué, le général Heudelet blessé presque mortellement et le maréchal lui-même, déjà malade et ne se tenant à cheval que par un miracle de volonté, fut blessé assez grièvement et porté dans le cimetière près de Napoléon, auquel il se plaignit amèrement d'avoir été abandonné.

La situation de son corps d'armée, dont les bataillons décimés, sans état-major, s'étaient repliés bravement en repoussant encore la cavalerie qui les chargeait, était cruelle ; de fait, personne n'eût pu empêcher, ni même atténuer le désastre qu'il venait de subir, car on ne le voyait pas et ce n'est que lorsque la tourmente fut passée qu'on eût pu le secourir, alors qu'il était déjà trop tard. Ce corps d'armée pouvait encore se défendre, mais il était incapable d'attaquer.

Napoléon, toujours impassible, pour ne pas ébranler la confiance de son état-major profondément attristé par cette catastrophe, adressa quelques paroles de consolation à Augereau ; mais il était près de perdre patience, car, en apercevant Murat qui accourait prendre ses ordres, il s'écria :

— Eh bien ! nous laisseras-tu dévorer par ces gens-là ?

Murat comprit. Rassembla tout ce qu'il avait de cavalerie sous la main, chasseurs, dragons, cuirassiers, il partit avec 80 escadrons pour exécuter une charge à fond sur l'infanterie russe.

Napoléon lui avait prescrit de passer à la droite de la division Saint-Hilaire, de façon à tomber sur le flanc droit de l'armée ennemie. Ce mouvement, exécuté avec autant d'audace que de précision, changea la face des choses ; car, après avoir culbuté la cavalerie russe qui s'était portée au-devant d'elle, cette masse de cavalerie coupa successivement les deux lignes d'infanterie et y jeta le désordre.

Ce ne fut pas toutefois sans peine. Grouchy qui marchait le premier avec sa division, eut fort à faire pour enfoncer la cavalerie ennemie. Son cheval fut tué sous lui ; alors, se relevant sans blessure, il monta sur un autre cheval, prit la tête de sa seconde brigade et réussit à déblayer le terrain.

Mais il ne put entamer l'infanterie sans le secours des cuirassiers de d'Hautpoul, qui galopaient derrière lui avec Murat.

Le général d'Hautpoul, qui possédait au plus haut degré l'art de manier les grosses masses de cavalerie, divisa ses 24 escadrons en plusieurs lignes : la première, arrêtée par le feu terrible de l'ennemi, ne réussit pas à entamer ses masses; se séparant alors à droite et à gauche, elle laissa à la seconde ligne assez de place pour prendre son élan et faire brèche au milieu des fantassins.

Par cette brèche, cuirassiers et dragons passèrent tous l'un après l'autre; 42 escadrons culbutèrent les Russes, puis se dispersèrent pour engager au milieu d'eux une mêlée terrible, où l'on ne se battait qu'au sabre et à la baïonnette.

La seconde ligne d'infanterie, voyant la mauvaise fortune de la première, dont les hommes se sauvaient dans toutes les directions ou se couchaient à plat ventre pour éviter les coups de sabre, ne crut pas devoir courir le risque d'éprouver un sort pareil.

Dès le commencement de la mêlée, elle s'était repliée, s'adossant à un bois en avant duquel était la dernière réserve d'artillerie; cette artillerie, déjà en batterie, ouvrit un feu terrible sur la masse des combattants, mitraillant indistinctement amis et ennemis, Benningsen s'inquiétant moins de tuer ses propres soldats que de se débarrasser de la cavalerie française, qui menaçait de détruire ses dernières troupes.

Cette mitraillade tua le colonel Boursier, du 11e régiment de dragons; le colonel Dahlmann, des chasseurs de la garde, et le général d'Hautpoul, qui tomba à la tête de sa division. Mais Murat était toujours là, et nos cavaliers ne perdaient pas courage.

Pendant qu'ils luttent comme des lions contre la deuxième ligne russe, la portion de droite de la première, qui avait été coupée, se rallie et menace les derrières de la cavalerie.

A cette vue, le général Lepic se met à la tête des grenadiers à cheval de la garde, qu'il avait mis en ligne pour seconder Murat, et part au galop pour charger les groupes d'infanterie encore debout. Les grenadiers, parcourant le champ de bataille en tous sens, sabrent tout sur leur passage et culbutent les derniers combattants, qui se sauvent à la hâte vers les bouquets de bois, où commençaient à se réfugier les fantassins de la deuxième ligne que les cavaliers de Murat avaient fini par disperser.

Le centre de l'armée russe était en déconfiture, mais tout n'était pas terminé pourtant : l'état-major général, l'Empereur lui-même couraient un grand danger. Une colonne d'environ 4,000 Russes, composée presque uniquement de grenadiers, signe qu'elle appartenait à la réserve, s'étant probablement égarée dans sa retraite, se trouva tout à coup à portée de fusil du cimetière d'Eylau, où Napoléon n'avait plus avec lui que quelques bataillons d'infanterie de la garde et son escadron de service.

Bien commandés et peut-être bien renseignés, ces braves soldats ne s'intimidèrent pas de se trouver si près des lignes françaises; ils ouvrirent immédiatement le feu et cherchèrent à s'emparer de l'église.

Napoléon, gardant deux bataillons avec lui dans le cimetière, où les projectiles n'avaient cessé de tomber toute la journée, fit sortir un bataillon de grenadiers sous les ordres du général Dorsenne, et derrière eux son escadron d'escorte.

Les grenadiers, heureux de combattre quand leurs camarades s'impatientaient de ne pas brûler une amorce, s'avancent au-devant des Russes, l'arme au bras, et ne changent la position de leur fusil que quand ils sont auprès d'eux, pour croiser la baïonnette.

Étonnés d'être abordés ainsi, les grenadiers russes qui forment la tête de la colonne hésitent un moment. C'en est assez pour qu'ils ne puissent plus reprendre l'offensive; malgré leur nombre très supérieur, ils reculent devant la charge impétueuse des grenadiers de la garde et mettent en désordre tout le reste de la colonne.

Alors, l'escadron de service de l'Empereur prend en flanc cette colonne qui commençait à plier et passe au travers.

Néanmoins, on n'aurait pas eu bon marché de ces 4,000 Russes, qui commençaient à reprendre courage, si Murat, de la hauteur où il se trouvait, n'avait prévu le danger, avant même qu'il se manifestât, et ne l'avait détourné en lançant sur la colonne russe la brigade de chasseurs du général Bruyères.

Les deux régiments de chasseurs, survenant au moment où l'escadron de la garde renouvelait sa charge pour la troisième fois, prirent en queue la colonne qui, déjà pressée de flanc et en tête, fut bientôt dans une déroute affreuse.

Des 4,000 hommes qui la composaient, il n'en réchappa pas un seul; car tous ceux qui ne furent pas tués mirent bas les armes sous les yeux de Napoléon, qui rongeait son frein à une centaine de pas de là.

Ce n'est pas ainsi qu'il avait l'habitude de gagner des batailles, et, bien que maître à peu près partout, il était loin d'être satisfait.

Il sentait bien qu'un dernier effort rendrait la victoire décisive; mais, cet effort, il ne pouvait pas le faire, car il aurait fallu lancer sur l'ennemi une forte réserve d'infanterie, et il n'en avait pas sous la main.

Le corps de Soult, réduit d'ailleurs à deux divisions, puisque la division Saint-Hilaire était sur la droite avec le corps de Davout, lequel essayait de tourner l'armée russe, lui était indispensable pour garder Eylau; celui d'Augereau, sur lequel il avait compté, était décimé et trop démoralisé pour être employé à un dernier coup de force : il ne lui restait donc plus que les six bataillons d'infanterie de la garde, et la journée n'était pas assez avancée pour qu'il ne conservât pas précieusement auprès de lui cette dernière ressource; d'autant que l'ennemi, battu sur sa gauche, mais tenant encore bon, culbuté sur son centre mais non en déroute, était encore capable de reprendre l'offensive.

Il la reprit en effet, vers deux heures de l'après-midi, lorsque Lestocq, précédant de quelques heures le maréchal Ney, qui le talonnait, arriva sur le champ de bataille avec ses 8,000 Prussiens.

Il déboucha à Schmoditten ; ayant alors reçu l'ordre de soutenir l'aile gauche que le maréchal Davout venait de tourner, il défila derrière le front de l'armée russe qui, reprenant courage, commençait à se reformer, malgré le feu à mitraille de notre artillerie, et arriva devant Kuschitten, dont la division Friant s'était rendue maîtresse.

Ce village, occupé seulement par quatre compagnies du 108e de ligne et le 51e de ligne, détachés dans ce but de la division Morand, fut assailli immédiatement par des forces très supérieures s'élevant à 8 bataillons et 29 escadrons de cavalerie.

Il n'y avait pas à lutter. Nos braves soldats l'essayèrent pourtant; ils durent se replier en faisant des pertes considérables, mais sans se laisser entamer par la cavalerie qui les poursuivait.

Ce premier avantage obtenu, les Prussiens, que les Russes se hâtèrent de rallier, se portèrent au delà de Kuschitten, afin de reconquérir les positions perdues. Mais Davout n'entendait pas perdre ses avantages, et, parcourant les rangs de ses soldats, il ranima leur courage, moins épuisé que leurs forces, en leur disant :

— Les lâches iront mourir en Sibérie; les braves mourront ici en gens d'honneur.

Tous luttèrent avec un acharnement incroyable, et, malgré le flot qui les assaillit, les Russes ayant réuni aux Prussiens toute leur gauche et toutes leurs réserves, ils se maintinrent, après un combat opiniâtre, dans leurs positions de Klein-Sansgartein, d'où le maréchal Davout, sans être absolument maître du champ de bataille, menaçait les derrières de l'ennemi.

Benningsen ne pouvait pas accepter cette situation dangereuse, et voulait combattre encore, mais ses lieutenants consultés n'en furent point d'avis ; l'armée était dans un état lamentable : des compagnies, des bataillons, des régiments étaient en débandade complète ; des 80,000 hommes qu'elle avait comptés avec le renfort de Lestocq, il ne lui en restait pas la moitié en état de combattre, encore n'était-on pas sûr qu'ils se battraient.

Le général russe qui voulait la victoire quand même — il l'avait déjà annoncée, et continua du reste à se l'attribuer — persistait à vouloir lutter encore, sinon le jour même, car la nuit était venue, au moins le lendemain matin; mais lorsqu'il apprit l'arrivée du maréchal Ney, qui s'était emparé des villages d'Althof et de Schmoditten et n'avait plus qu'un effort à faire pour donner la main au maréchal Davout, c'est-à-dire

Les Russes se défendirent avec courage dans les rues de la ville. (Page 247).

pour envelopper l'armée russe, il renonça à ses projets et, ne voulant plus se battre ni le soir ni le lendemain, résolut de se mettre en retraite le plus tôt possible.

Mais, pour assurer cette retraite qui, par le fait, était déjà commencée, il était indispensable de contenir le maréchal Ney ; il pensait toutefois que cela serait très facile, et qu'on pourrait même le chasser de Schmoditten; car ses troupes, qui avaient marché toute la journée, devaient être fatiguées et n'aspirer qu'à se reposer.

Il essaya donc, à la faveur de la nuit, de reprendre ce village, mais le général Marchand, qui l'occupait avec le 6e léger et le 39e de ligne, était sur ses gardes. Il laissa approcher les Russes à bonne distance, puis, faisant exécuter sur eux des feux de pelotons pour ainsi dire à bout portant, il les mit en fuite, sauf quelques centaines qui payèrent de leur vie cette dernière tentative.

Mais les morts ne se comptèrent pas par centaines dans cette journée terrible qui fut une véritable boucherie humaine. Les Russes eurent 7,000 hommes tués, et laissèrent sur le terrain 5 à 6,000 blessés, en emmenant avec eux plus de 15,000 dont la plupart moururent de froid à Kœnigsberg ainsi qu'en route.

De notre côté, nous avions 10,000 hommes hors de combat, dont 7,000 blessés qui, grâce à l'activité du docteur Larrey, et aux voitures d'ambulance dont il venait de doter son service, furent presque tous guéris, et transportés en traîneaux dans les cantonnements de la Vistule.

Nous étions maîtres du champ de bataille jonché de 10,000 cadavres d'hommes, de 3 à 4,000 chevaux morts ou mourants, d'innombrables débris de canons ou de caissons, à moitié ensevelis dans la neige maculée de sang et de boue, mais les trophées de la victoire n'étaient pas nombreux, car on n'avait fait que 4,000 prisonniers, et bien que les Russes eussent abandonné toute leur artillerie lors de la charge de la cavalerie de Murat, ils n'avaient laissé après eux que 24 pièces intactes.

Napoléon, qui, selon son habitude, parcourut le terrain pour veiller à ce que des soins fussent donnés aux blessés, n'avait pas besoin de ce spectacle écœurant, qui remplit son cœur de tristesse, pour n'être pas satisfait.

Son plan avait été déjoué, par suite de la nécessité où il s'était trouvé de combattre sur un champ de bataille qu'il n'avait pas choisi, parce qu'aucune manœuvre n'y était possible, et qui était trop restreint, puisque son quartier général avait été sous le feu de l'ennemi pendant une partie de la journée, et il n'espérait que très vaguement prendre sa revanche le lendemain.

Non qu'il ne fût sûr d'une victoire éclatante depuis l'arrivée de Ney, qui du lieu où il était déjà n'avait plus qu'une heure de marche à faire pour donner la main au maréchal Davout ; mais c'est précisément parce que la situation de l'armée russe était des plus critiques qu'il n'osait compter sur l'aveuglement de Benningsen.

En effet, l'armée russe avait marché toute la nuit, et grâce à cette prompte retraite, son général pouvait se flatter de l'avoir fait échapper à un désastre; ce n'était cependant pas assez pour son amour-propre, car il se vanta impudemment d'avoir remporté la victoire et il eut l'audace de dire à ses soldats dans la proclamation qu'il leur adressa quinze jours après :

« Dans cette bataille, plus de 30,000 Français ont trouvé leur tombeau. Ils ont été forcés de se retirer sur tous les points, et de nous abandonner leurs blessés, leurs drapeaux et leurs bagages.

» Je me suis vainement efforcé de les attirer sous les murs de Kœnigsberg, pour y achever leur entière destruction. Seulement 12 régiments ont osé s'avancer, ils ont été anéantis ou faits prisonniers. »

Écrire cela à l'Empereur de Russie, qui ne demandait pas mieux que de le croire, passe encore; mais le dire à des soldats qui s'étaient sauvés comme des lapins devant les vainqueurs et qui n'avaient jamais vu de leurs prisonniers, cela dépassait vraiment la mesure.

Napoléon fit poursuivre les Russes par la cavalerie de Murat, appuyée par le corps d'armée de Ney, jusque sur les bords de la Frisching ; Murat envoya même ses escadrons jusque sous les murs de Kœnigsberg où s'était réfugié Benningsen; mais c'était une simple démonstration qu'il voulait faire, et plutôt pour répondre d'avance aux bulletins mensongers qu'il savait le général russe capable de publier, que pour harceler l'armée ennemie, qui d'ailleurs avait trop d'avance pour être atteinte dans de bonnes conditions de combat, et qu'il savait incapable de reprendre l'offensive, réduite et démoralisée comme elle l'était.

Son armée aussi avait besoin de se refaire; surmenée par les marches forcées, amoindrie par les combats et les privations, il lui fallait du repos et de la nourriture, car en ces derniers temps elle avait souvent manqué de pain et d'eau-de-vie ; il la laissa neuf jours à Eylau, sans rien faire, étudiant pendant ce temps les nouveaux cantonnements où il voulait lui faire reprendre ses quartiers d'hiver, tout en ayant soin de les rapprocher de Dantzig, de façon à couvrir le siège de cette importante place, dont le général du génie Chasseloup, sous les ordres du maréchal Lefebvre, avait déjà commencé l'investissement.

Le 16 février, l'armée, concentrée autour d'Eylau par le rappel de tous les corps disséminés, y compris celui de Bernadotte qui n'avait rejoint que le 11, apprit qu'elle allait dès le lendemain rentrer dans ses quartiers d'hiver, par la proclamation suivante que lui adressa l'Empereur, et qui, comme toujours, résumait les opérations de la campagne :

« Soldats,

» Nous commencions à prendre un peu de repos dans nos quartiers d'hiver, lorsque l'ennemi a attaqué le 1er corps et s'est présenté sur la basse Vistule; nous avons marché à lui et nous l'avons poursuivi pendant l'espace de quatre-vingts lieues. Il s'est réfugié sous les remparts de ses places et a repassé la Pregel.

» Nous lui avons enlevé, aux combats de Bergfried, de Deppen, de Hoff, et à la bataille d'Eylau, soixante-cinq pièces de canon, seize drapeaux, et tué, blessé ou pris plus de quarante mille hommes. Les braves qui, de notre côté, sont restés sur le champ d'honneur, sont morts d'une mort glorieuse : c'est la mort des vrais soldats! Leurs familles auront des droits constants à notre sollicitude et à nos bienfaits.

» Ayant ainsi déjoué tous les projets de l'ennemi, nous allons nous rapprocher de la Vistule et rentrer dans nos cantonnements. Qui osera en troubler le repos s'en repentira; car, au delà de la Vistule comme au delà du Danube, au milieu des frimas de l'hiver comme au commencement de l'automne, nous serons toujours des soldats français, et les soldats français de la grande armée! »

VI

FRIEDLAND

Les quartiers d'hiver. — Combat sur la Passarge. — Combat d'Ostrolenka. — Etat des deux armées. — Combat de Spanden. — Combat de Lomitten. — Combat de Deppen. — Magnifique retraite de Ney. — Combat de Guttstadt. — Combat de Heilsberg. — Bataille de Friedland. — Traité de Tilsitt.

Benningsen, qui ne reculait devant aucun mensonge historique pour se faire la réputation d'un grand général, ne manqua pas de s'attribuer la victoire d'Eylau, bien qu'il eût abandonné le champ de bataille avec toute son armée considérablement amoindrie, et que l'armée française fût restée sur les positions conquises plus de huit jours après le combat, qui avait été une véritable boucherie humaine.

Ce n'était pas ainsi que Napoléon avait l'habitude de gagner des batailles; aussi rêvait-il déjà une revanche digne de lui et de ses braves soldats, et attendait-il avec impatience le retour de la belle saison pour la prendre, tout en ne perdant pas son temps pendant cette fin d'hiver, dont le mois de mars fut particulièrement terrible; car c'est alors que le général du génie Chasseloup, sous les ordres du maréchal Lefebvre, poussa si activement le siège de Dantzig que la place dut capituler, et que le général Vandamme, commandant les troupes wurtembergeoises du corps d'armée du prince Jérôme-Napoléon (le 9e), acheva la conquête de la Silésie, par la prise des places de Glogau et de Breslau.

Napoléon établit son quartier général au milieu de sa garde, à Osterode, où il resta jusqu'au 15 mars, disposant autour de lui, et à deux marches tout au plus de ce point de ralliement, tous ses corps d'armée, de façon à garder d'un côté Varsovie, qui pouvait être attaquée par la petite armée du général Essen, et en même temps à couvrir le siège de Dantzig, tout en faisant face à l'armée russe si elle avait la velléité de reprendre l'offensive.

Seul, le corps d'armée du maréchal Lannes, commandé par Savary pendant la maladie du maréchal, resta en avant de Varsovie, gardant les bords de la Narew jusqu'à Ostrolenka; les autres, 1er, 3e, 4e et 6e, renforcés par les débris du 7e, qui avait été licencié après le départ d'Augereau, gravement blessé et surtout très mécontent, étaient cantonnés en arrière de la Passarge, rivière parallèle à la Pregel, dont les Russes occupaient les bords. Chacun d'eux avait pour s'éclairer, outre sa cavalerie particulière, une des divisions des dragons de réserve.

Ney (6e corps), le seul qui fût passé sur la rive droite de la Passarge, défendait le cours supérieur de l'Alle et l'espace compris entre cette rivière et la Passarge.

Le 3e corps (Davout) touchait à celui de Ney par Allenstein et s'étendait jusqu'à Hohenstein, au point où la Passarge et l'Alle sont le plus rapprochés.

Le 4e corps (Soult) était cantonné entre Mohrungen et Liebstadt, et gardait la ligne de la Passarge depuis Deppen jusqu'à Spanden.

A Spanden, il donnait la main au corps de Bernadotte (1er corps), qui s'étendait de là jusqu'à Braunsberg et l'embouchure de la Passarge.

Enfin, Napoléon appela à lui le général Oudinot avec ses grenadiers et ses voltigeurs, qui doublèrent l'importance de l'infanterie de la garde, et il distribua sa cavalerie de réserve sur ses derrières, entre Thorn et Elbing, où les fourrages étaient abondants.

Combat sur la Passarge.

Ces cantonnements étaient fort bien choisis, et Benningsen ne tarda probablement pas à le reconnaître, car il essaya tout de suite d'en chasser nos troupes. Il fallait bien cela, du reste, pour donner une apparence de vérité à la victoire qu'il prétendait avoir remportée à Eylau, bien qu'il ne lui fût pas resté cinquante mille hommes capables de porter les armes.

Quittant Kœnigsberg, où il s'était réfugié, il fit passer la Pregel à une partie de ses troupes et montra de fortes colonnes entre cette rivière et la Passarge. Le maréchal Ney, dont la position était voisine, prit mal la plaisanterie et envoya le général Liger-Belair, avec sa brigade, déloger une colonne russe qui s'était installée, dans la nuit du 24 au 25 février, au village de Peterswalde.

L'opération ne fut pas longue. Mal défendu par le régiment qui gardait les abords du village, le général russe se laissa prendre avec tout son état-major et plus de quatre cents hommes de troupes; le reste ne dut son salut qu'à une fuite précipitée.

L'affaire de Braunsberg, qui eut lieu le lendemain, fut plus sérieuse et coûta d'ailleurs beaucoup plus cher aux alliés; il y avait là en effet un corps prussien de 12 bataillons et de 10 escadrons, que Benningsen avait envoyé de Kœnigsberg, et auquel il avait adjoint 5,000 Russes, ce qui faisait un ensemble de 10 à 11,000 combattants.

Cette masse, se déployant en bataille en arrière de Staugendorf, établit sa ligne entre la route de Frauenburg et la ville de Braunsberg, où elle s'appuyait d'un côté, tandis qu'elle avait sa gauche au village de Zagern.

Le général Dupont, envoyé par Bernadotte contre cette petite armée, avait à sa disposition les trois régiments d'infanterie composant sa division, 32e et 36e de ligne et 9e d'infanterie légère, plus le 24e de ligne sous les ordres du colonel Semelé, le 9e régiment de hussards, et la brigade de dragons du général Bruyères.

Il divisa ses forces en deux colonnes. Celle de droite, obéissant au général Bruyères, déboucha par Pettelkau pour enlever le village de Zagern, tandis qu'à la tête de celle de gauche il suivit la route de Mulhausen pour se porter sur Braunsberg.

Les deux attaques réussirent presque simultanément; les Russes se défendirent avec courage dans les rues de la ville, puisqu'ils y laissèrent 600 cadavres des leurs, mais, tournés par la colonne du général Bruyères, ils furent obligés de lâcher pied et de battre en retraite avec tant de précipitation qu'ils abandonnèrent 16 canons et plus de 2,000 prisonniers.

Quelques escarmouches sans importance, mais fatigantes pour la cavalerie légère qui était toujours sur le qui-vive, ayant suivi ce combat presque sur toute la ligne de la Passarge, Napoléon se décida, bien contre son gré, n'ayant pas envie de montrer à l'ennemi son côté faible, à faire une manifestation offensive capable d'inquiéter le général Benningsen sur la sûreté de Kœnisgberg.

Un mouvement en avant fut exécuté simultanément, le 3 mars, par Soult qui passa la rivière entre Liebstadt et Wormditt, par Bernadotte qui la traversa à Spanden, et par Ney qui, déjà sur la rive droite, se porta sur Guttstadt, où il s'empara des magasins de vivres rassemblés par les Russes, ce qui lui fut d'autant plus utile que ses soldats commençaient à en manquer.

Repoussés sur toute la ligne, et ayant perdu plus de 2,000 hommes dans les différents combats qui suivirent ce mouvement, les Russes se hâtèrent de retraverser la Pregel, derrière laquelle ils se tinrent cois, ne songeant plus à inquiéter nos soldats qui eurent alors à loisir la faculté de se reposer, aussi bien que de recevoir et d'incorporer les renforts qui leur arrivaient journellement.

C'était tout ce que voulait Napoléon, et cependant, dans la lettre qu'il écrivait à Soult le 6 mars, à la suite de cette opération, on sent qu'il n'était pas content d'avoir sacrifié un de ses atouts ; car nul ne savait mieux que lui qu'une manœuvre démasquée est une ressource perdue.

« C'est bien, lui dit-il, un des inconvénients que j'avais sentis des mouvements actuels, que d'éclairer les Russes sur leur position. Mais ils me pressaient trop sur ma droite. Résolu à laisser passer le mauvais temps et à organiser les subsistances, je ne suis pas autrement fâché de cette leçon donnée à l'ennemi. Avec l'esprit de présomption dont je le vois animé, je crois qu'il ne faut que de la patience pour lui voir faire de grandes fautes. »

Combat d'Ostrolenka.

Mais la patience n'était pas la qualité dominante de Benningsen, obligé à l'immobilité derrière la Pregel, pour ne pas découvrir Kœnigsberg ; ne pouvant rien pour Dantzig, dont le siège commençait à marcher bon train, et que personnellement il ne tenait peut-être pas beaucoup à secourir, il ne pouvait se décider à ne pas guerroyer un peu, ne fût-ce que pour ne pas laisser faner les lauriers qu'il s'était décernés lui-même, et dont il prétendait augmenter considérablement le nombre avant la fin de la campagne.

Supposant que Napoléon avait dû affaiblir ses cantonnements sur la Narew, pour grossir les corps avec lesquels il était venu le menacer, il envoya au général Essen, dont la petite armée venait d'être portée à 22,000 combattants par l'arrivée de la division Michelson, si longtemps attendue, l'ordre de faire une démonstration contre Varsovie, et de marcher avec toutes ses forces sur les deux rives de la Narew.

Le 15 mars au soir, la colonne russe qui s'avançait sur la rive droite prit contact, au village de Stanislawow, avec les avant-postes du 5e corps chargés de ce côté de la défense de la ligne française, mais il n'y eut pas de combat sérieux. Le lendemain matin, au petit jour, le général Gazan, se portant en avant avec une partie de sa division, repoussa l'ennemi, et le culbuta sur la route de Novogorod, le mettant en pleine déroute ; mais ce n'était qu'une fausse attaque, car pendant ce temps les Russes se présentaient en grandes forces devant Ostrolenka, sur la rive gauche de la Narew.

Cette petite ville n'était défendue que par la brigade Campana, de la

Bernardotte reçut au cou une blessure peu grave. (Page 255.)

division Gazan, et la brigade Ruffin, de la division Oudinot. Assaillis par des forces très supérieures et probablement aussi surpris, nos soldats perdirent peu à peu du terrain et l'infanterie russe réussit à pénétrer dans Ostrolenka ; elle n'y resta toutefois pas longtemps ; le combat des rues, si favorable au petit nombre, le fut surtout aux Français qui trouvèrent dix occasions pour une de charger à la baïonnette, et par trois fois repoussèrent au dehors leurs assaillants, qui finalement se décidèrent à se retirer et prirent position derrière les monticules de sable qui couvrent la ville de ce côté.

Savary, qui commandait par intérim le corps d'armée de Lannes, renseigné dès le début de l'action par son chef d'état-major le général Reille, qu'il avait envoyé sur le lieu du combat, n'avait pas perdu une minute; par ses ordres, Suchet et Oudinot avaient rassemblé leurs divisions et atteignaient Ostrolenka vers midi.

Or il ne s'agissait pas de déjeuner, mais bien de repousser les Russes, lesquels avaient profité des espèces de dunes qui mamelonnaient la campagne, pour se mettre en bataille dans des positions avantageuses.

Savary, laissant en réserve dans la ville la brigade Ruffin, constitua sa droite avec la brigade du général Campana, son centre avec la division Suchet, sa gauche avec les grenadiers d'Oudinot et toute sa cavalerie disponible, et, couvert de son artillerie, marcha ainsi à l'ennemi.

Oudinot se mit d'abord à la tête de la cavalerie pour déblayer le terrain sur la gauche. Par une charge heureuse, il dispersa une nuée de cosaques; puis, quand il se vit de l'espace, il fit avancer ses grenadiers, se mit à leur tête, et, du premier choc de ces hommes de bronze, qui marchaient au feu comme à la parade et ne tiraient qu'à bout portant, il culbuta la droite de l'ennemi; celui-ci, attaqué en même temps sur sa gauche et au centre, se défendit d'abord courageusement, puisqu'il laissa 1,300 morts et 1,200 blessés sur le champ de bataille, sans compter le général Souwaroff, fils du maréchal qui avait illustré ce nom, puis battit en retraite et se laissa poursuivre pendant trois lieues, c'est-à-dire jusqu'à la nuit, sans essayer de reprendre l'offensive.

Il n'eût pas été prudent d'aller plus loin; et, du reste, sitôt averti de ce succès, Napoléon prescrivit au 5e corps de rentrer dans ses cantonnements et de ne se battre que s'il était attaqué. Dans l'esprit de l'Empereur, cette éventualité avait bien des chances de se produire, puisque c'est alors qu'il appela près de lui la division Oudinot, à son quartier général qu'il venait de transporter à Finkenstein. Il est vrai que c'était pour l'employer au siège de Dantzig, opération militaire très mémorable qui ne prit fin, par capitulation, que le 26 mai 1807.

État des deux armées.

Napoléon, qui avait laissé toute la gloire de ce siège au vieux maréchal Lefebvre, qu'il créa à cette occasion duc de Dantzig, n'en avait pas moins préparé, sinon dirigé presque toutes les opérations. Il lui écrivait très souvent, lui envoyait des renforts, régiment par régiment; si bien qu'aux derniers jours des opérations, en prévision de l'assaut à donner, il avait avec lui, outre la division d'Oudinot, les corps d'armée de Lannes et de Mortier, et avec eux ces deux vaillants maréchaux, qui, n'ayant pas eu l'occasion de contribuer en quoi que ce soit au succès, ne voulurent pas, malgré l'invitation du nouveau duc de Dantzig, entrer à ses côtés dans la place.

Napoléon, qui s'y était fait précéder par son aide de camp Rapp, qu'il avait nommé provisoirement gouverneur de la ville, mais sur lequel il comptait bien plutôt pour empêcher le détournement des valeurs et conserver l'immense butin que la place non épuisée renfermait encore, vint y passer deux jours, dont il profita pour ordonner le relèvement immédiat des ouvrages défensifs et pourvoir au ravitaillement de son armée. Dix-huit mille quintaux de blé furent dirigés sans retard sur Elbing, dont les magasins commençaient à se tarir, et un million de bouteilles de vin furent expédiées dans les cantonnements de la Passarge, où, comme on le pense, elles furent accueillies avec enthousiasme.

Ayant pris toutes ses dispositions pour faire de Dantzig une place inexpugnable et un centre de dépôt par où tous ses bataillons passeraient avant de rejoindre l'armée en ligne, il décida la reprise des hostilités pour le 10 juin et distribua ses ordres en conséquence; l'impatience du général Benningsen allait l'obliger toutefois à entrer en campagne cinq jours plus tôt.

Mais, avant de suivre les opérations de cette campagne de printemps, voyons quelles étaient et la situation respective et la force des deux armées, en ne comptant pas les deux armées d'observation destinées à rester sur la Narew et n'ayant guère de chance pour prendre part aux opérations actives. L'une, celle des Russes, renforcée de 25,000 hommes, était commandée par le général Essen; les Français, au nombre de 24,000 combattants, dont 6,000 Bavarois, étaient sous les ordres de Masséna, que Napoléon avait rappelé d'Italie pour lui donner le commandement du 5e corps, dans le cas où le maréchal Lannes, dont la maladie avait été longue et douloureuse, ne serait pas rétabli à temps.

A côté de ce corps d'observation, qui défendait surtout Varsovie, un corps de 5 à 6,000 Polonais, presque tous cavaliers, sous les ordres de Zayonscheck, s'étendait de façon à le tenir en communication constante avec les autres corps cantonnés sur la Passarge.

Ces Polonais faisaient nominalement partie du corps de Mortier, fort, indépendamment de cela, de 7 à 8,000 hommes en marche pour revenir de Dantzig sur la Vistule; mais les véritables forces actives et disponibles étaient les corps de Bernadotte, de Davout, de Soult, de Lannes, de Ney, la garde impériale et la réserve de cavalerie de Murat, présentant un effectif de 220,000 hommes, dont 150,000 présents sous les armes.

Ney, cantonné à Guttstadt, Wolfsdorf, Heiligenthal et Rosengart, avait sous ses ordres 25,000 hommes, dont 18,000 combattants; Davout, placé à la même hauteur, dans les environs d'Osterode et d'Allenstein, avait 30,000 hommes à mettre en ligne sur un effectif de 40,000. Et, pourtant, ce corps d'armée a toujours été cité comme un modèle de discipline et de tenue.

Soult, cantonné à Liebstadt, Pitthenen, Lormitten et Alkon, comptait 43,000 hommes sur le papier, mais il n'en pouvait mettre en bataille que 31,000.

Lannes, revenu de Dantzig, était à Marienburg avec 15,000 combattants sur 20,000 hommes, chiffre hors de proportion avec les autres, mais qui s'expliquait en ce que la plupart de ses *impedimenta* étaient restés en route pendant la marche et la contremarche, et n'étaient pas portés sur les états.

Bernadotte, qui tenait la Passarge, de Braunsberg à Spanden, avec son centre cantonné entre Dobern et Deutschendorf, commandait à 36,000 hommes, dont 27,000 propres à combattre.

Enfin, la garde impériale, réunie à Finkenstein, où était le quartier général de l'Empereur, comptait 9,000 hommes.

Et Murat, qui avait 30,000 cavaliers entre la basse Vistule et la Passarge, ne pouvait en mettre en ligne que 20,000.

Ce déchet peut paraître énorme, mais il n'est rien encore, comme chiffre, à côté des non-valeurs inhérentes aux expéditions lointaines, et qui s'accroissent au fur et à mesure que l'on marche en avant : ce sont d'excellents régiments qu'il faut immobiliser dans toutes les villes dont on est maître; des corps entiers dont il faut se flanquer pour assurer ses communications avec la base d'opérations.

C'est ainsi que Napoléon avait fait passer en Allemagne près de 400,000 hommes pour pouvoir en mettre en ligne 150,000; encore, malgré son génie, malgré les ardus travaux de concentration auxquels il se livrait, n'était-il pas assuré de les avoir à point nommé sous la main, sur le même champ de bataille.

Bien que plus près de chez elle, l'armée russe, où manquait la direction suprême, présentait encore plus de déchet que l'armée française. Ses effectifs sur le papier étaient extrêmement nombreux, ses unités de combat plus que rassurantes; seulement, il y avait des bataillons qui ne comptaient pas plus de cent hommes, et des escadrons de cavalerie où il n'y avait guère que quarante chevaux.

Du reste, indépendamment de l'armée d'observation du général Essen, elle ne pouvait mettre en ligne que 118,000 hommes répartis de la façon suivante :

L'avant-garde, commandée par le prince Bagration, cantonnée dans les environs de Launau, comptait 42 bataillons et 40 escadrons de cavalerie, c'est-à-dire 20,000 combattants (moitié de l'effectif).

Le centre était divisé en trois corps :

Celui que commandait personnellement le général Benningsen était aux environs d'Arensdorf et comptait 42 bataillons et 65 escadrons, soit 28,000 hommes;

Le corps du général Doctoroff, cantonné entre Neuhof et Wormditt, comprenait 30 bataillons, soit environ 10,000 hommes;

Et le corps du général Gortschakoff, comptant 8,000 hommes (12 bataillons et 35 escadrons), occupait la rive droite de l'Alle, à la hauteur de Launau.

L'aile droite, commandée par le général prussien Lestocq, était à Heiligenheil, Lilienthal et Mehlsack. Elle comptait 38 bataillons et 84 escadrons, soit 17,000 hommes.

L'aile gauche, cantonnée sur la rive droite de l'Alle, en face de Knopen, comptait 16,000 hommes sous les ordres du comte Tolstoï, et environ 6,000 cosaques (55 escadrons et 4 bataillons) commandés par l'hetman Platoff et cantonnés aux environs de Bergfried.

Quant à la réserve, qui était à Bessern, elle était sous le commandement du grand-duc Constantin et comprenait 28 bataillons et 28 escadrons, soit 13,000 hommes.

Avec ces forces, le général Benningsen pouvait résister un temps plus ou moins long à l'armée française, la fatiguer peut-être en refusant toujours une grande bataille, l'énerver même en l'éloignant constamment de sa base d'opérations; mais il ne devait pas songer à l'attaquer.

C'est pourtant ce qu'il fit. Et lui, qui n'avait pas essayé de bouger pendant le siège de Dantzig, il prit l'initiative, comptant surprendre Napoléon, et surtout contenter, par des succès prédits d'avance, l'empereur Alexandre, qui, sans vouloir rejoindre son armée, était venu jusqu'à Tilsitt pour suivre de plus près ses opérations.

Combat de Spanden.

Le plan de Benningsen était d'apparence assez habile; mais l'exécution ne répondit pas à la conception, par la raison que la conception manquait de point d'appui et que le général russe semblait n'avoir pas pensé que les Français, attaqués, se défendraient comme ils avaient coutume de le faire.

Le corps du maréchal Ney, établi sur la rive droite de la Passarge, à Guttstadt, semblait être quelque peu en l'air. Il l'était en effet, mais sa position en flèche était voulue, pour donner à l'ennemi la tentation de l'attaquer; or Napoléon était assez sûr des soldats de Ney, et principalement de leur chef, pour savoir que dans ce cas il effectuerait sans dommages sa retraite, préparée sur Deppen, où il donnerait la main aux autres corps d'armée.

Benningsen devait bien savoir que le maréchal Ney était capable de se défendre vigoureusement; mais il espérait le surprendre et l'accabler avec des forces tellement supérieures qu'il anéantirait ses 15,000 hommes sans leur donner le temps de se replier.

Pour cela, il devait le faire attaquer : de front, à Altkirch, par le prince Bagration; sur la gauche, à Wolfsdorf, par trois divisions et une nombreuse cavalerie, sous les ordres du général baron de Lacken, et, sur la droite, à Guttstadt, par une colonne qu'il commanderait lui-même, laquelle serait appuyée par la réserve du grand-duc Constantin et précédée des cosaques de Platoff, qui devaient chercher à couper le corps d'armée de Ney de celui de Davout.

C'était un développement de forces considérable. Pour masquer son projet, Benningsen en mit encore davantage en mouvement. Voulant empêcher Soult de venir au secours du maréchal Ney, il envoya le corps d'armée de Doctoroff s'emparer des ponts de Lomitten, et, pour occuper Bernadotte dans ses cantonnements, il donna l'ordre au général prussien Lestocq d'aller jeter un pont devant Braunsberg; enfin il envoya une forte colonne russo-prussienne, commandée par les généraux Kamenski et Rembow, s'emparer du pont de Spanden.

Toutes ces attaques eurent lieu simultanément le 5 juin, mais aucune ne réussit; de sorte que le plan si laborieusement combiné de Benningsen avorta misérablement et n'eut d'autre résultat que de fatiguer ses troupes et de lui faire perdre beaucoup de monde.

Commençons par l'affaire de Spanden, précédée, la veille, de la démonstration que Lestocq fit à la fois contre les postes de Pettelkau et de Zagern, près de Braunsberg, et qui n'eut aucun résultat, un seul bataillon du 96ᵉ de ligne ayant suffi à mettre en déroute, en les forçant à abandonner leurs matériaux, les pontonniers prussiens qui avaient tenté d'établir un pont. On se canonna presque toute la journée d'une rive à l'autre, et Lestocq se retira, ayant seulement occupé quelques bataillons français.

Dans le même temps (le 4), deux colonnes russes d'environ 3,000 hommes chacune, appuyées par une nombreuse cavalerie, se présentèrent par les routes de Mehlsack et de Wormditt devant la tête du pont de Spanden; elles se déployèrent aussitôt et, mettant en batterie dix pièces de canon et deux obusiers, ouvrirent un feu terrible sur les retranchements; il faut croire que la riposte fut encore plus vigoureuse, car elles ne s'y obstinèrent point et se retirèrent par les routes où elles étaient venues.

La véritable attaque était pour le lendemain, où les généraux Kamenski et Rembow amenèrent en avant de Spanden 12,000 hommes d'infanterie, 31 canons et 3,000 cavaliers.

Averti de cette agression par l'attaque de la veille et sachant déjà que les corps de Soult et de Ney étaient menacés, Bernadotte avait pris ses dispositions pour la défense. Il dirigea le général Lapisse avec 6 bataillons sur Deutschendorf, envoya la brigade Girard, composée du 94ᵉ et du 95ᵉ de ligne, sur les hauteurs entre Schlodien et Spanden, et laissa ce dernier poste à la garde du 63ᵉ de ligne.

Quant à la tête du pont, elle était défendue par le 27ᵉ léger, commandé par le général Frère, qui avait fait coucher tous ses hommes derrière les retranchements, en leur recommandant de ne tirer qu'à bout portant.

Bernadotte donna l'ordre aux deux brigades de la division Vialatte, restées en arrière, d'appuyer le régiment au besoin, et disposa le 17ᵉ de dragons de façon qu'il pût s'élancer sur la rive droite au premier mouvement de retraite de l'ennemi.

C'est en voulant poster lui-même cette cavalerie que le maréchal reçut au cou une blessure peu grave, puisque le projectile qui le frappa fit séton, mais qui l'obligea au repos et fit passer provisoirement le commandement de son corps d'armée entre les mains du général Victor.

Bernadotte toutefois ne voulut pas quitter le champ de bataille, et c'est le général Maison, son chef d'état-major, qui dirigea l'action; il n'y avait d'ailleurs qu'à se défendre, et nos soldats, surexcités par la blessure de leur général en chef, se défendirent comme des lions.

Sept fois Russes et Prussiens donnèrent l'assaut, en masses considérables, à la petite redoute qui défendait le pont de Spanden; sept fois ils furent repoussés par la fusillade enragée des soldats du 27ᵉ léger, qui ne commençaient à tirer que lorsqu'ils voyaient l'ennemi au pied du retranchement.

Plus de 1,200 hommes ayant ainsi été tués ou blessés à bout portant, les ennemis ne renouvelèrent pas l'attaque et se retirèrent, d'abord sans trop de désordre, puis avec une précipitation qu'expliquent les charges du 17ᵉ régiment de dragons qui, débouchant au galop par la tête de pont, firent de terribles brèches dans les queues des colonnes russes, reconduites ainsi jusqu'à Wuhsen.

Combat de Lomitten.

Nos pertes à Spanden avaient été à peu près insignifiantes, nos soldats se battant toujours à couvert; celles du combat de Lomitten furent plus sérieuses, sans cependant dépasser quelques centaines d'hommes en tués et blessés; il est vrai que les Russes laissèrent 1,100 morts et 2,300 blessés sur le champ de bataille, indépendamment de quelques centaines de prisonniers.

L'affaire fut très chaude, mais le résultat ne fut pas douteux une minute, grâce aux précautions prises pour la défense et à la bravoure des 47e, 56e de ligne et du 24e léger, qui firent des prodiges de valeur au pont de Lomitten sous les ordres des généraux de brigade Ferey et Viviès.

Doctoroff, qui commandait les Russes, lutta jusqu'à cinq heures du soir; mais ne pouvant même réussir à déloger complètement les tirailleurs qui s'étaient jetés dans les abatis précédant la redoute qui commandait la tête du pont, il se décida à la retraite et remonta la Passarge pour se rapprocher du gros de l'armée russe.

Magnifique retraite de Ney.

Dans l'esprit du général Benningsen, ces deux combats, qui ne réussirent pas mieux l'un que l'autre, n'étaient que des diversions destinées à lui permettre d'attaquer plus vigoureusement, et de battre plus facilement le 6e corps, en l'isolant des autres; mais il comptait sans la prévoyance du maréchal Ney, dont il devait bien connaître cependant la valeur, puisque toute l'armée lui avait déjà donné le surnom de *brave des braves*, surnom qu'il justifia toute sa vie.

L'avant-garde du maréchal Ney occupait la forêt qui s'étend entre Guttstadt et Launau. Sa première division, commandée par le général Marchand, était campée, mais non plus cantonnée (ce qui permit des mouvements plus rapides) à Kassen, à Altkirch, à Neuendorf et à Guttstadt; sa deuxième division, aux ordres du général Bisson, était plus en arrière et tenait avec Glottau, qui était son point de ralliement, les villages de Knopen, de Queetz, de Lingnau et de Scharnick.

Le 5 juin, au point du jour, le prince Bagration, qui commandait l'avant-garde russe, sans se préoccuper des petits postes français échelonnés dans la forêt de Launau qu'il laissait sur ses derrières, se porta résolument sur la position d'Altkirch, défendue seulement alors par le 39e de ligne, et l'attaqua avec toutes ses forces; mais n'étant pas soutenu sur sa droite par le corps du général Sacken, parti trop tard de Petersdorf pour pouvoir opérer conjointement avec lui, arrêté d'ailleurs par la fusillade nourrie du 39e de ligne, qui, tirant à couvert, jonchait de morts le pied du retranchement, il laissa au général Marchand le temps de respirer et de concentrer toute sa division à Guttstadt, où accourut bientôt le maréchal Ney.

Les Français entraînés par l'ardeur du succès. (Page 263).

Attaqué à la fois sur ce point et du côté de Wolfsdorf, avec une égale vigueur, mais fort heureusement sans ensemble, et menacé dans ses communications par les 6,000 cosaques de Platoff, qui se répandaient dans la plaine pour le couper de Davout, Ney, qui savait avoir affaire à une véritable armée, prit le parti de rétrograder sur Deppen, tout en disputant le terrain pied à pied.

Réunissant ses deux divisions, sa cavalerie, son artillerie, ses bagages, et repliant tous ses avant-postes, sauf deux ou trois cents hommes, qui, tournés de la forêt de Launau, furent faits prisonniers, il se mit paisiblement en route par Queetz et Ankendorf, laissant à son arrière-garde, dont les bataillons se déployaient alternativement pour faire des feux de deux lignes, ou se formaient en carrés, pour arrêter l'ennemi quand il se montrait trop pressant, le soin de contenir les 112 bataillons et les 213 escadrons qui le poursuivaient, appuyés en outre par le gros de l'armée et par les réserves du grand-duc Constantin.

Cette retraite majestueuse de 15,000 Français impassibles devant 60,000 Russes, ceux-ci d'autant plus ardents à la poursuite qu'ils se croyaient sûrs de la victoire, est peut-être un des plus beaux faits d'armes du maréchal Ney, qui a prouvé là qu'il ne savait pas qu'être impétueux; elle fit, d'ailleurs, l'admiration des ennemis eux-mêmes et l'historien Plotho la racontait ainsi quelques jours après :

« Les Français, maîtres accomplis dans l'art de la guerre, résolurent en ce jour ce problème si difficile d'entreprendre, sous les yeux d'un ennemi de beaucoup plus fort et les pressant vivement, une retraite devenue indispensable, et de la rendre le moins préjudiciable possible. Ils s'en tirèrent avec le plus grand savoir-faire.

» Le calme et l'ordre, et en même temps la rapidité qu'apporta le corps de Ney à se rassembler au signal de trois coups de canon ; le sang-froid et la circonspection attentive qu'il mit à exécuter sa retraite, pendant laquelle il opposa une résistance renouvelée à chaque pas, et sut tirer parti, en maître, de chaque position, tout cela prouva le talent du capitaine qui commandait les Français, et l'habitude de la guerre portée chez eux à la perfection, aussi bien que l'auraient pu faire les plus belles dispositions et la plus savante exécution d'une opération offensive.

» Pour attaquer avec succès, comme pour opposer une résistance régulière dans une retraite, il faut de rares qualités, il faut des vertus difficiles à pratiquer, et pourtant il est nécessaire que tout cela soit réuni dans le même personnage pour former le grand capitaine. »

Pas une faute ne fut commise dans cette magnifique retraite. Les soldats de Ney furent admirables d'intrépidité et de sang-froid et aussi calmes, après avoir reçu cinquante fois sur leurs baïonnettes les nuées de la cavalerie ennemie, que s'ils revenaient de la parade.

Le maréchal, se voyant si bien secondé, mit de l'amour-propre dans sa défense, et pour montrer aux Russes qu'il ne les craignait pas et qu'il agissait d'après un plan arrêté d'avance, il s'arrêta vers trois heures du soir (bien qu'il n'eût plus que deux lieues à faire pour gagner Deppen) entre Ankendorf et Heiligenthal, dans une position qu'il jugeait facilement défendable, et où d'ailleurs il ne fut pas attaqué, car les Russes, plus fatigués que nos soldats de leurs attaques sans cesse repoussées, s'étaient arrêtés aussi, pour recueillir leurs blessés dont le nombre dépassait deux mille et enterrer les 900 hommes qui leur avaient été tués par les Français.

Ce campement au milieu d'une retraite si périlleuse était imprudent, car la nuit qu'allait y passer Ney allait permettre au gros de l'armée russe de rattraper son avant-garde et d'augmenter ainsi très sensiblement le nombre des assaillants du lendemain, mais il était hardi et bien français. Du reste, il avait son utilité : il permettait au maréchal Ney de laisser reposer ceux de ses soldats qui avaient combattu constamment, en marchant pour ainsi dire à reculons pendant trois lieues de chemin, ensuite d'évacuer à l'avance sur Deppen et au delà, ses bagages et ses blessés au nombre de cinq ou six cents, et de prendre de nouvelles dispositions de combat de sorte que toutes ses troupes concourussent successivement et alternativement au salut commun.

Pour obtenir ce résultat, il disposa son corps d'armée par brigades en échelons qui se débordaient les uns les autres et fit exécuter ces mouvements sans se presser, sous les yeux de l'ennemi prêt à se lancer à sa poursuite.

Il avait alors immédiatement sur les bras, sans compter la seconde ligne, 30,000 hommes d'infanterie et 15,000 cavaliers, mais ce nombre l'inquiétait peu, car débarrassé de tous ses impedimenta, il n'avait avec lui que des combattants et il savait qu'ils suivraient l'ordre de bataille qu'il avait prescrit.

Pendant que le gros marchait tout doucement, pour être toujours prêt au besoin à faire un retour offensif sans se faire attendre, la brigade qui formait le dernier échelon faisait face à l'ennemi et le contenait, soit par sa fusillade d'autant plus terrible qu'elle pouvait tirer jusqu'à épuisement de ses munitions, soit en se formant en carrés pour arrêter sa cavalerie, soit même en chargeant à la baïonnette quand les fantassins étaient trop pressants ; après quoi, elle se repliait et gagnait la tête de la colonne pour se ravitailler de cartouches, laissant à la brigade qui formait le second échelon le soin de continuer l'opération défensive ; celle-ci épuisait à son tour ses munitions, puis se retirait, laissant le troisième échelon aux prises avec l'ennemi, jusqu'au moment où il cédait la place, et ainsi de suite sans trêve ni relâche, car les Russes, qui avaient avec eux 15,000, cavaliers chargeaient pour ainsi dire sans discontinuer.

Avec des hommes moins solides et sur un terrain plat et découvert, le corps d'armée de Ney aurait infailliblement fini par se laisser entamer, et l'on ne saurait prévoir ce qu'il serait advenu si les cavaleries russe et prussienne avaient pu sabrer parmi ses bataillons ; mais le maréchal connaissait ses soldats, et comme il comptait sur eux, il avait le temps d'étudier le terrain et de leur choisir des positions où ils pussent se défendre un peu à couvert.

Néanmoins, on ne marchait pas vite et il y avait déjà près de trois heures qu'on reculait ainsi pas à pas, quand une faute de l'ennemi permit au maréchal Ney de brusquer le dénouement.

Arrivés près d'un petit lac qui coupait leur ligne de bataille, — car ils marchaient sur un front très développé pour être toujours prêts à fondre sur un régiment qui faiblirait, — les Russes se divisèrent pour passer les uns à droite, les autres à gauche du lac. Ney, voyant d'un coup d'œil tout le parti qu'il pourrait tirer de cette circonstance, attendit que les deux colonnes fussent assez éloignées l'une de l'autre pour ne plus pouvoir se secourir; puis il s'arrêta, reprit l'offensive et, par une charge vigoureuse, refoula la colonne qui était la plus proche de lui, et cela assez loin pour avoir le temps de gagner le pont de Deppen avant que l'autre colonne, qui cheminait sur l'autre rive du lac, pût l'inquiéter.

Quand sa dernière brigade fut à l'abri derrière la tête du pont, il disposa en avant de la Passarge toute son artillerie, dont la mitraille tint en respect les Russes qui renouvelèrent là les attaques infructueuses des ponts de Spanden et de Lomitten, en perdant encore beaucoup de monde.

Tels furent les résultats des magnifiques projets du général Benningsen; en effet, il avait mis toute son armée en mouvement pour s'approcher de la Passarge, mais il n'avait pu la traverser nulle part, et maintenant il ne pouvait plus songer à prendre l'offensive, puisque l'armée française avait eu le temps de se concentrer.

Combat de Guttstadt.

Prévenu immédiatement des attaques de Spanden, de Lomitten et de Guttstadt, Napoléon, qui était à son quartier général de Finkenstein, n'avait pas été surpris par l'entrée en campagne des Russes. Ses ordres avaient été donnés pour le 10, il n'avait qu'à en prescrire l'exécution immédiate sans les modifier sensiblement, car il avait toujours eu l'intention d'opérer sa concentration à l'abri de la Passarge, et Saalfeld était le point qu'il avait choisi.

Après avoir complimenté Ney sur sa décision et son sang-froid dans la conduite de ses troupes, il lui enjoignit, s'il ne pouvait défendre la Passarge à Deppen, de se replier, à travers le labyrinthe des petits lacs, jusqu'à Saalfeld en passant par Liebermühl, ordonnant également au maréchal Davout, qui l'avait déjà fait de son propre mouvement, de se réunir par Osterode à la gauche du maréchal Ney. A Soult et à Victor, qui commandait le corps de Bernadotte, il prescrivit de continuer à dé fendre les ponts de la Passarge, sauf au cas où la résistance deviendrait totalement impossible, à se replier sur Saalfeld, le premier par Mohrungen, le second par Preuss-Holland.

A Saalfeld, où la garde fut dirigée immédiatement, durent se réunir aussi les lieutenants de Napoléon qui étaient en arrière de ce point. Lannes reçut l'ordre de s'y rendre de Marienbourg par Christbourg; de même que Mortier, qui était à Dirschau; la cavalerie légère s'y rendrait d'Elbing, où elle devait être préalablement réunie, comme la grosse cavalerie à Christbourg. Quant aux trois divisions de dragons, elles avaient ordre de se rallier à Osterode, autour du corps du maréchal Davout.

Ainsi, Napoléon pouvait avoir en quarante-huit heures plus de 150,000 hommes entre Saalfeld et Osterode, mais il ne savait pas encore exactement ce que l'ennemi voulait et c'est pour arriver à le découvrir qu'il vint trouver le maréchal Ney à Deppen.

Benningsen n'avait pas l'air de bien savoir non plus ce qu'il voulait, car sauf l'avant-garde de Bagration qui était restée à peu de distance sur la rive droite de la Passarge, toute son armée avait rétrogradé sur Queetz, et lui-même avait établi son quartier général à Glottau.

Quand il apprit, dans la journée du 8, que les corps français déjà à Saalfeld s'avançaient sur Deppen, il se résolut définitivement à la retraite et donna l'ordre à toutes ses divisions de descendre l'Alle et de se diriger sur la position d'Heilsberg, qu'il avait par avance aussi fortement retranchée qu'on peut le faire avec des ouvrages de campagne. Le soir même, toute l'armée était en marche dans cette direction, y compris le corps de Bagration, devenu l'arrière-garde et qui se composait de 15,000 hommes d'infanterie et de 9,000 à 10,000 cavaliers.

Le matin du 9, Napoléon fit passer la Passarge aux troupes qu'il avait déjà sous la main, c'est-à-dire près de 60,000 hommes, et les porta sur Guttstadt; son avant-garde se heurta naturellement aux soldats de Bagration qui avaient passé la nuit à Glottau, et qui essayèrent de l'arrêter pour donner le temps au gros de l'armée de prendre de l'avance.

Murat, qui reçut l'ordre de déposter les forces ennemies, s'y employa avec autant d'habileté que d'audace. Sans attendre l'infanterie qui aurait pu l'appuyer, il fit charger les brigades de cavalerie légère des généraux Pajol, Bruyères et Durosnel. Celles-ci qui traversèrent l'Alle à gué ou à la nage et jetèrent un grand désordre dans la colonne d'infanterie, bien que protégée par les cosaques de l'hetman Platoff. Ces irréguliers firent toutefois meilleure contenance que de coutume et se serrèrent assez courageusement contre les fantassins russes; mais ils finirent par perdre leur sang-froid sous le feu de notre artillerie légère, et ils n'étaient déjà plus là quand le général Nansouty entra en ligne avec sa division de grosse cavalerie, composée de carabiniers et de cuirassiers. Les charges réitérées de ces soldats de fer triomphèrent de tous les efforts de l'infanterie russe et infligèrent des pertes considérables aux régiments de cavalerie de la garde impériale russe, qui voulurent prendre part au combat.

Bagration, déjà mis dans l'impossibilité de se défendre, n'attendit pas l'arrivée de l'infanterie française et battit prudemment en retraite sur Reichenberg et Liebenberg, où il s'arrêta pour prendre position, comptant y être renforcé par la colonne du général Kamenski, lequel devait passer par Guttstadt pour rejoindre le gros de l'armée de Benningsen.

Mais cette colonne s'était heurtée, aux environs de Wolfsdorf, au corps du maréchal Soult qui avait franchi la Passarge à Elditten, et la division Saint-Hilaire, appuyée par la cavalerie du général Latour-Maubourg, l'avait arrêtée dans sa marche et reconduite brutalement jusqu'à Wormditt, en lui tuant cinq à six cents hommes et en lui faisant beaucoup de prisonniers.

On en fit bien davantage encore à Guttstadt, où Murat entra au galop à huit heures du soir; mais la plus grande partie des troupes qui occupaient la ville se sauvèrent sans combattre.

Bataille de Heilsberg.

On peut donner à ce combat, bien qu'il ne soit qu'un des préliminaires de Friedland, le nom de bataille; car toute l'armée russe, forte de 90,000 hommes, y prit part. Il est vrai que 30,000 Français seulement y furent engagés; ce qui ne prouve point la prudence des maréchaux Murat et Soult, lesquels devaient d'autant mieux attendre l'arrivée des autres corps et les ordres de l'Empereur avant d'attaquer, que cette bataille n'était point du tout indispensable et que Napoléon l'aurait très facilement évitée en avançant en forces sur la droite de l'armée russe pour la couper de Kœnigsberg et de la basse Pregel, ce qui aurait inévitablement obligé Benningsen, qui le fit d'ailleurs le surlendemain, à abandonner sa position, très forte, il est vrai, mais où il n'aurait rien eu à défendre.

Mais la bataille ayant eu lieu, il faut la raconter. Si l'on y constate des imprudences, on y trouvera aussi des enseignements; et, si elle n'eut point de résultats directs, elle ne fut point sans gloire.

Sauf le corps de Bernadotte, qui demeura dans ses positions de la basse Passarge, en attendant l'ordre de se porter au delà de cette rivière, selon ce que ferait l'ennemi; sauf celui de Ney, qui resta quelques jours à Guttstadt pour se remettre des fatigues de sa merveilleuse retraite, toute l'armée française était en marche : Davout sur Altkirch, pour menacer, avec le secours de Mortier qui le suivait, les communications des Russes avec Kœnigsberg, qui renfermait les dernières ressources de la monarchie prussienne; Soult, précédé immédiatement de la cavalerie de Murat et suivi à une journée de marche par le corps de Lannes, sur Heilsberg, où se dirigeait aussi Napoléon avec sa garde, car il voulait reconnaître par lui-même la position de l'ennemi dans le camp retranché.

« Heilsberg, dit Thiers, qui a si bien décrit tous ces champs de bataille qu'il a pour la plupart étudiés *de visu*, Heilsberg est située sur des hauteurs entre lesquelles circule la rivière de l'Alle. De nombreuses redoutes avaient été construites sur les hauteurs. L'armée russe les occupait, partagée entre les deux rives de l'Alle. Cet inconvénient assez grand était racheté par quatre ponts établis dans des rentrants bien abrités et permettant de porter des troupes d'un bord à l'autre.

» D'après toutes les indications, les Français devant arriver par la rive gauche de l'Alle, on avait accumulé de ce côté la plus grande partie des troupes russes. Le général Benningsen n'avait laissé dans les redoutes de la rive droite que la garde impériale et la division Bagration, fatiguée des combats livrés les jours précédents; des batteries avaient été disposées pour tirer d'un bord à l'autre. Sur la rive gauche, par laquelle nous devions arriver, se voyait le gros de l'armée ennemie sous la protection de trois redoutes hérissées d'artillerie. Le général Kamenski, qui avait rejoint dans la journée du 10, défendait ces redoutes. Derrière, et un peu au-dessus, l'infanterie russe était rangée sur deux lignes. Les premier et troisième bataillons de chaque régiment, entièrement déployés, composaient la première ligne. Le second bataillon, formé en colonne derrière les premiers et dans leurs intervalles, composait la seconde. Douze bataillons placés un peu plus loin étaient destinés à servir de réserve.

» Sur le prolongement de cette ligne de bataille, et faisant un crochet à droite, en arrière, se trouvait la cavalerie russe renforcée par la cavalerie prussienne, et présentant une masse d'escadrons au delà de toutes les proportions ordinaires. Plus à droite, enfin, vers Konegen, les cosaques étaient en observation. Des détachements d'infanterie légère occupaient quelques bouquets de bois, semés çà et là, en avant de la position.

» Les Français arrivant sur Heilsberg avaient donc à essuyer, en flanc le feu des redoutes de la rive droite, de front le feu des redoutes de la rive gauche, plus les attaques d'une infanterie nombreuse et les charges d'une cavalerie plus nombreuse encore. Mais entraînés par l'ardeur du succès, persuadés que l'ennemi ne songeait qu'à s'enfuir, et pressés de lui arracher quelques trophées avant qu'il eût le temps de s'échapper, ils ne tenaient compte ni du nombre ni des positions. Cet esprit était commun aux soldats comme aux généraux. Napoléon n'étant pas encore là pour contenir leur ardeur, le prince Murat et le maréchal Soult, en débouchant sur Heilsberg, abordèrent les Russes avant d'être suivis par le reste de l'armée. »

Il fallait d'abord s'emparer du défilé de Bewerniken pour pouvoir se déployer dans la plaine. Ce défilé était gardé en avant par la division russe du général Barasdin, qui fut renforcée presque immédiatement par onze bataillons d'infanterie et quinze escadrons de cavalerie amenés par le général Lwoff.

Ce renfort ne suffisant pas, puisque les Russes se repliaient vivement devant la cavalerie de Murat, le général Benningsen porta hâtivement le prince Bagration de la rive droite de l'Alle sur la rive gauche, et le fit appuyer par vingt-cinq escadrons aux ordres du général Ouvaroff.

Ces dispositions un peu tardives n'empêchèrent pas Soult de forcer le défilé, et, sitôt qu'il en fut maître, il mit en batterie trente-six pièces de canon qui en défendirent les approches et lui permirent de se déployer. La division Carra-Saint-Cyr, qui entra la première en ligne, en colonnes par brigades, culbuta l'infanterie russe de Bagration au delà du ravin qui descend à l'Alle du village de Lawden; mais cela ne se fit pas tout d'un coup, et pendant le combat, qui fut très acharné, deux divisions de la cavalerie de Murat, s'était portées à gauche où devait les appuyer la division Legrand, furent assaillies au moment où, non encore déployées, elles débouchaient du village de Langwicoe, par les vingt-cinq escadrons du général Ouvaroff, qui les mirent pour un moment en désordre.

Mais elles se reformèrent vivement en arrière, prirent à leur tour l'offensive, et chargèrent si vigoureusement, que toute la cavalerie russe tourna bride en abandonnant deux de ses canons.

Menacé sur son flanc et sur ses derrières, Bagration ordonna alors un mouvement rétrograde, dont Carra-Saint-Cyr profita pour faire une attaque à fond, qui réussit d'ailleurs très bien puisque les deux premières lignes russes furent enfoncées et qu'une forte colonne fut presque entièrement détruite par les 4ᵉ, 24ᵉ et 28ᵉ de ligne.

Le reste du corps de Bagration allait peut-être éprouver le même sort, tant l'élan des Français était terrible, malgré la canonnade de face et de flanc que dirigeait sur eux l'artillerie des redoutes, si Benningsen n'avait envoyé à son secours une forte colonne de cavalerie chargée de protéger sa retraite : la moitié de cette cavalerie fut arrêtée en route par le feu d'une batterie française établie en arrière de Landin; l'autre partie, commandée par le général Koring, essaya de faire tête à la cavalerie de Murat, pour faciliter à l'infanterie en retraite le passage du dangereux défilé du Spinbach; celle-ci réussit en effet à franchir le ruisseau,

Les Russes s'étaient emparés du village. (Page 272.)

mais le général Koring trouva la mort au milieu de sa cavalerie qui, malgré sa résistance énergique, fut taillée en pièces par celle de Murat.

Cependant la division Carra-Saint-Cyr, qui avait beaucoup souffert de la canonnade ennemie, était à bout de forces; la division Saint-Hilaire, qui était en seconde ligne, vint la remplacer, et, traversant le ruisseau du Spinbach à la suite des Russes, les reconduisit la baïonnette aux reins jusqu'au pied des trois redoutes qui couvraient leur centre.

Au même moment, la division Legrand qui, opérant sur la gauche, avait refoulé tous les tirailleurs ennemis dispersés dans les bouquets de bois séparant les deux armées, arrivait de son côté au pied des redoutes. Le général Legrand lança le 26e léger sur celle qui était le plus près de lui. Ce brave régiment s'élança au pas de course; malgré les efforts des troupes du général Kamenski, il s'empara de la redoute et s'y établit après un combat acharné; toutefois, l'officier qui en commandait l'artillerie et avait eu le temps d'emmener ses canons, les mit en batterie à quelque distance et couvrit de mitraille le 26e léger, qui subit des pertes terribles sans pouvoir riposter

Il gardait cependant sa position et n'était point sans causer de l'inquiétude au général Benningsen, qui aurait eu ainsi sa ligne de bataille coupée en deux; aussi envoya-t-il le général Warnek avec le régiment de Kalouga et d'autres troupes pour déposter le 26e. Le combat fut terrible ; le général russe y fut tué, mais ses troupes réussirent à reprendre la redoute, et le 26e aurait eu de grandes difficultés à exécuter sa retraite, si le 55e de ligne, qui formait la gauche de la division Saint-Hilaire, n'était accouru à son aide. Ce régiment se jeta bravement au-devant d'une brigade russe qu'il aurait réussi à contenir s'il n'avait lui-même été chargé de flanc par un gros de cavalerie qui, défonçant sa ligne, le mit momentanément dans un grand désordre au cours duquel il perdit son colonel et son drapeau; mais le combat se rétablit promptement, et le 55e de ligne put rejoindre sa division avec le 26e léger, beaucoup plus éprouvé que lui.

Les divisions Saint-Hilaire et Legrand se donnaient alors la main et menaçaient de plus en plus les trois redoutes dont elles n'étaient pas très éloignées; c'est alors que Benningsen, ne voulant pas les laisser approcher davantage, lança sur elles sa nombreuse cavalerie, qui les attaqua dans tous les sens.

Soult ordonna aussitôt la formation en carrés par régiments; cette manœuvre divisa singulièrement l'attaque et paralysa les efforts des cavaliers russes, qui partout furent reçus avec un admirable sang-froid sur les baïonnettes de nos soldats, dont aucun carré ne fut entamé.

Cette résistance permit aussi à Murat de former ses escadrons et de charger à son tour la cavalerie russe; pendant une heure ce fut une mêlée effroyable, et d'autant plus terrible que le canon ne cessant de tonner tirait parfois sur les amis en même temps que sur les ennemis; mais les Français voulaient vaincre, et les Russes, qui avaient l'avantage du nombre et de la position, ne voulant pas être vaincus, on n'y regardait pas de si près.

Malgré l'intrépidité de ses soldats, il n'est pas douteux que le maréchal Soult eût été cruellement puni de son imprudence, si l'arrivée sur le champ de bataille du général Savary avec les fusiliers de la jeune garde, que Napoléon avait envoyés hâtivement au bruit du canon, n'avait permis à ses divisions de respirer un peu et d'espérer encore la victoire.

Savary prit position entre Saint-Hilaire et Legrand et marcha de l'avant pour détourner sur lui les coups de l'ennemi; il eut bientôt sur les bras toute la cavalerie russe; mais, formé en carré, il repoussa vingt fois les charges des escadrons ennemis, qui étaient assez nombreux pour pouvoir se renouveler continuellement.

Cette défense contre la cavalerie russe, laquelle était harcelée d'ailleurs par celle de Murat, n'eût été qu'un jeu pour nos soldats, s'ils n'eussent été exposés toujours au feu des redoutes dont l'artillerie les décimait; c'est ainsi que le général Roussel, chef d'état-major de la garde impériale, eut la tête emportée par un boulet au milieu d'un régiment de fusiliers.

Ce combat commencé à midi se prolongea sans trêve jusqu'à la nuit, sans que le maréchal Soult eût perdu un pouce du terrain qu'il avait si chèrement conquis en face des retranchements de l'ennemi, et l'on ne se battait déjà plus lorsque les têtes de colonnes du maréchal Lannes apparurent à l'extrême droite.

Peu désireux de reprendre l'action si tard, avec des troupes qui avaient marché toute la journée, Lannes fit cependant tâter la position des Russes en lançant la division Verdier sur les retranchements de la rive droite, mais cette attaque étant restée sans résultat et lui ayant coûté beaucoup de monde, il résolut de ne rien entreprendre avant l'arrivée de l'Empereur, qui ne devait pas être bien loin.

Napoléon arriva en effet vers minuit. Le canon grondait encore bien que la bataille fût finie. Des deux côtés, sous une pluie persistante, on essayait de bivouaquer, on comptait ses morts, on recueillait les blessés qui étaient nombreux de part et d'autre, tant le combat avait été acharné. Du côté des Français, et les pertes portaient principalement sur le corps d'armée de Soult, 7,000 hommes étaient hors de combat dont 1,100 tués; les Russes avaient 3,000 morts, dont trois généraux-majors, et 9,000 blessés dont 8 généraux.

Cette boucherie humaine, qu'on pouvait éviter et que Napoléon eût certainement évitée s'il était arrivé plus tôt, fut inutile, car il n'y eut de victoire ni d'un côté ni de l'autre, et si Murat et Soult eurent la gloire de combattre sans désavantage, avec 30,000 hommes attaquant à découvert, contre 90,000 Russes admirablement retranchés, cette gloire fut trop chèrement payée par la perte du quart de leur effectif.

Aussi Napoléon, tout en félicitant ses troupes de leur énergie et de leur intrépidité, fut-il très réservé avec les chefs de corps, auxquels il reprocha fort justement leur extrême empressement à s'engager seuls, quand ils se savaient suivis par des forces imposantes ; néanmoins, comme il n'y avait pas eu échec, il ne manifesta pas trop ouvertement son mécontentement et bivouaqua au milieu de ses soldats, sur les positions conquises.

Le lendemain, au point du jour, il était prêt à recommencer la bataille, mais comme il voulait laisser à ses soldats le temps de relever les blessés qu'on n'avait pu secourir dans la nuit, il ne se pressait point d'attaquer, pensant bien que le déploiement de ses forces allait donner à réfléchir au général Benningsen.

En effet, Napoléon avait sous ses ordres une véritable armée. Au corps du maréchal Lannes qui était arrivé dans la nuit et qui avait pris la gauche de celui de Soult, était venu se joindre le corps du maréchal Davout, qui prenait position à la gauche de Lannes vers Grosserdorf, tandis que la garde impériale à pied et à cheval se déployait sur les hauteurs en arrière, à peu de distance du corps de Ney qui était en réserve à Launau.

Quand il eut constaté ces dispositions et surtout quand il eut apprécié ce qu'avait de menaçant pour lui la position du maréchal Davout, qui de Grosserdorf débordait son armée et pouvait même la couper de la route de Kœnigsberg, Benningsen ne voulut point courir les risques d'une seconde bataille, qu'il avait plus de chances de perdre que de gagner, qu'il ne pouvait gagner tout au moins sans s'amoindrir considérablement, et peut-être trop pour pouvoir par la suite se porter utilement au secours de Kœnigsberg.

En conséquence, il se résolut à la retraite et fit d'abord partir le général Kamenski, avec ordre de gagner promptement la route de Kœnigsberg, et de se joindre, pour la défendre, aux Prussiens du général Lestocq avec lesquels il avait déjà l'habitude de combattre, puis il se prépara à partir lui-même avec le reste de ses troupes, en faisant enlever de Heilsberg tout ce qu'il pouvait emmener avec lui.

Dans l'après-midi, il abandonna la rive gauche de l'Alle et se dirigea en quatre colonnes sur Bartenstein, qui fut sa première étape et où il avait eu longtemps son quartier général.

Napoléon, qui depuis le matin observait les positions de l'ennemi, fut d'autant plus enchanté de ces mouvements, qui ne lui échappèrent point malgré la canonnade que Benningsen faisait exécuter sur divers points pour les masquer, qu'il n'avait pas la moindre envie de livrer bataille sur un terrain pareil ; aussi laissa-t-il tranquillement les Russes se retirer, et le soir même, sans tirer un coup de fusil, il entra dans Heilsberg, où il trouva des magasins considérables et des milliers de blessés du combat de la veille, qu'il fit soigner aussi bien que ses propres soldats.

Bataille de Friedland.

L'évacuation du camp de Heilsberg n'était pas de nature à changer les plans de Napoléon, puisque Benningsen, en battant hâtivement en retraite, ne faisait que confirmer ses prévisions ; seulement, comme il voulait être avant lui à portée de Kœnigsberg, il modifia un peu sa marche, mais sans trop presser ses soldats ; il savait, en effet, que l'armée russe n'ayant pas d'autre appui que le cours de l'Alle, serait obligée d'en suivre les sinuosités, tandis que pouvant marcher sur l'autre rive par un chemin plus court, il devait la gagner de vitesse et être arrivé avant elle à Friedland, où elle essayerait évidemment de traverser l'Alle, puisque à cet endroit la rivière est plus rapprochée de Kœnigsberg que sur aucun autre point.

Faisant donc poursuivre mollement l'ennemi par le général Latour-Maubourg avec sa division de dragons et les brigades de hussards et de chasseurs des généraux Durosnel et Wathier, qui battirent les bords de la rivière, pour ne pas perdre la piste des Russes, il lança Murat avec le reste de la cavalerie dans la direction de Kœnigsberg, par la route qui passe à Landsberg, à Eylau et à Domnau, le faisant suivre par les corps d'armée de Soult et de Davout, qui allaient former ainsi l'aile gauche de l'armée et, selon les circonstances, se porter directement sur Kœnigsberg qui n'était qu'à deux étapes de Domnau, ou se rabattre sur le centre si l'on avait besoin d'eux pour se battre à Friedland, qui n'était qu'à une journée de marche de Domnau.

En même temps, Napoléon concentra sur Eylau, où il se rendit lui-même avec sa garde, après qu'il eut passé la journée du 12 à Heilsberg à prendre toutes ses dispositions, le corps de Lannes qu'il avait déjà sous la main, celui de Ney, qui était à Launau, le corps de Mortier, encore en arrière d'une marche, et celui de Bernadotte, commandé par Victor, dont la présence n'était plus nécessaire sur la basse Passarge, depuis que Lestocq et ses Prussiens s'étaient mis en retraite sur Kœnigsberg.

De cette façon, Napoléon pouvait attaquer la capitale de la Prusse orientale avec 60,000 hommes, tout en ayant encore à sa disposition 80,000 hommes pour livrer bataille à l'armée russe laquelle ne comptait guère maintenant plus de 70,000 combattants, mais qui marchait beaucoup plus vite qu'on n'aurait pu le croire, tant Benningsen, stimulé d'ailleurs par l'empereur Alexandre qui avait promis au roi de Prusse de défendre ce siège de ses dernières ressources, avait hâte de couvrir Kœnigsberg.

Apprenant cette marche accélérée, Napoléon porta sur Domnau toutes ses troupes parvenues à Eylau, et, donnant le commandement de tout ce qu'il avait de cavalerie au général Grouchy, le chargea d'éclairer les corps de Lannes et de Mortier qui marchaient en avant, avec ordre de tourner sur Friedland et de s'en emparer.

Il était déjà un peu tard, et Benningsen ayant gagné l'armée française de vitesse, le prince Galitzin, avec l'infanterie de la garde impériale, 33 escadrons de cavalerie dont 18 de la garde, et 20 pièces d'artillerie légère, entrait dans Friedland d'un côté, au moment même où le 9e régiment de hussards, envoyé en reconnaissance par Lannes, arrivé à Domnau quelques heures avant Mortier, y entrait par le côté opposé.

Naturellement ce régiment, fort maltraité par l'artillerie russe, fut ramené par les nombreux escadrons de Galitzin, mais il n'alla pas plus loin que le bois de Georgenau, poste situé entre Friedland et Domnau, où Lannes était déjà avec les chevau-légers et les cuirassiers saxons, qui prirent alors l'offensive contre les cavaliers russes et les obligèrent à rentrer dans Friedland.

Bien que la nuit fût déjà venue, Lannes porta ses divisions en avant, se promettant de refouler derrière l'Alle la cavalerie ennemie, et de barrer le passage par où espérait déboucher le gros de l'armée; mais quand, prenant l'avance pour reconnaître lui-même la position, il arriva à une heure du matin en vue de Friedland, il dut constater que la ville était déjà trop fortement occupée pour qu'il pût rien tenter contre elle et s'installer dans le village de Posthenen, d'où ses troupes délogèrent quelques détachements ennemis.

Quand le jour vint, c'est-à-dire deux heures plus tard, il s'aperçut que l'avant-garde russe, forte d'environ 30,000 hommes et augmentée d'heure en heure par les troupes qui arrivaient, se disposait en colonnes de marche, en avant de la ville.

Bien qu'il n'eût avec lui que les 7,000 hommes de la division Oudinot (grenadiers et voltigeurs) et les 3,000 cavaliers composant la division Grouchy, les Saxons et le 9e régiment de hussards, déjà fortement éprouvé, Lannes, sûr d'ailleurs d'être appuyé au bout de quelques heures, prit ses dispositions pour barrer le passage aux Russes. Le village de Posthenen, qu'il occupait et que traversait le ruisseau du Moulin, pour se rendre au vaste étang qui protégeait Friedland du côté du nord, était admirablement situé et propre au plan qu'il avait conçu, car un peu en arrière s'élevait un plateau dominant toute la plaine de l'Alle.

Lannes y établit son artillerie, dont il confia la garde à deux bataillons de grenadiers, puis il plaça dans le bois très touffu de Sortlack, qui, faisant saillie en avant, partageait en deux l'espace compris entre le village de Posthenen et les bords de la rivière, deux bataillons de voltigeurs qui, dispersés en tirailleurs, pouvaient arrêter longtemps des troupes peu nombreuses ou même hésitantes; d'autant que pour protéger cette ligne de tirailleurs, il tenait en réserve toute sa cavalerie, prêt à la jeter sur toute colonne qui voudrait essayer essayer de la déloger.

N'ayant pas assez de monde pour occuper le village d'Heinrichsdorf, par où passe la grande route de Friedland à Kœnigsberg, Lannes avait disséminé de ce côté tous les bataillons qui lui restaient, abrités par des bouquets de bois ou solidement établis sur des hauteurs qui précédaient le village.

Ainsi posté, il pouvait, en restant sur la défensive, arrêter les Russes jusqu'au moment où l'Empereur, qu'il avait fait prévenir en hâte, arriverait avec des renforts qui changeraient la face des choses; et il les arrêta si bien que Benningsen, voyant que ses colonnes de marche ne forceraient pas le passage, se décida à livrer une bataille. Il y était d'autant mieux entraîné qu'il savait n'avoir devant lui que le corps du maréchal Lannes et qu'il croyait tous les autres corps d'armée à plus d'une marche de distance.

A neuf heures, comme il avait tout son monde sous la main, sauf quelques divisions qui arriveraient un peu plus tard, il rangea son armée en bataille en avant de la ville.

« La petite ville de Friedland, est-il écrit dans l'ouvrage intitulé : *Guerres de la Révolution et de l'Empire*, et qui est parfaitement documenté, la petite ville de Friedland est bâtie sur la rive gauche de l'Alle, sur un monticule resserré à l'est et au sud dans un pli de cette rivière, et au nord par un vaste étang que forme un ruisseau appelé Mühlen-Flies (ruisseau du moulin). Friedland n'est réellement accessible qu'à l'ouest, par la route d'Eylau qui y aboutit directement entre l'Alle et l'étang; de tous les autres côtés, les avenues de cette ville sont fermées par des obstacles naturels.

» A mesure que les divisions de Benningsen arrivaient, elles passaient successivement à la rive gauche en défilant sur le pont de Friedland et sur deux ponts de pontons jetés au-dessus et au-dessous de la ville.

» Elles se formèrent en bataille dans la plaine en avant de la ville, à droite et à gauche du cours du Mühlen-Flies : l'aile gauche, à cheval sur la route d'Eylau, s'appuyait au ruisseau et à l'Alle au-dessous de Friedland et présentait un front de trois quarts de lieue; l'aile droite et le centre se formèrent de l'autre côté du Mühlen-Flies, s'étendant jusqu'à l'Alle, au nord de la ville, sur un front de plus d'une lieue. Quatre ponts volants furent jetés sur le Mühlen-Flies pour la communication des troupes des deux ailes.

» Toute l'infanterie était sur deux lignes : celle de la seconde ligne et un bataillon de chaque régiment de la première, en colonne; une réserve de toutes armes derrière le centre, et la cavalerie sur les ailes. L'infanterie était formée en six divisions, dont quatre à l'aile droite aux ordres du prince Gortschakoff, et deux à l'aile gauche sous le prince Bagration. Le général Ouvaroff et le prince Galitzin commandaient la cavalerie de l'aile droite le général Kollagriboff celle de l'aile gauche. Plusieurs régiments de chasseurs à pied, soutenus par deux bataillons et cinq escadrons postés à droite du village de Sortlack, à la rive gauche de l'Alle, durent occuper le bois du même nom.

» Douze bataillons et vingt escadrons restèrent en réserve sur la rive droite de l'Alle et à droite de la route de Gerdanen qui aboutit au pont de Friedland. La formation de l'armée russe, forte d'environ 60,000 combattants, ne fut terminée qu'à neuf heures du matin. »

Le combat, très vif dès trois heures du matin, et qui ne s'était ralenti qu'au moment où Benningsen s'était décidé à livrer bataille, reprit alors une nouvelle activité, laquelle aurait rendu la situation de Lannes très périlleuse, s'il n'avait été si bien secondé par Oudinot, qui fit faire des prodiges à ses hommes, et par Grouchy, qui se multiplia pour charger de tous les côtés à la fois avec sa cavalerie, les Saxons et le 9e de hussards.

Du reste, il avait reçu des renforts. Dès sept heures, la division Nansouty, forte de 3,500 cuirassiers et carabiniers, était arrivée; plus tard, la division Dupas, première du corps d'armée de Mortier, était entrée en ligne avec ses 6,000 fantassins, et en ce moment même la division Verdier, deuxième de son propre corps d'armée, débouchait sur le champ de bataille. Lannes commandait alors à 26 ou 27,000 hommes et pouvait se défendre contre les 60,000 soldats de Benningsen, qui se préparaient à l'attaquer vigoureusement.

Trop à l'étroit pour se déployer, le général russe maintint son front de bataille à huit cents mètres en avant et fit attaquer à la fois notre droite et notre gauche ainsi que le village de Posthenen.

Précédés d'une nuée de cosaques, les Russes s'étaient emparés du village de Heinrichsdorf, que Lannes n'avait pu faire occuper; mais comme il ne voulait pas se laisser tourner par sa gauche, il dirigea sur ce village la brigade de grenadiers du général Albert en donnant l'ordre au général Grouchy de l'enlever à tout prix.

Renforcé par les cuirassiers de Nansouty, Grouchy lança le général Milet et sa brigade de dragons sur Heinrichsdorf, pendant qu'il faisait tourner le village par la brigade Carrié. Ce mouvement eut un plein succès : Milet traversa le village, en expulsa les fantassins russes, qui abandonnèrent leurs canons et ne purent, dans leur fuite, éviter les sabres des cavaliers de Carrié.

Ceux-ci, aveuglés par la poursuite, n'aperçurent point les escadrons

La mêlée fut terrible aux portes de la ville. (Page 279.)

ennemis qui fondaient sur eux et furent ramenés ; mais les cuirassiers de Nansouty, survenant à leur tour, chargèrent les cavaliers russes, et les rejetèrent si vigoureusement sur la première ligne d'infanterie que celle-ci fut mise dans un désordre épouvantable et ne put même tirer un coup de fusil, ce qui permit à Nansouty de regagner sa place de bataille sans perte sérieuse.

Pendant ce temps on se battait fiévreusement sur notre droite, où le général Oudinot eut d'abord, avec quelques bataillons de ses grenadiers (la brigade Albert occupant le village d'Heinrichsdorf), à supporter seul les efforts de l'ennemi; mais lorsque la division Verdier fut entrée en ligne, Lannes lui en détacha une brigade, pendant qu'avec l'autre brigade et la division Dupas, il occupait Posthenen, d'où son artillerie faisait des ravages terribles dans les rangs pressés des Russes et couvrait de ses feux l'espace compris entre ce village et celui d'Heinrichsdorf.

Le combat fut des plus acharnés et pendant près de deux heures on se disputa avec fureur la lisière du bois de Sortlack et le village du même nom; cependant les Russes finirent par s'emparer du village, mais à chaque fois qu'ils essayaient de pénétrer dans le bois, où nos tirailleurs les accablaient d'un feu terrible, Lannes en faisait sortir la brigade de la division Verdier, qui les refoulait avec de grandes pertes.

Désespérant de réussir de ce côté et craignant que ces fantassins, qui surgissaient si à propos du bois de Sortlack, ne fissent partie de nouveaux corps d'armée arrivant tour à tour sur le champ de bataille en se dissimulant dans le fourré, le général Benningsen abandonna son attaque sur notre droite et en prépara une nouvelle, qu'il pensait devoir être plus efficace, dans la plaine d'Heinrichsdorf, où il avait plus de 12,000 cavaliers à opposer aux 5 ou 6,000 de Grouchy.

Celui-ci, se voyant menacé par cette masse énorme de cavalerie contre laquelle il ne pouvait lutter de vive force, compensa son infériorité numérique par des dispositions très habiles. Il déploya dans la plaine tous ses cuirassiers sur une seule ligne, et, sur le flanc de cette ligne, en arrière du village d'Heinrichsdorf, il plaça en réserve son artillerie légère, ses dragons et la brigade de carabiniers.

Ces mouvements exécutés, il se mit à la tête des cuirassiers et s'avança sur la cavalerie russe qui venait à lui en escadrons serrés, comme s'il eût voulu la charger, puis tout à coup paraissant avoir conscience de son infériorité, il fit volte-face et regagna au trot ses réserves.

La cavalerie russe, trompée par cette fausse retraite, le poursuivit à fond, servant ainsi merveilleusement ses projets, car elle dut présenter le flanc aux troupes qui, cachées derrière le village, ouvrirent sur elle un feu d'enfer. C'est alors que, revenant sur ses pas, avec ses cuirassiers, il chargea les Russes, déjà fort décontenancés, et, les forçant de repasser sous la grêle de mitraille qui partait du village d'Heinrichsdorf, les jeta sur les dragons et les carabiniers; ceux-ci, les chargeant avec furie, achevèrent de les mettre en désordre et les obligèrent à une retraite précipitée.

Les combats de cavalerie n'étant jamais très meurtriers, les cavaliers russes, bien que diminués à chaque nouvelle tentative, renouvelèrent plusieurs fois leurs charges en masses, mais chaque fois aussi Grouchy recommença la même manœuvre en les attirant au delà d'Heinrichsdorf, pour les y faire prendre en queue et en flanc par ses dragons et ses carabiniers.

La plaine enfin nous resta, comme nous était resté le bois de Sortlack; mais malgré ces succès, qui paralysèrent l'action de Benningsen, et semblèrent lui faire perdre de vue son plan, puisqu'il laissa inutilement une partie de son infanterie exposée au feu de l'artillerie française, Lannes n'aurait pas pu tenir plus longtemps si l'arrivée de Napoléon, précédant un peu celle de tous ses corps d'armée, n'eût ranimé le courage des soldats, qui s'étaient battus presque sans interruption depuis trois heures du matin jusqu'à midi.

L'Empereur était rayonnant. Marchant plus vite que ses soldats, il avait traversé successivement sur sa route les longues files de la garde, du corps de Bernadotte et de celui de Ney, et à tous il avait dit : « C'est aujourd'hui le 14 juin, anniversaire de Marengo ; la journée sera heureuse pour nous. »

Il le répéta à Lannes, qui lui avait dépêché tous ses aides de camp l'un après l'autre, et commençait à s'inquiéter de ne pas le voir arriver, ainsi qu'à Oudinot qui accourait vers lui avec son cheval couvert de sang et ses habits percés de balles, pour lui dire : « Sire, hâtez-vous, mes grenadiers n'en peuvent plus, mais donnez-moi du renfort et je jetterai tous les Russes à l'eau. »

Jugeant d'un coup d'œil la situation désastreuse de l'armée russe adossée à la rivière, qui formait derrière elle une boucle comme pour mieux l'enserrer, Napoléon vit bien que la besogne serait facile, mais il voulait en tirer, avec le moins de pertes possible, le plus grand parti possible et si bien battre Benningsen qu'il ne pût avoir l'audace de s'attribuer encore la victoire.

Quelques lieutenants de l'Empereur, observant qu'on ne pouvait réunir toutes les troupes avant plusieurs heures et qu'il était déjà bien tard, proposèrent, puisque aussi bien l'ennemi, fatigué de ses insuccès, ne faisait plus aucune tentative, de remettre au lendemain pour livrer une bataille plus décisive.

— Non, non, répondit Napoléon, aujourd'hui même, tout de suite; on ne surprend pas deux fois l'ennemi en pareille faute : il faut en profiter.

Et tout de suite il arrêta son plan, que Thiers a résumé ainsi :

« Jeter les Russes dans l'Alle était le but que tout le monde, jusqu'au moindre soldat, assignait à la bataille. Mais il s'agissait de savoir comment on s'y prendrait pour assurer ce résultat et le rendre aussi grand que possible. Au fond de ce coude de l'Alle où l'armée russe était engouffrée, il y avait un point décisif à occuper : c'était la petite ville de Friedland elle-même, située à notre droite, entre le ruisseau du Moulin et l'Alle. C'est là que se trouvaient les quatre ponts, retraite unique de l'armée russe, et Napoléon se proposa d'y porter tout son effort. Il destina au corps de Ney la tâche difficile et glorieuse de s'enfoncer dans ce gouffre, d'enlever Friedland à tout prix, malgré la résistance désespérée que les Russes ne manqueraient pas de lui opposer, de leur arracher les ponts et de leur fermer ainsi toute voie de salut. Mais en même temps il résolut, pendant qu'il agirait vigoureusement par sa droite, de suspendre tout effort sur sa gauche, d'occuper de ce côté l'armée russe par un combat simulé, et de ne la pousser vivement à gauche que lorsque, les ponts étant enlevés à droite, on serait sûr, en la poussant, de la précipiter vers une retraite sans issue.

» Entouré de ses lieutenants, il leur expliqua, avec la force et la précision de langage qui lui étaient ordinaires, le rôle que chacun d'eux avait à jouer dans cette journée. Saisissant par le bras le maréchal Ney et lui montrant Friedland, les ponts, les Russes accumulés en avant :

» — Voilà le but, lui dit-il ; marchez-y sans regarder autour de vous; pénétrez dans cette masse épaisse, quoi qu'il puisse vous en coûter; entrez dans Friedland, prenez les ponts, et ne vous inquiétez pas de ce qui pourra se passer à droite, à gauche ou sur vos derrières. L'armée et moi sommes là pour y veiller.

» Ney, bouillant d'ardeur, tout fier de la redoutable tâche qui lui était assignée, partit au galop pour disposer ses troupes en avant du bois de Sortlack. Frappé de son attitude martiale, Napoléon, s'adressant au maréchal Mortier, lui dit : « Cet homme est un lion. »

Après avoir fait transcrire ses ordres sous sa dictée, afin que ses chefs de corps en eussent une copie; et après avoir fait promettre à chacun d'eux de ne pas commencer l'action avant que le signal de l'attaque n'eût été donné par la batterie de vingt canons établie au-dessus de Posthenen, Napoléon s'occupa de son ordre de bataille, mettant en position ses soldats au fur et à mesure qu'ils arrivaient.

Près du maréchal Ney, dont le corps d'armée formait l'extrême droite et avait pour réserve de cavalerie la division de dragons du général Latour-Maubourg, renforcée des cuirassiers hollandais, il plaça le corps d'armée du général Victor avec, en première ligne, la magnifique division Dupont, et, derrière, la division de dragons de la Houssaye, augmentée des cuirassiers saxons.

Au centre, en avant et un peu à gauche de Posthenen, il déploya sur deux lignes le corps d'armée du maréchal Lannes, à la gauche duquel s'établissait le corps du maréchal Mortier augmenté des jeunes fusiliers de la garde impériale et du régiment de la garde municipale de Paris, qui, avec un bataillon du 4e léger, avait remplacé dans le village d'Heinrichsdorf la brigade de grenadiers, celle-ci ayant rejoint Oudinot.

En avant du corps de Mortier, dont la division polonaise commandée par Dombrowski devait servir de soutien à l'artillerie, Grouchy reçut mission de défendre cette plaine d'Heinrichsdorf qu'il avait si bien balayée le matin, et réunit sous son commandement, avec ses dragons et les cuirassiers de Nansouty, la cavalerie légère des généraux Beaumont et Colbert.

Enfin, Napoléon établit sa garde en réserve sur le plateau situé derrière Posthenen, l'infanterie en trois colonnes serrées, la cavalerie sur deux lignes.

Et pendant tout ce déploiement, c'est à peine si l'on répondait aux salves d'artillerie que l'armée russe tirait par intervalles et comme pour manifester sa présence.

Benningsen, inquiet du silence de l'armée française, dont il ne pouvait suivre qu'imparfaitement les mouvements, mais dont il avait constaté l'accroissement successif, commença à se rendre compte de l'erreur dans laquelle il était le matin en croyant n'avoir affaire qu'au seul corps d'armée du maréchal Lannes, et surtout de la faute qu'il avait commise en acceptant la bataille dans une position que la boucle formée, derrière lui, par l'Alle, rendait si périlleuse.

Peut-être eût-il eu encore le temps d'essayer de se dérober en se mettant en retraite sur Wehlau, derrière la Pregel; mais peut-être aussi comprit-il que la catastrophe dont il était menacé n'en était pas moins inévitable, car il attendit les événements, ferme encore, mais si hésitant qu'il ne tenta rien pour les conjurer.

Napoléon, qui comptait sur la longueur des jours, ne se pressa point de faire cesser son anxiété. Sûr du succès final s'il utilisait les moyens qu'il avait entre les mains, il voulait non seulement, avant de commencer l'attaque, que toutes ses troupes fussent arrivées en ligne mais encore qu'elles eussent eu le temps de se reposer une heure et de renouveler leurs munitions; aussi était-il plus de cinq heures quand il fit donner le signal.

Aux salves de la batterie de Posthenen, l'artillerie de l'armée répondit sur toute la ligne, et Ney, qui depuis deux heures attendait impatiemment le moment d'agir, mit en mouvement son corps d'armée.

Débouchant du bois de Sortlack, il parut dans la plaine en échelons, la division Marchand s'avançant la première à droite, la division Bisson à gauche, précédées toutes les deux d'une nuée de tirailleurs qui rentraient dans le rang sitôt qu'on prenait contact.

Les troupes que Benningsen avait opposées à ce mouvement offensif, et qu'il avait renforcées précipitamment, reculèrent et abandonnèrent le village de Sortlack, si longtemps disputé le matin. Leur cavalerie, formée en arrière essaya d'arrêter la colonne française en chargeant à outrance la division Marchand; mais les dragons de Latour-Maubourg, suivis des cuirassiers hollandais, entrant à leur tour en ligne, poussèrent si vivement cette cavalerie qu'elle se jeta en désordre sur l'infanterie. De nouvelles charges de Latour-Maubourg firent reculer l'ennemi jusque sur les bords escarpés de l'Alle, et même au delà; car, d'après le rapport du maréchal Ney, près de 2,000 hommes se noyèrent dans la rivière ou gagnèrent l'autre bord à la nage.

Pouvant dès lors appuyer sa droite sur l'Alle, Ney ralentit sa marche et porta en avant la division Bisson, pour refouler les Russes dans l'espace restreint compris entre la rivière et le ruisseau du Moulin. Mais plus le champ de bataille se retrécissait, plus le feu de l'ennemi devenait terrible; et la division Bisson, en marchant vers l'étang derrière lequel était embusquée toute la garde impériale russe, se trouva en butte à la mitraille des batteries qui lui faisaient face et aux boulets de l'artillerie installée sur la rive droite de l'Alle. Elle supporta d'abord ces feux convergents avec un admirable sang-froid, soutenue et animée qu'elle était par la contenance héroïque de Ney, qui ne cessait de chevaucher au petit galop d'un bout de la ligne à l'autre pour encourager ses soldats; mais des files entières étant emportées par des décharges d'artillerie, et les vides qu'elles faisaient dans les rangs devenant de plus en plus difficiles à combler, ces braves gens finirent par se troubler.

Mettant à profit ce commencement d'hésitation, le général Kollogriboff s'élance au galop, à la tête de la cavalerie de la garde, et se jette sur la division Bisson qui reçoit courageusement le choc, mais se trouble de plus en plus, s'égrène de quelques bataillons qui restent en arrière et commence à céder du terrain.

A cette vue, le général Dupont, sans attendre aucun ordre, ébranle sa division qui n'était pas très éloignée, la porte au pas de course au-devant de l'infanterie de la garde impériale russe, pendant que Latour-Maubourg, avec ses dragons et ses cuirassiers, chargeait la cavalerie déjà dispersée pour sabrer nos soldats, et parvenait à la ramener dans ses lignes.

Le terrain étant déblayé, Dupont appuya sa gauche au ruisseau du Moulin, obligeant l'infanterie russe à s'arrêter et même à reculer quelque peu.

Ce secours, qui avait rempli d'espérance et de joie les soldats légèrement ébranlés du maréchal Ney, qui se remirent à marcher en avant sans s'inquiéter de la mitraille qui les décimait, ne parut pas suffisant à Napoléon qui voulait faire taire l'artillerie russe : aussi ordonna-t-il au général Sénarmont de réunir toutes les bouches à feu du corps d'armée du général Victor et de les porter en avant, sur le front des troupes de Ney.

Sénarmont part au grand trot avec 36 pièces bien attelées, y joint toutes celles du maréchal Ney, et, se mettant en batterie à deux cents mètres en avant de nos lignes, ouvre sur les Russes, confondus de tant d'audace, un feu terrible qui les fait reculer encore et réduit bientôt au silence leurs batteries de la rive droite.

Ce premier résultat obtenu, Sénarmont, suivi par l'infanterie de Ney, pousse en avant sa ligne d'artillerie et se remet plusieurs fois en batterie, jusqu'au moment où, pouvant tirer à mitraille, il fait d'affreux ravages dans les masses ennemies qui, reculant toujours dans le coude de l'Alle, s'y resserraient de plus en plus.

Benningsen, voyant arriver le moment critique qu'il n'avait pu conjurer par ses diversions sur notre gauche et au centre, essaye de le retarder par un effort désespéré qu'il demande à la garde impériale, à demi cachée dans le ravin où coule le ruisseau du Moulin.

Elle sort de son abri, et, la baïonnette en avant, s'élance contre la division Dupont. Celle-ci lui évite la moitié du chemin, se précipite sur elle et l'accule en désordre au ravin où elle n'a pas le temps de se reformer, car Dupont, traversant le ruisseau du Moulin, la poursuit l'épée dans les reins et la coupe en deux : une partie se retire en hâte sur les faubourgs de Friedland, tandis que le reste gagne la plaine au delà du ruisseau.

Dupont, suivi seulement d'une partie de sa division, culbute tout ce qu'il rencontre sur sa route, et, marchant toujours, se trouve bientôt sur les derrières de l'aile droite russe, aux prises avec notre gauche, en avant d'Heinrichsdorf; mais, comme les ordres qu'il avait reçus ne lui permettaient pas de pousser plus loin dans cette direction, il oblique à droite, et, tournant la petite ville de Friedland, s'y présente par la route de Kœnigsberg, au moment même où Ney, continuant à y marcher directement sous la protection de l'artillerie de Sénarmont, y entrait par la route d'Eylau.

La mêlée fut terrible d'un côté comme de l'autre aux portes de la ville, mais le résultat ne pouvait être douteux. Les Russes, pris entre deux feux, se précipitèrent sur les ponts afin de rallier la réserve postée depuis le commencement de l'action derrière l'Alle.

Quelques régiments passèrent; mais, les ponts ayant été rompus et incendiés, aussi bien par les Français que par les Russes, qui espéraient ainsi arrêter la poursuite des vainqueurs, beaucoup d'hommes se noyèrent en essayant de se sauver.

Quant au matériel de guerre, il resta au pouvoir du maréchal Ney, qui fut le héros du jour, bien que le général Dupont eût mérité de partager sa gloire. Il y en avait du reste pour tout le monde : pour Sénarmont et Latour-Maubourg le soir; pour Lannes, Oudinot et Grouchy le matin. Mais Ney fut véritablement héroïque dans cette seconde partie de la bataille, dont il décida le succès; il se surpassa lui-même, et Berthier était dans le vrai quand il écrivait, quelques jours après : « Vous ne pouvez pas vous faire une idée de la valeur brillante du maréchal Ney. C'est fabuleux à raconter; c'est comme au temps de la chevalerie. »

Bien que le succès fût assuré, la bataille n'était cependant pas finie. Napoléon, qui en avait suivi toutes les péripéties du plateau de Posthenen, pensa à en précipiter le dénouement. Sitôt qu'il se vit maître de Friedland, il envoya dire à Mortier qu'il était temps de marcher de l'avant, et à Lannes de ne plus se contenter de repousser l'ennemi, mais de prendre l'offensive.

En ce moment, l'aile droite des Russes, commandée par le général Gortschakoff, était engagée sur toute la ligne, mais portait son principal effort contre notre centre. Conception de général affolé, d'ailleurs; car le corps du maréchal Lannes, si fatigué qu'il fût des combats du matin, avait eu le temps de se reposer; de plus, il était appuyé à droite par deux des divisions du général Victor, qui n'avaient pas encore tiré un coup de fusil et qui ne brûlèrent pas une amorce de la journée, et en arrière par la garde impériale, qui resta également l'arme au pied.

Les divisions Oudinot et Verdier s'élancèrent vaillamment sur les Russes, qui ne purent résister à leur élan et commencèrent à rétrograder; Mortier, sur la gauche, secondant le mouvement en avant avec la division Dupas et les fusiliers de la jeune garde commandés par Savary et précédés par les cavaliers de Grouchy, toujours prêts à charger, toute la ligne russe abandonna peu à peu le terrain, et Gortschakoff s'aperçut alors qu'en fait d'armée russe, il n'y avait plus que son corps sur le champ de bataille, et que Friedland était au pouvoir de l'ennemi.

Espérant que le corps de Bagration, refoulé par les Français, avait pu se rallier à la réserve, il résolut de reprendre Friedland, afin de permettre à la réserve d'entrer en ligne et de lui ménager tout au moins un passage pour effectuer sa retraite.

Les têtes de colonnes, poussées vigoureusement et exaltées par le désespoir, réussirent à pénétrer dans la ville; mais les troupes de Ney et de Dupont les en firent bien vite sortir et les repoussèrent sur le reste de l'infanterie de Gortschakoff, qui se défendait avec intrépidité, mais qui, ne pouvant plus tenir, commençait, à la faveur de l'obscurité, à chercher son salut dans la fuite. Une forte colonne, celle qui formait l'extrême droite des Russes, parvint à s'échapper avec une portion de la cavalerie ralliée par le général Lambert. Un gué, découvert en face du village de Kloschenen, permit à des bataillons, des régiments, de s'éloigner du champ de bataille; mais le passage se fit avec tant de précipitation, et la poursuite des vainqueurs était si ardente, que des milliers d'hommes se noyèrent. Il en périt quantité d'autres de la même manière; car la plupart des soldats de Gortschakoff qui en avait fait des hommes merveilleusement disciplinés et d'une bravoure à toute épreuve, refusèrent de

L'entrevue des deux souverains fut longue et intime. (Page 284.)

se constituer prisonniers et préférèrent risquer la mort en essayant de traverser la rivière.

A dix heures et demie du soir, la victoire était complète sur la gauche comme sur la droite, et Napoléon, a écrit Thiers, n'en avait pas remporté une plus éclatante dans sa vaste carrière.

« Il avait pour trophées 80 bouches à feu, peu de prisonniers à la vérité, car les Russes avaient mieux aimé se noyer que de se rendre; mais 25,000 hommes tués, blessés ou noyés couvraient de leurs corps les deux rives de l'Alle. La rive droite, où beaucoup d'entre eux s'étaient traînés, présentait un spectacle de carnage presque aussi affreux que la rive gauche. Plusieurs colonnes de feu, s'élevant de Friedland et des villages voisins, jetaient une sinistre lueur sur ce lieu, théâtre de douleur pour les uns, de joie pour les autres. Nous n'avions pas à regretter, quant à nous, plus de 7 ou 8,000 hommes morts ou blessés. Sur près de 80,000 Français, 25,000 n'avaient pas tiré un coup de fusil. L'armée russe, affaiblie de 25,000 combattants, affaiblie en outre d'un grand nombre de soldats égarés, était désormais incapable de tenir la campagne.

» Napoléon avait dû ce beau triomphe autant à la conception générale de la campagne qu'au plan même de la bataille. En prenant depuis plusieurs mois la Passarge pour base, en s'assurant ainsi d'avance et dans tous les cas le moyen de séparer les Russes de Kœnigsberg, en marchant de Guttstadt à Friedland de manière à les déborder constamment, il les avait réduits à commettre une grave imprudence pour gagner Kœnigsberg, et avait mérité de la fortune l'heureux hasard de les rencontrer à Friedland, adossés à la rivière de l'Alle. Toujours disposant ses masses avec une rare habileté, il avait su, tandis qu'il envoyait soixante et quelques mille hommes sur Kœnigsberg, en présenter 80,000 à Friedland. Et, comme on vient de le voir, il n'en fallait pas autant pour accabler l'armée russe.

» Napoléon coucha sur le champ de bataille, entouré de ses soldats, joyeux cette fois autant qu'à Austerlitz et Iéna, criant: *Vive l'Empereur!* quoique n'ayant à manger qu'un morceau de pain porté dans leur sac, et se contentant de la plus noble des jouissances de la victoire, celle de la gloire. L'armée russe, coupée en deux, descendait l'Alle par une nuit claire et transparente, le désespoir dans l'âme quoiqu'elle eût rempli tous ses devoirs. Heureusement pour elle, Napoléon n'avait sous la main qu'une moitié de sa cavalerie. S'il avait eu l'autre moitié et Murat lui-même, le corps russe qui descendait l'Alle sous le général Lambert eût été pris en entier. »

Mais plus ou moins de prisonniers, — et l'on en fit encore beaucoup en poursuivant les débris de l'armée russe au delà de la Pregel et jusqu'aux bords du Niémen, — n'eussent rien changé au résultat final.

A la nouvelle du désastre de Friedland, les généraux Lestocq et Kamenski évacuèrent Kœnigsberg, non sans abandonner 3,000 prisonniers au corps d'armée de Davout, qui s'était mis à leur poursuite pendant que Soult prenait possession de la ville, dernière espérance du roi de Prusse, retiré alors à Meind, et y recueillait d'immenses ressources en approvisionnements de toutes sortes, tant dans les magasins que sur 300 gros navires encore chargés dans le port, ainsi que 160,000 fusils envoyés récemment par les Anglais et qui n'étaient pas encore débarqués.

Maître des dernières places du roi de Prusse, n'ayant plus devant lui qu'une armée démoralisée et incapable d'arrêter ses troupes qui, parties du camp de Boulogne à l'automne de 1805, avaient parcouru en vingt mois presque tout le continent et vaincu sur tous les champs de bataille, Napoléon eut la sagesse de s'arrêter au Niemen et d'écouter favorablement les propositions de paix que lui fit faire l'empereur Alexandre, lequel avait fini par comprendre — ce que la plupart de ses officiers disaient déjà depuis longtemps — qu'il ne se battait pas seulement pour le roi de Prusse, mais aussi et surtout pour le profit de l'Angleterre.

Napoléon fit connaître ce résultat à son armée, par la proclamation suivante, datée du camp impérial de Tilsitt, et qui fut mise à l'ordre du jour le 22 juin :

« Soldats,

» Le 5 juin, nous avons été attaqués dans nos cantonnements par l'armée russe; l'ennemi s'est mépris sur les causes de notre inactivité. Il s'est aperçu trop tard que notre repos était celui du lion : il se repent de l'avoir oublié.

» Dans les journées de Guttstadt, de Heilsberg, dans celle à jamais mémorable de Friedland, dans dix jours de campagne enfin, nous avons pris 120 pièces de canon, 7 drapeaux; tué, blessé ou fait prisonniers 60,000 Russes; enlevé à l'armée ennemie tous ses magasins, ses hôpitaux, ses ambulances; la place de Kœnigsberg, les 300 bâtiments qui étaient dans le port chargés de toutes sortes de munitions, 160,000 fusils que l'Angleterre envoyait pour armer nos ennemis.

» Des bords de la Vistule, nous sommes arrivés sur ceux du Niémen avec la rapidité de l'aigle. Vous célébrâtes à Austerlitz l'anniversaire du couronnement : vous avez cette année dignement célébré celui de la bataille de Marengo, qui mit fin à la guerre de la seconde coalition.

» Français ! vous avez été dignes de vous et de moi. Vous rentrerez en France couverts de lauriers et après avoir obtenu une paix glorieuse qui porte avec elle la garantie de sa durée. Il est temps que notre patrie vive en repos, à l'abri de la maligne influence de l'Angleterre. Mes bienfaits vous prouveront ma reconnaissance et toute l'étendue de l'amour que je vous porte. »

Paix de Tilsitt.

Les promesses contenues dans la fin de cette proclamation furent sans nul doute bien accueillies de tous et il est à présumer que l'annonce de la paix le fut tout autant, même par les plus enragés, qui, tout en ne doutant pas qu'on recommençât bientôt, n'étaient pas fâchés de prendre un congé entre deux campagnes.

Mais les vaincus avaient beaucoup plus de hâte d'ouvrir les négociations que leur vainqueur, et, pour montrer son empressement, probablement aussi par curiosité, mais assurément par déférence, l'empereur Alexandre fit demander une entrevue à Napoléon. Celui-ci y consentit avec joie, et fit installer au milieu du Niémen un radeau sur lequel fut élevé un pavillon tendu avec les plus riches étoffes que l'on avait pu se procurer dans la ville de Tilsitt.

Les deux empereurs, mettant le pied en même temps, le 25 juin, sur le radeau, s'y embrassèrent à la vue des deux armées qui, rangées de chaque côté du Niémen, acceptèrent cette accolade comme le premier gage de la paix ; elle s'imposait du reste.

La politique de l'Angleterre, qui avait, par ses intrigues, poussé l'Europe à s'entre-déchirer, en profitait pour écumer les mers, enlever les colonies de la Hollande et de l'Espagne et agrandir sa puissance commerciale, pendant que l'Autriche, la Prusse et la Russie perdaient leurs provinces, leurs armées et leur honneur militaire ; cette politique qui lui donnait du profit sans péril, puisqu'elle n'exposait que son argent et jamais ses soldats, avait fini par indisposer sérieusement ses alliés ; aussi la première parole que l'empereur Alexandre adressa à Napoléon sur le radeau du Niémen fut-elle : « Je hais les Anglais autant que vous. — En ce cas, répondit Napoléon, la paix est faite. »

L'entrevue des deux souverains fut longue et intime et fut suivie de plusieurs autres, où assistèrent quelquefois le roi et même la reine de Prusse ; elles n'avaient plus lieu toutefois sur le radeau du Niémen, mais dans la ville de Tilsitt, qui avait été neutralisée de façon que l'empereur Alexandre pût en occuper une moitié avec sa garde, pendant que Napoléon occuperait l'autre moitié.

Cette proximité permit aux deux empereurs, attirés l'un vers l'autre par une mutuelle estime, de se connaître, et même de s'aimer, mais elle ne fit pas avancer d'une heure le traité de paix, élaboré avec les lenteurs d'usage par les diplomates et qui ne fut signé que le 8 juillet 1807.

Par ce traité, et par égard plutôt pour l'empereur de Russie que pour les supplications et les coquetteries de la reine de Prusse, qui, par le jeu de ses charmes personnels et sa beauté, cherchait à faire oublier le rôle qu'elle avait joué dans cette nouvelle coalition, Napoléon rendait à la Prusse : la Poméranie, le Brandebourg, la Vieille-Prusse et la Silésie, moins Dantzig qui devint ville libre, et la forteresse de Magdebourg qui resta entre nos mains.

De la Hesse-Cassel et des possessions prussiennes à l'ouest de l'Elbe, il fit le royaume de Westphalie pour son frère Jérôme, tandis que des provinces polonaises de la Prusse il constituait le grand-duché de Varsovie, qu'il donna au roi de Saxe. Ces deux nouveaux États entraient dans la Confédération du Rhin, mais ne pouvaient procurer à la France qu'une alliance stérile ; il ne fallait pas compter non plus sur la Nouvelle-Prusse qui, réduite à cinq millions d'habitants, était encore trop puissante pour une ennemie, et ne l'était pas assez pour une alliée. D'ailleurs, on ne s'appuie pas sur des ruines et ce fut là le vice de la politique de Napoléon: du Rhin au Niémen, il n'avait laissé derrière lui que des débris d'États.

Le succès toujours renouvelé, toujours plus grand, avait ébloui cet esprit pourtant si solide. Aveuglé par son immense gloire, il ne songeait ni à la honte des vaincus, ni au désespoir qui les armerait encore contre lui.

L'Allemagne, dans ses combinaisons gigantesques, ne devenait qu'un point secondaire, bien qu'il dût y entretenir toujours des centaines de mille hommes.

Voulant gagner l'alliance de la Russie, qui était devenue l'objet de ses plus ardents désirs, depuis les conventions secrètes qu'il avait faites avec Alexandre, il proposa au jeune czar, qui paraissait entrer dans toutes ses vues, surtout en ce qui concernait l'abaissement de l'Angleterre, de partager le monde avec lui.

Il lui donna d'abord la Finlande, ce qui était une faute, parce qu'il affaiblissait d'autant la Suède, gardienne naturelle de la Baltique, et lui fit espérer les provinces turques du Danube, ce qui en était une bien plus grave encore, car c'était lui ouvrir la route de Constantinople, où il était fermement décidé à ne laisser jamais entrer les Russes ; mais il obtint en échange les bouches de Cattaro et les îles Ioniennes, en outre la promesse d'une rigoureuse application du blocus continental. tant de la Prusse que de la Russie, et enfin, chose plus importante et qui montrait que le vainqueur ne s'oubliait pas, l'acceptation par avance de tous les changements territoriaux qu'il lui conviendrait de faire en Occident.

L'obtention de telles conditions montre bien ce qu'était alors la puissance de Napoléon.

Ce fut l'apogée de la gloire de ce génie étonnant, qui eût été complet s'il n'eût été dominé par un orgueil incommensurable, que ne lui pardonnèrent jamais les souverains de l'Europe, et poussé par une ambition démesurée que ne purent finalement supporter ceux-ci. La France possédait un nouveau Charlemagne plus grand que l'ancien, et qui, après l'avoir agrandie par ses conquêtes, anoblie par ses victoires, travaillait à sa civilisation par des institutions durables.

Malheureusement, il travaillait trop vite et trouvait toujours le temps de faire la guerre.

TABLE DES MATIÈRES

ÉMILE COLIN — IMPRIMERIE DE LAGNY

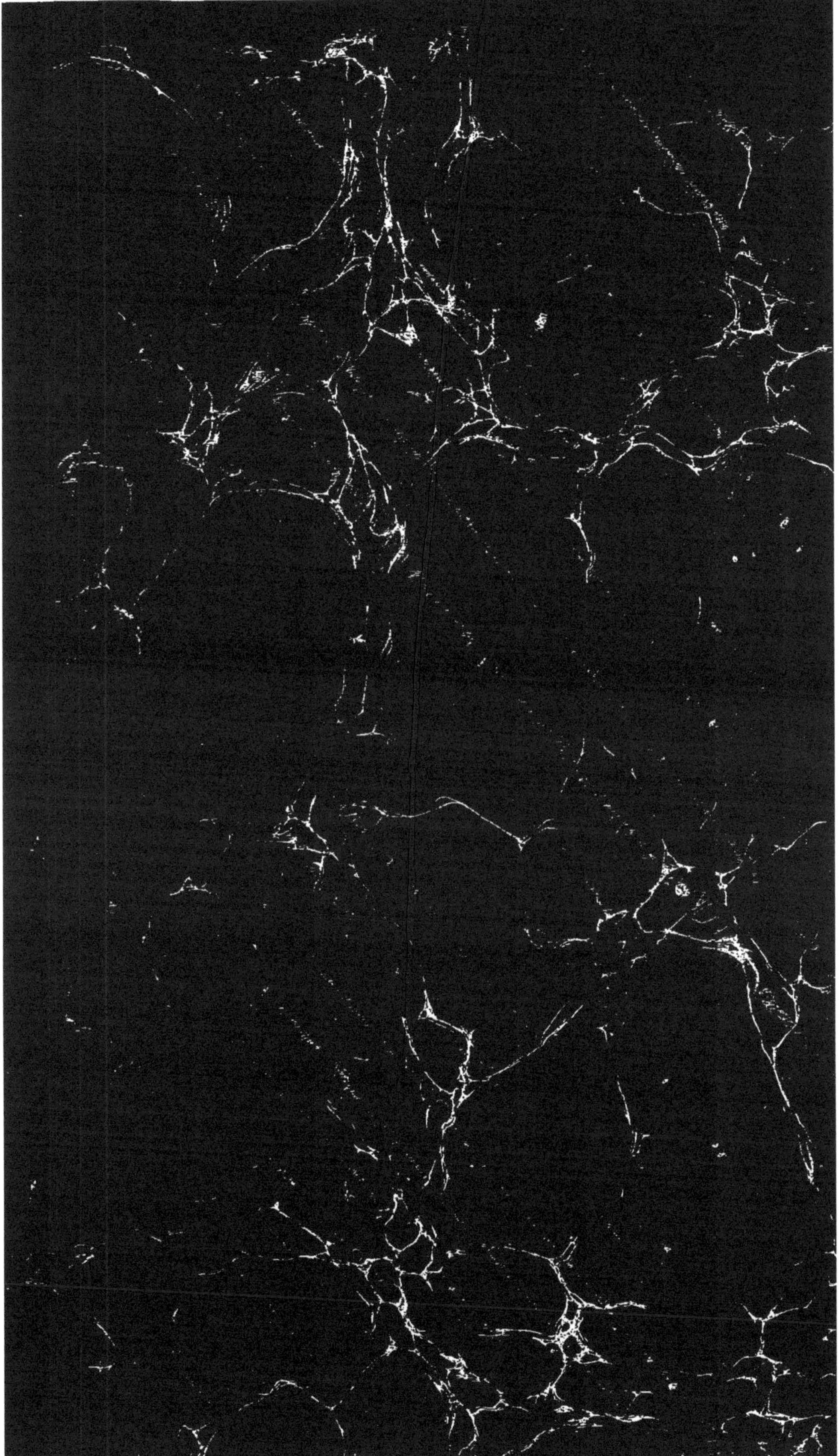

www.ingramcontent.com/pod-product-compliance
Ingram Content Group UK Ltd.
Pitfield, Milton Keynes, MK11 3LW, UK
UKHW031045260726
13965UKWH00006B/387